Dieses Buch ist der unveränderte Reprint einer älteren Ausgabe.

Erschienen bei FISCHER Digital
© 2016 S. Fischer Verlag GmbH,
Hedderichstr. 114, D-60596 Frankfurt am Main

Printed in Germany
ISBN 978-3-596-31289-4

Fischer

Weitere Informationen finden Sie auf
www.fischerverlage.de.

Kennen Sie das Gefühl, dass es in der Beziehung nicht rund läuft, dass Sie schon wieder auf den falschen Typ hereingefallen sind, dass die Zweisamkeit eigentlich keine (mehr) ist?
In der Liebe geht es tatsächlich oft schief. Das liegt daran, dass wir die Beziehungsfallen, in die wir geraten, meist nicht erkennen. Aber: Auch eingefahrene Verhaltensmuster lassen sich glücklicherweise ändern. Der erfolgreiche Psychotherapeut Alon Gratch beschreibt die sieben Beziehungsfallen, die am häufigsten zum Scheitern der Liebe führen, und wie wir ihnen entkommen können.

Dr. Alon Gratch ist Autor des internationalen Bestsellers »Wenn Männer reden könnten«, der in über zwanzig Sprachen übersetzt wurde. Er ist Psychologe und als Psychotherapeut in New York tätig. Gratch hat an der Columbia University und dem Columbia Presbyterian Hospital in New York Psychologie unterrichtet und schreibt, neben vielen Fachveröffentlichungen, für »The New York Times« und »The Wall Street Journal«.

Unsere Adresse im Internet: www.fischerverlage.de

Alon Gratch

Die sieben Todsünden der Liebe

. . . und wie man sie vermeidet

Aus dem Amerikanischen
von Christine Strüh

Fischer Taschenbuch Verlag

*Für Ilana, Jordan und Michele,
die mir so viel über die Liebe
beigebracht haben*

Veröffentlicht im Fischer Taschenbuch Verlag,
einem Unternehmen der S. Fischer Verlag GmbH,
Frankfurt am Main, Februar 2007

© 2004 by Alon Gratch
Für die deutsche Ausgabe:
© S. Fischer Verlag GmbH, Frankfurt am Main, 2005
Gesamtherstellung: Ebner & Spiegel, Ulm
Printed in Germany
ISBN-13: 978-3-596-17326-6
ISBN-10: 3-596-17326-4

INHALT

KAPITEL 1
WENN ES MIT DER LIEBE NICHT KLAPPT: _____ 9
Die Muster gescheiterter Liebe

KAPITEL 2
NARZISSTISCHE LIEBE _____ 38

KAPITEL 3
VIRTUELLE LIEBE _____ 74

KAPITEL 4
EINSEITIGE LIEBE _____ 116

KAPITEL 5
DREIECKSLIEBE _____ 150

KAPITEL 6
VERBOTENE LIEBE _____ 188

KAPITEL 7
SEXUELLE LIEBE _____ 213

KAPITEL 8
ANDROGYNE LIEBE _____ 246

KAPITEL 9
WENN ES MIT DER LIEBE KLAPPT _____ 274

Dank _____ 281

Literatur _____ 282

Anmerkung des Autors

Alle Beispiele in diesem Buch sind aus verschiedenen Fallgeschichten zusammengesetzt und verändert, um die Rechte und die Privatsphäre meiner Patienten nicht zu verletzen. Kein einziger hier beschriebener Patient ist eine wirkliche Person, lebend oder tot.

KAPITEL 1

WENN ES MIT DER LIEBE NICHT KLAPPT:

Die Muster gescheiterter Liebe

When love goes wrong, nothing goes right. So heißt es in einem Song. *Wenn es mit der Liebe nicht klappt, ist gar nichts richtig.* Meine Patienten sagen das Gleiche, mit Worten und Klischees, aber auch mit Symptomen und Störungen aller Art. Wenn die Liebe nicht funktioniert, dann leidet unsere Seele – und unser Verstand spielt verrückt. Depressionen, Angstzustände, Panikattacken, sexuelle Probleme, Stress, Alkoholismus und Drogenabhängigkeit – all das sind Störungen in unserem Dialog mit der Liebe. So vereinfachend es klingen mag, unsere Schwierigkeiten mit der Liebe sind der Grundstein vieler komplizierter Theorien im Bereich der Entwicklungspsychologie. Deshalb habe ich mich auf den Weg gemacht, etwas zu lernen und zu lehren über die Millionenfrage: *Warum klappt es mit der Liebe nicht – und kann ich irgendetwas tun, damit es klappt?*

Die Muster gescheiterter Liebe sind uns heute allen wohl bekannt. Doch das ihnen zugrunde liegende Problem und die Frage, was wir tun können, um es zu lösen, stellt uns noch immer vor ein Rätsel. Dieses Buch wendet sich an all diejenigen, die mit einem dieser Muster zu kämpfen haben. Ob Sie darüber nachdenken, eine Beziehung zu beenden, oder ob Sie bereits Schluss gemacht haben und das gleiche Muster in der nächsten

Beziehung nicht noch einmal erleben wollen, ob Sie endlose Versuche unternehmen, einen passenden Partner zu finden, ohne dass sich ein Erfolg einstellt, oder ob Sie sich wieder einmal in einer Langzeitbeziehung mit dem falschen Menschen befinden, ob Sie zögern, Ihre Heiratspläne in die Tat umzusetzen, oder ob Sie das Gefühl haben, in einer Ehe ohne Liebe gefangen zu sein, oder ob Sie einfach nur von den Geheimnissen der Liebe fasziniert sind und die dramatische und ergreifende Reise einiger auf diesem Gebiet besonders abenteuerlustiger und wissenshungriger Zeitgenossen – meiner Patienten – verstehen möchten: Auf jeden Fall ist dieses Buch für Sie geschrieben.

In all den Jahren, in denen ich meine Patienten in ihrem Kampf um die Liebe unterstützt habe, bin ich immer mehr zu der Erkenntnis gelangt, dass Beziehungsmuster nicht nur die Wiederholung einer einzelnen, isolierten Verhaltensweise sind. Wenn Ihr Muster beispielsweise darin besteht, dass Sie sich auf unerreichbare Männer einlassen, ist es trotzdem höchst unwahrscheinlich, dass diese Männer alle auf die gleiche Art unerreichbar sind. So könnte es sich beispielsweise einmal um eine Fernbeziehung handeln, ein andermal um eine Beziehung zu einem Mann, der sich auf keine feste Bindung einlassen will, und danach um eine zu einem verheiratetem oder insgeheim bisexuell orientierten Mann. Wenn Ihr Muster in etwa so aussieht, besteht außerdem die Wahrscheinlichkeit, dass Sie, um es zu überwinden, schon mehrmals probiert haben, mit jemandem eine Beziehung einzugehen, zu dem Sie sich nicht wirklich hingezogen fühlten, der sich aber stark für Sie interessiert hat. Mit anderen Worten, zu Ihrem Muster gehört es auch, dass Sie hin und wieder auf der anderen Seite der Gleichung stehen.

Wie wir bald erkennen werden, liegt es nicht an zufälligen zwischenmenschlichen Strukturen, dass Beziehungsmuster so komplex sind. Zu einem großen Teil rührt die Vielfalt daher, dass diese Muster einen gemeinsamen psychologischen Ursprung haben, einen, den wir unbedingt verstehen müssen, wenn wir jemals wirkliche Liebe erfahren wollen. Aber um Ihnen bei der Identifizierung Ihrer eigenen Muster zu helfen, möchte ich zunächst einige der häufigsten besprechen. Der Übersichtlichkeit halber habe ich sie in sieben Kategorien oder Typen aufgeteilt. Interessanterweise existieren diese Muster manchmal schon bei der ersten Verabredung, man findet sie in der Anfangsphase einer Beziehung, in langfristigen Verbindungen und manchmal sogar in Ehen auf Lebenszeit. Und wie wir sehen werden, verurteilen uns diese Muster zum Scheitern, solange wir darauf beharren, sie nicht als das zu sehen, was sie sind: Fantasien, poetische Konstrukte, Märchen, leidenschaftlich verklärte Bilder der Realität – aber nicht die Realität selbst. Bis zu einem gewissen Grad sind alle diese »Typen« kreativer Bestandteil einer jeden Liebesbeziehung. Andererseits ist jeder Aspekt allein imstande, unsere Psyche krank zu machen und unsere Fähigkeit zu zerstören, enge Beziehungen einzugehen und aufrechtzuerhalten.

Das erste Muster habe ich *narzisstische Liebe* genannt. Es ist angemessen, hiermit zu beginnen, denn wie die landläufige Meinung korrekt wiedergibt, ist die Liebe zu uns selbst eine notwendige Voraussetzung dafür, dass wir andere lieben können, und in diesem Sinne beginnt Liebe immer mit Eigenliebe. Schließlich ist uns die Liebe auch deshalb so wichtig, weil wir uns *selbst* gut fühlen, wenn wir verliebt sind – lebendig, anerkannt und voller Energie. Eine Liebesbeziehung muss ein gewisses Maß an Narzissmus beinhalten, aber in der narzisstischen Liebe ist unser Bedürfnis, etwas Besonderes zu sein, aus dem Gleichgewicht geraten. Natürlich müssen wir unseren Partner idealisieren, wenn wir uns verlieben, damit uns seine Beschränkungen nicht so stören, in der narzisstischen Liebesbeziehung jedoch ist die Kluft zwischen dieser Idealisierung und der Wirklichkeit so groß, dass sie letztlich unhaltbar wird.

Das Paar, das sich in einem solchen Beziehungsmuster befindet, scheint sein Glück in der Vorstellung zu finden, dass seine

Beziehung der ultimative und wundervollste Ausdruck von Liebe ist. Die Partner wirken und verhalten sich, als seien sie in jedem Augenblick von allergrößter Liebe zueinander durchdrungen. Wenn wir uns in einer solchen Beziehung befinden, statten wir das, was wir tun und haben – und natürlich in erster Linie unseren Partner –, mit einer solchen ästhetischen, intellektuellen oder emotionalen Exklusivität aus, dass sich alle anderen Menschen, mit denen wir in Kontakt kommen, von vornherein minderwertig fühlen. In einer Langzeitbeziehung entpuppt sich eine solche beiderseitige Idealisierung oft als oberflächliche Pose, unter der sich oft eine wahre Flut von unterdrückter Wut, sexuellen Problemen und natürlich auch außerehelichen Affären verbirgt. In einer eher flüchtigen Beziehung ist dieser Grad an Idealisierung vorübergehend und führt häufig irgendwann zum Gegenteil, nämlich zu einer Abwertung des Partners. Im Zusammenhang mit diesen Mustern möchte ich unter anderem die Frage diskutieren, wie man die gesunde und notwendige Idealisierung, die die »Flitterwochen-Phase« einer Beziehung charakterisiert (und hoffentlich auch später noch vorhanden ist), von der oben beschriebenen Idealisierung unterscheiden kann. Lassen Sie mich schon einmal so viel sagen: Die erste Version führt dazu, dass wir einfach ein besseres Gefühl zu uns selbst haben, die zweite ist ein umfassender, wenn auch unbewusster Versuch, unser Selbstwertgefühl zu regulieren.

Im zweiten Beziehungsmuster, der *virtuellen Liebe*, gehen wir eine Beziehung mit einer eingebauten geographischen Entfernung ein, beispielsweise eine Wochenendbeziehung oder eine Online-Beziehung. Auf diese Weise können wir mit der anderen Person nicht auf einer regelmäßigen Basis zusammen sein. Da diese Art romantischen Arrangements von der Realität des Alltags unbelastet ist, fördert es in seiner extremen Form die Fantasie, die andere Person und die Beziehung zu ihr seien perfekt. Aber sobald wir versuchen, diese »virtuelle Liebe« in die Welt der harten Wirklichkeit zu übertragen, zerbricht unsere fantastische Konstruktion, und wir bleiben mit unserer Sehnsucht und der verstörenden Frage zurück, ob wir überhaupt fähig sind zu lieben.

Im dritten Muster, der *einseitigen Liebe*, sehnen wir uns umso mehr nach dem anderen Menschen, je unerreichbarer dieser ist. Wenn wir in jemanden verliebt sind, der unsere Gefühle nicht erwidert, dann reden wir uns ein, unsere Liebe wäre glücklich und erfüllt, würde uns der oder die andere nur ebenfalls lieben. Tatsächlich aber verlieren wir oft gerade dann das Interesse, wenn diese Art von Liebe irgendwann erwidert wird. Außerdem werden wir erkennen, dass die andere Seite dieser Art Liebe – wenn wir also selbst für diejenigen unerreichbar sind, die uns haben wollen – genau ins gleiche Muster gehört.

Bei der *Dreiecksliebe* bringen wir eine andere, echte oder imaginäre Person mit in die Beziehung. Beispielsweise lieben wir unsere Frau als Ehefrau und Mutter, aber unsere Geliebte als Sexualpartnerin. Oder wir gehen mit einem Mann aus, während wir insgeheim in seinen Bruder verliebt sind. Oder wir lieben unseren Mann, verbringen das Wochenende aber lieber mit unserer Mutter. Diese dritte Partei muss nicht unbedingt ein Mensch sein, es kann sich auch um ein Ding oder eine Aktivität handeln. Indem ich beispielsweise eine Liebesbeziehung mit meiner Frau habe, aber am Wochenende immer mit meinen Kumpels Skifahren oder in die Kneipe gehe. Oder ich liebe meine Freundin, verbringe meine Freizeit aber lieber bei eBay oder auf andere Weise online. Im Ernstfall ist es meist dieser Dritte im Bunde, der letzten Endes das Nachsehen hat, trotzdem nimmt die ursprüngliche Beziehung meist beträchtlichen Schaden.

Manchmal scheitern beide – sowohl die Hauptbeziehung als auch die »außerplanmäßige« – und in manchen Fällen zieht auch die Beziehung den Kürzeren, die ursprünglich an erster Stelle stand. Aber auch hier finden wir, genau wie bei der *verbotenen* Liebe, höchstwahrscheinlich irgendwann heraus, dass die vermeintlich so intensive Anziehungskraft des Mitbewerbers letztlich nur eine Illusion war.

Bei der *verbotenen Liebe* fühlen wir uns zu dem Risiko oder gar der Gefahr hingezogen, die Hindernisse zu ignorieren, die der Beziehung im Wege stehen. Ein Lehrer und seine Schülerin verlieben sich unsterblich ineinander. Eine geschiedene Frau verliebt sich in den Freund ihres Sohnes. Eine verheiratete Frau verliebt sich in ihren Tennislehrer – oder in ihren Therapeuten. Obwohl wir in solchen Situationen überzeugt sind, dass unsere Liebe erfüllt wäre, wenn wir nur das Hindernis aus dem Weg räumen könnten, ist es gerade das Element des Verbotenen, das die Leidenschaft unserer Liebe anfacht. Sobald dieses Element wegfällt, zerfällt diese Liebe für gewöhnlich, weil es einem oder beiden Partnern langweilig wird oder andere verbotene Früchte noch verlockender erscheinen.

Das sechste Muster ist die *sexuelle Liebe*, definiert nicht als Liebe mit einer sexuellen Komponente, sondern als sexuelle Komponente ohne Liebe – also eine Verbindung, die auf kaum mehr als sexuellem Verlangen basiert. Dies kann bewusst inszeniert werden, indem beide Beteiligten sich ohne Vorbehalte auf ein rein körperliches Verhältnis einigen. Im Normalfall jedoch läuft dies unbewusst ab, indem zumindest einer der beiden Partner sich der Illusion hingibt, verliebt zu sein, was bei Männern, die ausschließlich dem Ruf der Hormone folgen, nur allzu häufig vorkommt. In beiden Fällen zerbricht die Beziehung, sobald einer oder beide sich daran erinnern, dass sie nicht nur einen Körper, sondern auch eine Psyche oder Seele haben, die ebenso starke Bedürfnisse hat wie die Sexual- und Sinnesorgane.

In der *androgynen Liebe* schließlich wünschen wir uns unbewusst, dass unser Partner eine emotionale Geschlechtsveränderung vornimmt. »Männer sind Schweine« oder »Frauen sind immer so übertrieben emotional« sagen wir und versuchen verzweifelt, unseren Partner zu verändern, ihn weiblicher oder sie männlicher zu machen – das beste Rezept, um die Beziehung möglichst direkt in die Katastrophe zu steuern. Vielleicht wählen wir auch tatsächlich einen Partner aus, der mehr unserem eigenen Geschlecht entspricht. In unserer postfeministischen Zeit sind Muster, in denen die Frau eine aggressive Draufgängerin ist, während der Mann zur ganz sensiblen, emotionalen Sorte gehört, keine Seltenheit. Wenn die Geschlechterrollen auf diese Weise stark polarisiert sind, steckt die Beziehung in Schwierigkeiten, weil der Mann früher oder später die Frau dafür hassen wird, dass sie sich benimmt wie ein gefühlloser Feldwebel, während die Frau den Mann verächtlich und von oben herab als Schuhabstreifer behandelt.

Obgleich wir sicher alle jemanden kennen, der auf dem Karussell sich stets wiederholender Muster fährt – oder selbst auf ihm unsere Runden drehen –, sollten wir unbedingt im Gedächtnis behalten, dass es sich dabei einfach nur um verschiedene Komponenten der Liebe handelt. Auf irgendeine Weise sind diese Komponenten Teil einer jeden Beziehung, aber wie ich bereits erwähnt habe, treten sie, selbst wenn sie destruktiv sind, in den seltensten Fällen in ihrer reinen Form auf. Nehmen wir Betsys Fall: Betsy ist eine Frau Anfang dreißig, die nach einer Reihe gescheiterter Beziehungen zu mir kam. Ihr erster richtiger Freund auf dem College war ein etwas älterer angehender Arzt, ein energischer, idealistischer, engagierter und sensibler Mann, für den Betsy alles getan hätte. Er war äußerst einfühlsam im Umgang mit seinen Patienten, arbeitete ehrenamtlich in Entwicklungsländern und war immer an »wichtigen« Forschungsprojekten beteiligt. Die ersten Jahre konnte Betsy sich allein dadurch als etwas Besonderes fühlen, dass sie mit ihm zusammen war und ihn unterstützte, und er erlebte sie als einen Menschen, bei dem er sich geliebt und geborgen fühlte. Aber nach einiger Zeit begann er sie als bedürftig wahrzunehmen, als eine Person, die ihn von seiner Forschungsarbeit abhielt und wegen der er sich nicht mit interessanteren, faszinierenderen Frauen einlassen konnte. Schließlich trennte er sich von ihr, und sie schwor sich, nie wieder auf diese *narzisstische Liebe* hereinzufallen. Natürlich nannte sie es nicht so, und erst zehn Jahre später wurde ihr im Lauf ihrer Therapie klar, dass sie davor bereits zwei sehr ähnliche, wenn auch wesentlich kürzere Beziehungen gehabt hatte.

Doch nach der Trennung, die für Betsy äußerst schmerzhaft war, beschloss sie, zunächst einmal eine Weile keine ernsthafte Beziehung einzugehen. Sie war Mitte zwanzig, traf sich mit verschiedenen Männern und fühlte sich irgendwann heftig zu einem attraktiven, jungenhaften Jurastudenten namens Bob hingezogen, den sie in einer Bar kennen gelernt hatte. Er fand sie ebenso anziehend, und so entwickelte sich zwischen ihnen rasch eine intensive sexuelle Beziehung, allerdings mit der deutlich ausgesprochenen Vereinbarung, dass es nur um das beiderseitige Vergnügen ging und keiner von beiden an irgendwelchen Verbindlichkeiten interessiert war. Sie trafen sich zwei Abende pro Woche zum Sex und waren stets nett zueinander. Auf Bobs Anregung hin lebten sie im Rollenspiel verschiedene sexuelle Fantasien aus, zum Beispiel Krankenschwester und Arzt oder ein Szenario, in dem sie Sex von ihm erbettelte, bis er schließlich nachgab. Obwohl Betsy Spaß dabei hatte und diese Erfahrungen unbedingt machen wollte, bekam sie irgendwann das Gefühl, benutzt zu werden, und wieder fühlte sie sich mies.

Ungefähr zur gleichen Zeit kam Eric – ein Freund von Betsys Zimmergenossin – aus Kalifornien zu Besuch. Betsy unterhielt sich eine ganze Nacht mit ihm über Beziehungen und ihre Situation mit Bob. Dabei entdeckte sie, dass Eric viel mehr Tiefgang hatte und in seiner Persönlichkeit viel komplexer war als Bob, und fühlte sich stark zu ihm hingezogen. Also kündigte sie ihr Verhältnis mit Bob auf und begann, mit Eric E-Mails auszutauschen und zu telefonieren. Als sie dann ein langes Wochenende bei ihm in Los Angeles verbrachte, hatten sie wieder wunderbare Gespräche und kamen sich auch körperlich näher. Rasch entwickelte sich daraus eine Fernbeziehung, die ein Jahr andauerte, ehe das Thema Verbindlichkeit auf den Tisch kam. Eric arbeitete in der Unterhaltungsindustrie und meinte, es wäre unrealistisch für ihn, L.A. zu verlassen. Nach ihrem Abschluss hatte Betsy gerade erst einen Job in New York angetreten, war aber grundsätzlich bereit, eventuell auch nach L.A. zu ziehen, falls Eric sich auf eine verbindliche Beziehung einließe. Aber sobald er hörte, dass sie willens war, »seinetwegen« den Ort zu wechseln, fühlte sich Eric unter Druck gesetzt – das war für seinen Geschmack zu viel Verantwortung. »Ich bin noch nicht reif für eine feste Beziehung«, sagte er, was zu einem weiteren Jahr Fernbeziehung führte, mit ständigen Debatten, Zweifeln, verletzten Gefühlen, Enttäuschungen und Wut. »Du bist eine wunderbare Frau, Betsy«, erklärte Eric seiner Freundin schließlich, »und irgendwie wünsche ich mir auch eine feste Beziehung mit dir, aber ich kann es einfach nicht.« So trennten sie sich, und Betsy war am Boden zerstört.

Hier haben wir also eine junge Frau, die genau genommen gleich mit drei der von mir genannten Muster zu kämpfen hat. Indem sie die *narzisstische Liebe* zu überwinden suchte, verfiel sie für eine Zeit lang dem Rausch der *sexuellen Liebe*, und als sie versuchte, eine tiefer gehende Intimität zu finden, erlag sie den Verlockungen der *virtuellen Liebe*. In jeder ihrer Beziehungen glaubte Betsy etwas Neues auszuprobieren, und in gewisser Weise gelang ihr das auch, denn jede hatte ihre Besonderheiten. Aber für den unbeteiligten Beobachter ist intuitiv leicht ersichtlich, dass das Neue genau genommen nur eine andere Version des Alten war. Betsy geriet in eine paradoxe Falle: Gerade die offenkundigen Unterschiede zwischen den Beziehungen führten dazu, dass sie immer wieder am Gleichen scheiterte. Doch nicht nur die Enttäuschungen waren ähnlich, bei näherer Betrachtung sind die drei Beziehungsmuster eng miteinander verwandt: Sie alle haben ihren Ursprung in einem entscheidenden und universellen Problem, nämlich dem Problem der *Ambivalenz*.

Obgleich wir das Gefühl haben, dass Liebe rein und unverfälscht sein sollte, ist dies letztlich unmöglich, weil Menschen nicht rein und unverfälscht sind. Wo Liebe ist, da gibt es immer auch Hass, oder – um es etwas netter zu sagen – da gibt es immer auch Wut und Enttäuschung, gerade weil wir innerlich so engagiert sind. Um zu lieben, müssen wir verletzlich sein, aber wenn wir verletzlich sind, müssen wir auch hassen – wir hassen den Menschen, der uns dieses Gefühl »macht«. Deshalb sind Variationen des Themas »Ich hab mich schon wieder verliebt, dabei wollte ich es doch gar nicht, was soll ich machen, ich kann einfach nicht anders« in Musik, Literatur und Film so häufig zu finden.

In seinem Buch »Can Love Last?« hat der Psychologe Stephen Mitchell die Essenz dieser Ambivalenz auf den Punkt gebracht. Wie Nietzsche den Kampf des Menschen mit seiner Sterblichkeit vergleicht Mitchell die romantische Liebe mit einer Sandburg am Strand: Wir müssen all unsere Leidenschaft hineinstecken und gleichzeitig im Gedächtnis behalten, dass alles jeden Moment von der Flut weggewaschen werden kann. Diese Einstellung ist natürlich schwer aufrechtzuerhalten, und um damit zurechtzukommen, teilen wir unsere aufregende, aber unsichere Sandburg – nach Mitchell – in »Festungen« und »Luftschlösser«. Erstere sind unsere stabilen, aber langweiligen Langzeitbeziehungen oder Ehen, Letztere unsere Fantasien oder kurzen Begegnungen romantischer Ekstase und neuer sexueller Erfahrungen. Zwar macht uns letztlich keins von beidem glücklich, aber in beiden Fällen versuchen wir uns vor Unsicherheit, Risiko und Verletzlichkeit zu schützen, die nun einmal zur Liebe gehören. In den »Festungen« gibt es zu viel Realität und zu wenig Fantasie, aber wir fühlen uns sicher in ihren zuverlässigen Mauern. In unseren »Luftschlössern« herrscht zu viel Fantasie und zu wenig Realität, aber wir haben auch nicht viel zu verlieren – abgesehen von unseren Illusionen.

Wenn wir nun die von mir beschriebenen Muster gescheiterter Liebe betrachten, dann erkennen wir, dass ein ähnlicher Mechanismus – der Versuch, Verletzlichkeit und den damit einhergehenden Hass, die Wut und den Groll gegenüber unserem

Liebesobjekt zu vermeiden – in jedem von ihnen am Werk ist. In der *narzisstischen Liebe* entfliehen wir der Ambivalenz kurzfristig oder oberflächlich mit Hilfe der beiderseitigen Idealisierung, deren Ziel darin liegt, sich nicht der Unvollkommenheit des anderen Menschen und den damit für uns einhergehenden Gefühlen stellen zu müssen. In der *virtuellen Liebe* tritt anstelle der negativen Seite der Ambivalenz – also des Hasses oder anderer negativer Gefühle – das uralte paradoxe Prinzip, dass Abwesenheit die Sehnsucht verstärkt. In der *einseitigen Liebe* sagt der eine Hello und der andere Good bye – indem ich mich nach dem sehne, was ich nicht haben kann, muss ich mich nicht der Ambivalenz stellen. Natürlich verliere ich sofort das Interesse, wenn das Ersehnte Wirklichkeit wird, und vermeide weiterhin die Ambivalenz – indem ich jetzt nur noch negative Gefühle habe. Bei der *verbotenen Liebe* werden die negativen Gefühle auf externe Faktoren oder auf Menschen projiziert, die wir als Feinde unserer Liebe sehen und die uns daran hindern, sie zu verwirklichen. In der *sexuellen Liebe* spalten wir unsere Ambivalenz auf, sodass wir uns nur vom Körper, nicht aber von der Seele unseres Partners angezogen fühlen. Auch in der *Dreiecksliebe* wird die Ambivalenz aufgespalten, und zwar zwischen unserem primären Partner und der dritten Person oder Aktivität, die wir in die Beziehung hineintragen. Statt uns mit den Mängeln unseres Partners auseinander zu setzen, suchen wir uns einen Geliebten, der diese Mängel nicht besitzt – oder, genauer gesagt, der andere Mängel hat. Oder statt uns mit der Langeweile in unserer Ehe zu beschäftigen, verfolgen wir zwanghaft externe Aktivitäten wie Trinken, Einkaufen oder Golfspielen. Und in der *androgynen Liebe* schließlich versuchen wir die Ambivalenz zu vermeiden, indem wir so tun, als gäbe es keine psychologischen Unterschiede zwischen den Geschlechtern und als bestünde deshalb die Aussicht, dass unser Partner vollkommen mit uns kompatibel werden könnte; da dies offensichtlich nicht der Fall ist, beschäftigen wir uns, statt uns der Ambivalenz zu stellen, damit, ihn verändern zu wollen. Oder wir versuchen, unserer Ambivalenz gegenüber Männern (beziehungsweise Frauen) dadurch zu entrinnen, dass wir uns jemanden suchen, der (die) weiblicher (männlicher) ist.

Vielleicht ist es relativ einfach zu verstehen, warum wir uns so bemühen, ambivalente Gefühle zu vermeiden – welcher einigermaßen vernünftige Mensch möchte seinem Partner gegenüber Wut, Ablehnung, Verachtung oder Ekel empfinden? Nicht so offensichtlich ist jedoch, warum wir eigentlich dazu verurteilt sind, uns in all unseren Liebesbeziehungen mit Ambivalenz auseinander zu setzen. Und wenn es so ist, gibt es dann eine bessere Form der Liebe als die, in der wir uns etwas vormachen? Was könnte das sein? Die letzte Frage ist natürlich von entscheidender Bedeutung für die Leser dieses Buchs, die sich – wie auch meine Patienten – darum bemühen, die Probleme in ihrer Beziehung zu verstehen und zu lösen. Aber um diese Fragen zu beantworten, müssen wir zunächst den psychologischen Ursachen der Ambivalenz auf die Spur kommen. Wenn Sie nun weiterlesen, versuchen Sie doch einmal, sich zu überlegen, was davon auf Ihre ganz persönliche Geschichte zutrifft, denn das wird Ihnen helfen, wenn wir uns später direkt mit den Mustern gescheiterter Liebe befassen.

Eine kurze Geschichte der Ambivalenz (Der Krieg der Brüste)

Eine der größten Kontroversen in der Geschichte der Psychoanalyse beschäftigt sich damit, ob die Ambivalenz in unserem Verhältnis zur Liebe ihren Ursprung in einer Drei- oder einer Zwei-Personen-Psychologie hat. Nach der Freudschen Theorie beginnt das Problem, wenn eine dritte Partei – nämlich der Vater – sich in das relativ harmonische Bild der Mutter-Kind-Beziehung drängt. Wenn der Vater ein paar Jahre nach der Mutter in der zwischenmenschlichen Welt des Kindes auftaucht, fängt das Kind an, mit dem gleichgeschlechtlichen Elternteil um die Liebe des gegengeschlechtlichen zu konkurrieren. In diesem ödipalen Drama fürchtet das Kind die Rache seines Konkurrenten und entwickelt gezwungenermaßen Ressentiments gegen beide Elternteile, weil diese es in diese missliche Lage gebracht haben. Daher sind Liebe und Hass unentwirrbar eng miteinander verwoben.

In moderneren psychologischen Theorien wird die Ansicht vertreten, dass das Problem mit der Liebe schon wesentlich früher beginnt, nämlich bereits in der angeblichen Glückseligkeit des Mutter-Kind-Duos. Kognitiv und emotional kann das Kleinkind nicht akzeptieren, dass die Mutter, die es doch füttert und versorgt, das gleiche Wesen ist, das ihm manchmal die Befriedigung seiner Wünsche verweigert. Daher spaltet das Kind diesen Theorien zufolge seine Mutter in zwei Teile – in symbolischen psychoanalytischen Begriffen ausgedrückt, trennt es die »gute Brust« von der »bösen Brust«. Emotional ist dies notwendig, damit die Wut des Kindes auf die unvollkommene, versagende Mutter nicht seine Liebe zu der idealisierten Mutter zerstört, die ihm alles gewährt. Mit anderen Worten: Die Ambivalenz dem Liebesobjekt gegenüber ist von Anfang an da, aber sie ist so bedrohlich, dass das Kind sie verdrängen und leugnen muss.

Gegenwärtig stimmen alle psychoanalytischen Theoretiker darin überein, dass wir Freud nicht über Bord werfen müssen, um die grundlegende Bedeutung der Mutter-Kind-Beziehung akzeptieren zu können. Ödipale und präödipale Theorien ergänzen einander sogar sehr gut, und gemeinsam liefern sie eine überzeugende Erklärung für das Problem mit der Liebe. Wir beginnen unser Leben mit einer fundamentalen Ambivalenz der Person gegenüber, von der wir abhängig sind – gewöhnlich unserer Mutter –, die als unvollkommener Mensch niemals perfekt sein kann. Wenn nun der zweite Elternteil auf der Bildfläche unseres Bewusstseins erscheint, vertieft die unvermeidliche Konkurrenz unsere Ambivalenz nur noch. Und natürlich sind da außerdem noch Geschwister und andere Wesen, die wir lieben und brauchen und von denen wir uns trotzdem manchmal wünschen, sie würden verschwinden. Und zur Krönung des Ganzen ist das Kind noch all den unvermeidlichen Verlusten, Enttäuschungen und Verletzungen ausgesetzt, die anfangen, sobald es sich aus dem Heim der Familie hinauswagt, und sein ganzes Leben nicht aufhören – und die unser ambivalentes Verhältnis, unsere Hassliebe zur Liebe zementieren und immer wieder verstärken.

Denken Sie einmal an die Beziehung, die Sie selbst als Kind zu Ihren Eltern hatten. Fühlten Sie sich geliebt? Wahrscheinlich schon. Haben Sie Ihre Eltern geliebt? Ganz sicher. Aber haben Sie sich gelegentlich auch beurteilt, enttäuscht und sogar betrogen gefühlt? Waren Sie auch wütend auf Ihre Eltern, haben Sie sich manchmal gefreut, von ihnen wegzukommen? Hatten Sie manchmal zu wenig vom einen und zu viel vom anderen? Wenn Sie auf die letzten drei Fragen mit »Nein, niemals« geantwortet haben, geht es Ihnen vielleicht so ähnlich wie manchen meiner Patienten, die im ersten Gespräch steif und fest behaupten, sie hätten die allerbesten Eltern der Welt gehabt. Dann seufze ich innerlich und weiß, dass eine Menge Arbeit auf mich zukommt. Der Punkt ist, dass unsere frühe und von Natur aus ambivalente Beziehung zu unseren Eltern – von Natur aus ambivalent, weil Eltern einen unmöglichen Job haben – ein Bild in unserem sich entwickelnden jungen Gehirn hinterlässt, das später, ob wir es nun wollen oder nicht, unsere erwachsenen Beziehungen überlagert – als befänden wir uns immer wieder auf demselben ausgetretenen Pfad.

Ja, die Ambivalenz bleibt nicht nur erhalten, sie ist sogar integraler Bestandteil der menschlichen Natur. Und dennoch fürchten wir uns so vor ihr, dass wir oft das Hirngespinst reiner Liebe ihrer komplexeren Realität vorziehen. Wenn ich in der Therapie das Konzept der Ambivalenz zur Sprache bringe, wollen alle meine Patienten mehr darüber erfahren. Intuitiv verstehen sie seine Bedeutung und sind sehr daran interessiert. Häufig verwechseln sie dabei ambivalent mit *ambig*, was vage, unklar oder mehrdeutig bedeutet – vielleicht weil sie solche Angst vor ihren eigenen ambivalenten Gefühlen haben, dass ihnen ein gewisses Maß an Unklarheit nicht unwillkommen ist. Doch sie müssen keine Angst haben, denn das Problem mit der Liebe ist nicht die Ambiguität als solche, das Problem besteht darin, wie wir damit umgehen beziehungsweise wie wir damit nicht umgehen. Darin liegt die Antwort auf unsere zweite Frage: Ja, es gibt eine Alternative zur Liebe voller Illusionen. Indem wir die Art und Weise verändern, wie wir über die Liebe denken, oder einfach indem wir überhaupt lernen zu *denken*, während wir verliebt sind, können wir auch lernen, mit unserer Ambivalenz umzugehen, statt sie leugnen und verdrängen zu müssen.

Eine Metamorphose der Liebe

Wie immer in der Psychologie ist die Lösung, zumindest theoretisch, einfacher als das Problem. Die Komplexität des Problems – in unserem Fall die Muster gescheiterter Liebe – verschleiern die Einfachheit der Lösung. Wenn man genauer darüber nachdenkt, ist Ambivalenz jedoch nur dann ein Problem, wenn wir an die Liebe mit der Idee herangehen, dass für uns etwas dabei herausspringen sollte. Auf der Grundlage dieses Paradigmas bin ich beispielsweise nicht bereit, mich auf eine feste Beziehung mit meiner Freundin einzulassen, wenn ich denke, dass sie nicht klug genug für mich ist – weil ich dann nämlich keine anregenden Gespräche mit ihr führen kann. Oder wenn sie nicht attraktiv genug ist, erregt sie mich nicht optimal und der Sex ist nicht so gut, wie er sein könnte. Oder: Weil mein Freund so verschlossen ist, werden meine Gefühle von ihm nicht genügend wahrgenommen. Oder: Wenn er zu viel arbeitet, ist er nie für mich da. Oder: Wenn er nicht einen Haufen Geld verdient, kann ich den Lebensstil nicht erhalten, an den ich gewöhnt bin. Oder: Weil mein Freund Reisen verabscheut, werde ich nie Urlaub in Übersee machen können.

Bei diesem Ansatz – der in unserer Kultur wahrscheinlich der vorherrschende ist – geht es vor allem darum, was ich von meinem Partner erwarte. Je nach dem Ausmaß meiner emotionalen Bedürfnisse kann vielleicht überhaupt kein Partner jemals alle meine Wünsche erfüllen. Doch wie dem auch sei, per definitionem hängt in diesem Modell unsere Liebesfähigkeit von unserem Partner ab: Ob wir es dem »Karma« oder der Psychologie zuschreiben, auf alle Fälle verlieben wir uns, wenn uns der »richtige« Mensch über den Weg läuft. Und darauf warten wir, obgleich uns gleichzeitig klar ist, dass es allem widerspricht, was wir über die Liebe wissen – erstens verlieben wir uns ständig in die falschen, und zweitens enden diejenigen, die auf den Traumprinzen oder die Traumprinzessin warten, im Wartezimmer des Lebens.

Die Wahrheit ist, dass unsere Liebesfähigkeit vom Objekt unserer Liebe unabhängig ist. Das ist so, weil es – wie es der Psychoanalytiker Erich Fromm in seinem Buch *Die Kunst des Liebens* darlegt – bei der Liebe in erster Linie um Geben und nicht um Nehmen geht. »Der Marketing-Charakter ist zwar bereit, etwas herzugeben«, schrieb Fromm vor gut vierzig Jahren, »jedoch nur im Austausch für etwas anderes, das er empfängt.« Für ihn gehört zum Geben irgendeine Form des *Aufgebens* – sich selbst etwas zu versagen oder sich zu opfern, weshalb er etwas als Gegenleistung erwarten muss. Aber für den »produktiven Charakter«, erklärt Fromm, hat das Geben eine vollkommen andere Bedeutung – es ist Ausdruck emotionalen Reichtums. Dieser Charakter gibt, weil er selbst so viel besitzt und weil er sich dadurch froh und lebendig fühlt, dass er andere daran teilhaben lässt. Und wie Fromm weiter beschreibt, geht es bei dieser Art des Gebens nicht nur darum, für andere irgendwelche materiellen Dinge zur Verfügung zu stellen, sondern auch darum, etwas von sich selbst zu geben, also das eigene innere Leben mit der anderen Person zu teilen.

In romantischen Verbindungen scheint diese Art der Liebe ein bisschen viel verlangt. »Und was ist mit *meinen* Bedürfnissen?«, fragen die meisten von uns ihre Liebhaber, oder: »Was springt für *mich* dabei heraus?«, fragen wir uns selbst. Seltsamerweise ist es in anderen »Liebesbeziehungen« nicht so schwierig. Eltern zum Beispiel hören nicht auf, ihre Kinder zu lieben, nur weil sie nicht klug oder hübsch genug oder langweilig sind oder weil sie Theater machen. Sie verlassen ihr Kind nicht, weil sie »das Interesse verloren« oder sich »auseinander entwickelt haben« oder weil sie »nicht mehr verliebt sind«. Genauso höre ich auch als Therapeut nicht auf, meine Patienten zu lieben, weil sie einfach nicht kapieren, worum es geht, oder weil sie schwierig sind oder nicht genügend Fortschritte machen oder sich nicht gut anziehen oder weil sie wütend auf mich sind. Solange sie nichts nach allgemein anerkannten Maßstäben wirklich Grässliches anstellen, hege ich selten auch nur kritische oder verurteilende Gefühle gegen sie, obwohl ich ansonsten kein übermäßig toleranter Mensch bin.

Die elterliche und die therapeutische Liebe sind ganz offenkundig unterschiedlich, haben aber einen gemeinsamen Nenner. In beiden Fällen ist es unsere Aufgabe, zu lieben, wir sind dafür verantwortlich. Zu geben ist das ausdrückliche Ziel dieser Beziehungen, deshalb verlangen wir, zumindest bewusst, keine Gegenleistungen. Genau aus diesem Grund hat ein einigermaßen guter Elternteil keine allzu großen Schwierigkeiten, Liebe für sein Kind zu empfinden, ganz gleich, wie ambivalent er oder sie den Mängeln des Kindes gegenüber auch empfinden mag. Ebenso braucht ein einigermaßen guter Therapeut kein Mitgefühl vorzutäuschen, sondern er findet es für gewöhnlich ziemlich einfach, seine Patienten zu lieben. Auch er erwartet keine Gegenleistung, außer natürlich, dass er bezahlt wird – aber bezahlt wird er für seine Zeit, nicht für seine Liebe. Die Idee der Liebe, die keine Gegenleistung verlangt, geht natürlich sehr viel tiefer als ein Beruf oder eine Pflicht. Wahrscheinlich liegt sie in unserer Natur, denn unser Überleben in der Entwicklungsgeschichte der Arten beruhte schon immer auf unserer Fähigkeit, für unsere Nachkommenschaft zu sorgen, die – anders als bei jeder anderen Spezies – noch lange Zeit nach der Geburt vollkommen hilflos und von den Eltern abhängig bleibt.

All das heißt, dass unsere Schwierigkeiten, zu geben, und daher auch unsere Schwierigkeiten, die Ambivalenz zu überwinden, letztlich nur in unseren Köpfen existieren. Tief in unserem Innern haben wir alle die Fähigkeit, zu geben, und wenn wir uns verlieben, kommt diese Fähigkeit, in Form einer fröhlichen, bedingungslosen Großzügigkeit an die Oberfläche. Recht bald beginnen wir jedoch, wieder an *unsere* Bedürfnisse zu denken, und verlieren den Kontakt zu dem Gedanken, dass wir eigentlich keine Gegenleistung brauchen. Warum ist das so? Und warum können wir später nicht mehr auf diesen Modus zurückschalten? Warum können wir die Liebe nicht neu definieren – nach dem Motto: Es geht ums Geben, nicht ums Nehmen, Dummchen!? Ich glaube, der Grund dafür liegt darin, dass viele von uns emotional so verkümmert sind, dass sie, sobald die Entscheidung bei ihnen liegt – es also nicht ihre Pflicht ist zu lieben –, das Gefühl bekommen, dass sie nichts zu geben haben.

Um anderen großzügig geben zu können, müssen wir natürlich zuerst uns selbst geben können. Aber beachten Sie bitte, dass ein grundlegender Unterschied besteht zwischen »sich selbst etwas geben können« und »etwas bei anderen suchen«! Es ist eine Lebensanschauung mit der Devise: »Fragen Sie nicht, was andere für Sie tun können, sondern was Sie für sich selbst tun können.« Beachten Sie außerdem, dass Geben, jedenfalls in dem Sinn des

Wortes, in dem ich es benutze, nichts mit materiellen Dingen oder äußerlichen Errungenschaften zu tun hat. Vielmehr geht es darum, die eigenen emotionalen und intellektuellen Ressourcen zu entwickeln. Es geht darum, etwas in unser eigenes Wachstum zu investieren, sodass wir schließlich den Mut in uns finden, uns selbst zu akzeptieren, und den Wunsch, noch mehr das zu werden, was wir sind.

Genau das ist meiner Ansicht nach das Ziel jeder Psychotherapie – nicht einen Menschen zu verändern, sondern ihm im Gegenteil dabei zu helfen, immer mehr zu sich zu stehen, und insbesondere, ihn dazu herauszufordern, bislang unbekannte Teile seiner selbst aufzudecken. Selbstverständlich hat die Psychotherapie nicht die Exklusivrechte für eine derartige Entwicklungsreise. Letztlich kann ein Mensch in jedem persönlichen Projekt seine wahre Stimme entdecken und zum Ausdruck bringen – man denke nur an Cheryl Mendelsohn, die ein achthundertvierundachtzig Seiten dickes Buch über Haushaltsführung geschrieben hat. Ein noch offensichtlicheres Beispiel ist natürlich die Ausübung einer Kunstform, ganz gleich welcher. Wenn Sie zeichnen oder schreiben oder fotografieren, projizieren Sie immer Ihre eigene Vision, Ihr eigenes einmaliges Denken auf das, was Sie erschaffen.

In der Psychotherapie ist der Patient der Künstler. Wie Orpheus, der mythologische Dichter, dessen traurige Lieder Hades, den Herrscher der Unterwelt, dazu brachten, seine Frau zu den Lebenden zurückkehren zu lassen, so steigt auch der Patient hinab in die Unterwelt der verlorenen Liebe – sein eigenes Unterbewusstsein – und bemüht sich, mit Worten ebenso wie mit den ihm zur Verfügung stehenden nonverbalen Mitteln, seinen Schmerz in seinem ureigenen, einzigartigen Idiom auszudrücken. Wie jeder Künstler braucht er dabei sowohl einen kreativen Impuls als auch eine Technik. Ersteres besteht seitens des Patienten in dem Wunsch, etwas zu vermitteln – über einen Traum zu sprechen, über einen Streit mit seiner Freundin, eine sexuelle

Erfahrung, was auch immer. Zu Letzterem gehört, dass er aus der Masse seiner Erlebnisse das aussucht, was er erzählen möchte, in welchen Worten, um welche Zeit, auf welche Art. In der Therapie kann – wie in der Kunst – nur im Dialog zwischen diesen beiden Dingen – Impuls und Technik, Spontaneität und Disziplin, Inhalt und Form – die persönliche Vision zum Ausdruck kommen. In der Therapie kann hier auch die Lösung des Problems mit der Liebe gefunden werden.

Um die Liebe zu verwandeln, müssen wir nicht nur unser Herz dem Schmerz öffnen, den wir der Liebe verdanken, sondern wir müssen auch die Augen aufmachen, um die Illusionen zu erkennen, die sie uns aufgeschwatzt hat. Wenn wir mit unseren Gefühlen in Kontakt treten, entspricht dies in ungefähr dem Maler, der ganz zufällig einen formlosen Farbklecks auf die Leinwand spritzt – Kunst ist es erst, wenn sich Absicht und die physikalischen Eigenschaften der Farbe verbinden. Das heißt: Gefühle allein reichen nicht aus, wir brauchen auch Gedanken. Wir müssen fühlen, und wir müssen über diese Gefühle nachdenken. Kurz gesagt: Liebe muss auch denken können.

Wenn wir uns in diesem Buch den Erfahrungen widmen, die meine Patienten mit der Liebe gemacht haben, werden wir sehen, wie sie in diesem ständigen Dialog zwischen Emotion und Kognition, Leidenschaft und Kontrolle, Wunsch und Korrektur ihre ureigenste Stimme finden oder wieder in Besitz nehmen. Und wir werden sehen, dass sie sich genau dadurch aus dem Muster gescheiterter Liebe befreien. So egoistisch er auch sein mag, ist es genau dieser Schritt, der uns schließlich in die Lage versetzt, das Liebesparadigma, in dem wir permanent zu kurz kommen und mehr haben wollen, aufzugeben, um anstelle seiner Luftschlösser die Realität zu setzen, in der wir uns selbst einem anderen schenken.

Nicht nur möchte ich Sie, den Leser, dazu inspirieren, diese Ebene der Liebe anzustreben, ich werde Ihnen auch eine Route anbieten, wie Sie ans Ziel kommen können – wenn auch natürlich kein Patentrezept. Zum einen hoffe ich, dass Sie die Geschichten meiner Patienten ebenso anrührend und faszinierend finden wie ich, dass Sie sich von Ihnen angesprochen fühlen und dass Sie indirekt etwas aus den Erfolgen und Misserfolgen anderer lernen können. Darüber hinaus werde ich, während ich die Arbeit mit meinen Patienten beschreibe, immer wieder innehalten und einen bestimmten Aspekt des Prozesses herausheben, um zu zeigen, wie Sie meine Ideen und meine therapeutischen Techniken auf Ihre eigene Beziehung und Ihre eigenen Erfahrungen anwenden können.

Vom Internet zur griechischen Mythologie und wieder zurück

Nach meiner eigenen Erfahrung und auch nach vielen Diskussionen mit Kollegen und Supervisoren schätze ich, dass mindestens fünfzig Prozent der Patienten, die im Einzugsbereich einer Großstadt die Praxis eines Therapeuten aufsuchen, Probleme mit dem Thema Liebe haben. Zu diesen Patienten gehören Alleinstehende, die gern eine feste Beziehung hätten, ebenso wie verheiratete oder anderweitig liierte Personen, die sich in einer Krise befinden, weil die Liebe nicht ihren Vorstellungen entspricht. Wohlgemerkt umfasst diese Statistik nur Patienten, die sich dessen bewusst sind, dass die Liebe für sie ein Problem ist. Wenn wir auch noch diejenigen dazurechnen, die wegen Angstzuständen, Depressionen und psychosomatischen Störungen vorstellig werden – Patienten, die zwar nicht immer, aber sehr oft in dem unbewussten Versuch, das Problem mit der Liebe zu lösen, alle möglichen Symptome entwickeln –, dann möchte ich behaupten, dass die überwiegende Mehrheit der Patienten nach einer Heilung in Sachen Liebe sucht.

Das Thema dieses Buchs ist zeitlos. Doch in gewisser Weise

hat es heute eine noch größere Bedeutung als je zuvor. Untersuchungen, Experten und die Medien versichern uns gleichermaßen, dass sich die Amerikaner als Folge der Ereignisse des 11. September wieder auf grundlegende Werte besinnen. Und es gibt sicher nichts Grundlegenderes als unser Bedürfnis nach Liebe. Die Menschen, die per Handy aus den entführten Flugzeugen und vom brennenden World Trade Center die ihnen nahe stehenden Menschen anriefen, taten das nicht, um ihnen mitzuteilen: »Denk immer daran, wie viel Geld ich verdient habe, Schatz«, oder: »Ich wollte dir nur sagen, was für ein tolles Gefühl es ist, dass ich an der Wall Street so viel Erfolg hatte.« Nein, diese Menschen nutzten ihre letzten Augenblicke, um jemandem zu sagen: »Ich liebe dich.« In den Monaten nach dem 11. September, den Anthrax-Drohungen und den terroristischen Anschlägen überall auf der Welt haben Zeitungen und Zeitschriften über einen Anstieg der Verlobungen berichtet, aber auch über eine zunehmende Zahl von Menschen, die aus einer unglücklichen Beziehung ausbrechen, um sich auf die Suche nach einer besseren zu machen, und von solchen, die einfach mehr Sex haben.

Bei alldem geht es um den Kontakt zu den Mitmenschen. Während manche Leute dem Gefühl der Verletzlichkeit mit Hilfe schnelllebiger Vergnügungen zu entfliehen suchen (»Sex, Drugs and Rock'n'Roll« oder auch »Prozac und Viagra«), finden die meisten Menschen am Ende doch eher im Kontext einer liebevollen, langfristigen Beziehung das Gefühl von Sicherheit und Geborgenheit. In Zeiten globaler Unsicherheit suchen die Menschen Sicherheit in menschlichen Bindungen.

Aber ganz gleich, ob diese Veränderung in der Zukunft dramatische oder nur oberflächliche Auswirkungen haben wird, ist sie aller Wahrscheinlichkeit nach nur der vorläufige Höhepunkt eines wesentlich langwierigeren und tieferen Vorgangs. Als Ergebnis bestimmter Veränderungen in unserer Gesellschaft (beispielsweise durch die Frauenbewegung) haben wir mehr Alternativen in der Liebe als je zuvor. Wir können früher heiraten oder auch viel später. Wir können uns scheiden lassen, unser Glück als allein stehende Mutter versuchen, wir können ohne Trauschein zusammenleben, wir können viel offener eine Beziehung zu jemandem unseres Geschlechts eingehen und so weiter. In den letzten ein bis zwei Jahrzehnten hat diese zunehmende Wahlfreiheit der Psychologie der Liebe zu neuen Höhenflügen verholfen. In einer Zeit, in der wir relativ frei sind von religiösen, finanziellen und politischen Beschränkungen, was kann da unsere Entscheidungen bestimmen, wenn nicht unsere eigene Psychologie?

Die Anfangszeit der Frauenbewegung und der sexuellen Revolution machte sich diese Idee mit einer gewissen Naivität zu eigen und versprach ideale Liebe und ungehemmtes Ausleben sexueller Wünsche. Aber obgleich viele dieser Versprechen unerfüllt blieben, war die Flut von Patentlösungen in den Achtzigern ebenso naiv. Selbstverständlich waren einige Ratgeber hilfreich, manche davon sogar bahnbrechend. Aber mit ein paar bemerkenswerten Ausnahmen haben sie es nicht geschafft, Licht in das Problem mit der Liebe zu bringen. Natürlich mussten sie scheitern: Das Problem mit der Liebe ist so alt wie die Liebe selbst! Die meisten scheiterten sogar genau daran, dass sie zu viel versprachen und den Lesern nicht halfen, *langfristig* an ihrer Liebe zu arbeiten. Sie lieferten zu viele verhaltenstherapeutische Taktiken und Tipps und nicht genug Strategien für »emotionales Denken«.

Doch trotz der falschen Versprechungen – oder vielleicht gerade ihretwegen – fand seit dieser Zeit ein grundlegender Reifeprozess statt. Heute kommen immer mehr Menschen mit Ende zwanzig oder Anfang dreißig in die Therapie und wissen bereits, dass etwas mit ihrem Liebesleben nicht stimmt, dass es in ihrer Vergangenheit ein Muster gibt, das ihre Bemühungen um eine dauerhafte Beziehung unterminiert, und dass sie nur ein paar Jahre Zeit haben, das Problem zu lösen. Außerdem erwarten meiner Erfahrung nach immer weniger Hilfesuchende, in drei Monaten »geheilt« zu werden.

Auch in meiner eigenen Generation, bei Menschen in den Vierzigern, erkenne ich deutliche Veränderungen. Zumindest anekdotisch scheinen mehr und mehr Paare eine Eheberatung aufzusuchen, wenn sie in einer Krise stecken, und nicht gleich die Flinte ins Korn zu werfen, sprich, in einer Trennung oder Scheidung Zuflucht zu nehmen. Meiner Ansicht nach zeigt sich in dieser Tendenz die Erkenntnis, dass ein neuer Partner das Problem der ambivalenten Liebe nicht löst. Auch in Schwulenkreisen sieht man eine größere Reife und mehr strategisches Denken, wenn es darum geht, mit einem anderen Menschen eine gemeinsame Zukunft aufzubauen.

Während die Sechziger und Siebziger also mehr Freiheit, Spontaneität und ungehemmtes Ausleben sexueller Wünsche versprachen und die Achtziger mit attraktiven, jedoch ebenso unrealistischen Heilmitteln für diese falschen Versprechungen aufwarteten, waren wir in den Neunzigern Zeugen der Rückkehr von Konzepten wie Pflicht, Verantwortung und langfristiger Planung, einschließlich der Idee, dass Liebe auch Arbeit erfordert. Im neuen Jahrtausend sind wir nun bereit, die Disziplin und Ordnung, durch welche die Liebe in der ersten Hälfte des zwanzigsten Jahrhunderts charakterisiert wurde, mit der Freiheit und Lebendigkeit der zweiten Hälfte zu vereinen. Genau dies ist der ausgewogene Ansatz zum Thema Beziehungen, der in diesem Buch vorgestellt wird.

Nun glaube ich zwar, dass diese Ausgewogenheit mit dem übereinstimmt, was die meisten Menschen heute über die Liebe denken, aber in den Neunzigern tauchten auch einige wichtige Trends auf, die die neu gefundene Reife gefährden könnten. An erster Stelle möchte ich die Revolution in der Informationstechnologie nennen. Obwohl natürlich kein Mensch vorhersagen kann, wie das Internet und andere technologische Errungenschaften unser Leben in der Zukunft verändern werden, ist zumindest in meiner Praxis der Einfluss der Informationsrevolution auf die Psychologie der Liebe bereits ganz offensichtlich.

Nehmen wir den Fall der allein stehenden Frau, die Schwierigkeiten hat, den richtigen Mann kennen zu lernen. Vor dem Zeitalter des Internet bekam diese Frau nach mehreren gescheiterten Beziehungen und einer Anzahl wenig ergiebiger Verabredungen irgendwann das Gefühl, dass kaum noch Männer zu ihrer Verfügung stehen. Das führte sie irgendwann zu der mehr oder weniger verzweifelten Frage: »Was stimmt nicht mit mir?« Dies wiederum zog eine selbstkritische Überprüfung ihres Verhaltens und eine entsprechende Kurskorrektur nach sich, woraus sich möglicherweise eine wünschenswerte Beziehung ergab. Doch E-dating, Chat Rooms, Partnervermittlung übers Internet und Ähnliches haben den Kreis der Männer, aus denen eine solche Frau wählen kann, enorm erweitert. So besteht heute eine weit höhere Wahrscheinlichkeit, dass diese Frau das Gefühl bekommt, die Suche nach dem richtigen Mann sei ohnehin nur eine Art Lotterie. Daher wird es länger dauern, bis sie merkt, dass etwas mit ihr »nicht stimmt«.

Oder nehmen wir den Fall des allein stehenden Mannes, der gern eine erfüllende Beziehung mit einer Frau aufbauen möchte, die ähnliche Wertvorstellungen und Interessen hat wie er selbst. Im Internet kann dieser Mann mit einer ganzen Reihe von Kandidatinnen Verbindung aufnehmen und diejenigen, die ihm nicht passend erscheinen, sofort wieder aussortieren. So kann er abwarten, bis er einer Frau »begegnet«, die die gleichen Bücher und Filme mag, den gleichen Humor hat, genau wie er gern nach Neuseeland und Alaska reisen möchte, bevor sie sich irgendwo niederlässt, genau wie er am liebsten in einer Loft wohnen und zusammen mit ihm am Wochenende Klettersport machen möchte. Wenn er mit dieser idealen Person dann zum ersten Mal in der Realität zusammentrifft, kann es natürlich trotzdem sein, dass die Chemie zwischen ihnen nicht stimmt. Angesichts des Eifers, mit dem sich der Mann auf die Jagd nach

Perfektion gemacht hat, ist die Wahrscheinlichkeit, dass es nicht klappt, sogar ziemlich hoch. Wie diese virtuelle Liebesgeschichte also deutlich zeigt, kann das riesige Angebot von Möglichkeiten im Internet zusammen mit der mangelnden materiellen Körperlichkeit die Illusion von Perfektion ohne Ambivalenz verstärken.

Ein zweiter, vielleicht verwandter unreifer Trend, der in den Neunzigern entstand, wurde von der Autorin Wendy Kaminer als »kaltes Buffet von Religionen und spiritualisierten Pop-Psychologien« beschrieben. In meinen Augen ist der Glaube an metaphysische Phänomene wie Wiedergeburt, Kontakt zum Jenseits, Gedankenlesen oder seltsame Begegnungen mit Ufos nichts anderes als eine weitere und recht effektive Fluchtmöglichkeit vor der Ambivalenz. Als solche haben diese Dinge eine große Anziehungskraft, und zwar nicht nur für ungebildete oder instabile Menschen. Als Therapeut bin ich einigen höchst »vernünftigen« Geschäftsfrauen begegnet, die sich in einen Mann verliebten, den sie bei einem spirituellen Workshop oder Seminar kennen gelernt hatten. Diese Männer benutzen all die richtigen Worte – Verpflichtung, Verantwortung, Beziehungsarbeit, Unterstützung füreinander, Erfüllen der Bedürfnisse beider Partner – und führen damit nicht nur die Patientinnen und sich selbst, sondern auch mich hinters Licht. Trotz ihres Engagements für persönliches Wachstum und Einfühlsamkeit erklären sie nach ein paar Monaten: »Ich fühle mich plötzlich gar nicht mehr in Kontakt mit dir«, und brechen die Beziehung ab. Sobald ihre spirituelle Transformation von der unvollkommenen Realität der Beziehung auf die Probe gestellt wird, sind sie schnell dabei, zum nächsten pseudotranszendentalen zwischenmenschlichen Abenteuer überzugehen.

Dieses Buch basiert auf meiner Arbeit in meiner Praxis in New York, und wir werden vielen Menschen begegnen, die in einer neuen Welt mit uralten Dynamiken zu kämpfen haben. Wir werden sehen, dass es für die meisten nicht nur um alte, gescheiterte Beziehungsmuster geht, sondern auch darum, in einer Umwelt zurechtzukommen, die diese Muster paradoxerweise noch verstärkt. Dieses Buch wendet sich nicht gegen den technologischen Fortschritt und auch nicht gegen Spiritualität. Die revolutionären Entwicklungen in der Technologie und auch die New-Age-Bewegung gehören zu unserem Leben und geben der Erforschung eines alten Problems einen modernen Beigeschmack.

Nun ist die westlich-zivilisierte Vorstellung, dass romantische Liebe zu Ehe und zur Gründung einer Familie führen sollte, zwar relativ neu – sie hat das Konzept der Ehe als ökonomische und politische Institution erst in den letzten hundert bis zweihundert Jahren ersetzt –, aber unsere Suche nach perfekter Liebe ohne Ambivalenz ist universell und uralt. Um dies zu verdeutlichen und dem Leser zu helfen, die Essenz der zur Sprache gebrachten Beziehungsmuster besser zu verstehen, habe ich jedes Muster mit einer Geschichte aus der griechischen Mythologie illustriert.

Orpheus, der griechische Sänger und Poet, konnte den Tod seiner Frau Eurydike nicht überwinden und machte sich auf, um sie im Totenreich zu suchen. Sein Klagegesang rührte Hades, den Herrscher der Unterwelt, derart, dass dieser ihm erlaubte, seine Frau wieder ins Land der Lebenden zurückzubringen. Doch als Bedingung musste er versprechen, sich nicht nach Eurydike umzudrehen, während sie ihm durchs Totenreich folgte. Aber natürlich tat er es trotzdem – aus lauter Liebe zu ihr –, und so verlor er seine Frau abermals und diesmal endgültig. Von da an ging es immer mehr bergab mit ihm, denn da er sich weigerte, eine andere Frau auch nur anzuschauen, fühlten sich einige von ihm so schlecht behandelt, dass sie ihn in ihrer Wut schließlich töteten. Doch sein Kopf, den sie ihm abgeschlagen und in den Fluss geworfen hatten, rief noch aus den reißenden Fluten so laut nach Eurydike, dass die Uferböschungen widerhallten.

Unter anderem geht es in dieser Geschichte um die verändernde Kraft der Liebe – ihre Macht zu heilen ebenso wie ihre Macht zu zerstören. Es wäre doch schön, wenn man die Geschichte ändern und einfach die zweite Hälfte streichen könnte. Oder ihr ein anderes Ende verpassen und Orpheus doch noch eine Chance geben würde. Nun, genau das versuche ich mit meinen Patienten in der Therapie und möchte es auch gern für die Leser dieses Buches tun: Ich möchte der Liebe noch eine Chance geben, genauer ausgedrückt, so viele Chancen wie nötig, denn wenn es um Liebe geht, lernt der menschliche Geist nicht sonderlich schnell. Theoretisch ist es nicht schwer, festzustellen, was wir tun müssen, um noch eine Chance zu bekommen. Aber wir werden abgelenkt von unserem Zwang, das zu wiederholen, was wir bereits kennen, von unserer Angst vor dem wirklich Spontanen und dem grundlegend Neuen. Wenn wir jemanden kennen lernen, der uns interessiert, beschäftigen wir uns alsbald mit taktischen Überlegungen und schweifen so von unserem strategischen Weg ab. Mit Fragen wie »Sollte ich ihn anrufen oder darauf warten, dass er sich meldet?« oder: »Sollte ich ihm mehr Raum lassen, wenn ich das Gefühl bekomme, er zieht sich vor mir zurück?« lenken wir den Fokus viel zu stark auf die Details unserer Interaktion und verlieren das Gesamtbild aus den Augen; das heißt eigentlich, dass wir tief in unserem Innern bereits wissen, ob diese Beziehung irgendwo hinführen wird oder nicht. Tief in unserem Herzen wissen wir es *immer*, wenn wir in einer gescheiterten Beziehung festsitzen und sie nur noch mit den einfallsreichen Machenschaften unserer Verdrängungsmechanismen am Leben erhalten.

Um Ihnen dabei zu helfen, auf dem strategischen Pfad der Liebe zu bleiben, werde ich bei der Besprechung der sieben Beziehungsmuster immer wieder auf die drei grundlegenden Schritte zurückkommen, die Sie hierfür befolgen müssen. Bei diesen drei Schritten, die sich im Lauf der Jahre aus der Arbeit mit meinen Patienten herauskristallisiert haben, geht es darum, Ihre eigene Psychologie zu verstehen, damit Sie Ihre Gedanken von taktischen Ablenkungen freimachen können und damit Sie für die Liebe als solche empfänglicher werden. In Schritt 1 erkennen wir unsere Beziehungsmuster und identifizieren die entsprechenden Warnzeichen, sodass wir sie früh genug stoppen können. In Schritt 2 nehmen wir die Ambivalenz unter die Lupe, die unseren Mustern zugrunde liegt – was genau uns ambivalent macht. Und in Schritt 3 lösen wir diese Ambivalenz auf – indem wir sie akzeptieren.

Unter Berücksichtigung des Liebestyps, der gerade zur Diskussion steht, und der persönlichen Umstände wiederholen sich diese drei Schritte mit entsprechenden Variationen in jedem Kapitel dieses Buchs. Zugleich können viele der Beispiele und Vorschläge, die innerhalb der einzelnen Schritte erscheinen, bei allen besprochenen Mustern angewendet werden. Bei jedem einzelnen Schritt werde ich nicht nur zeigen, wie er im Verlauf der Therapie durchlaufen wird, sondern ihn auch aus dem Sprechzimmer heraus in Ihr Leben transportieren.

Sie werden sehen, dass es sich bei diesen drei Schritten nicht nur um eine Ansammlung von technischen Ratschlägen handelt, sondern um die praktische Anwendung der psychologischen Voraussetzungen, mit denen wir Liebe erlangen können. In der Mythologie wird die Seele des geliebten Menschen oft von einem Schmetterling verkörpert, weil beide eine Metamorphose erleben – Veränderung galt bei den Griechen, die uns immer wieder mit ihrer Weisheit beeindrucken, ohnehin als sehr erstrebenswerte Eigenschaft des menschlichen Geistes. In Schritt 3 müssen wir uns, statt zu versuchen, eine andere Seele einzufangen und festzuhalten, um unsere eigene Seele kümmern. Wir müssen unsere Seele verwandeln, indem wir für uns selbst sorgen, statt von anderen zu erwarten, dass sie uns das geben, was wir brauchen oder uns wünschen. Paradoxerweise werden wir dadurch auch fähig, anderen zu geben – und genau darum geht es ja in der Liebe.

KAPITEL 2

NARZISSTISCHE LIEBE

Da wieder
Niemand kommt, ruft er: »Was fliehst du mich denn?« und
empfängt der Worte so viele zurück, als er selber eben gerufen.
Nochmals ruft er, getäuscht von der Wechselstimme:
»So lasst uns
Hier uns vereinen!« – und Echo, nie lieber bereit, einem Klange
Antwort zu geben als dem, sie ruft zurück:
»Uns vereinen!«
Tut ihren Worten gemäß, sie tritt heraus aus dem Walde,
Eilt, um den Hals, den ersehnten, die Arme zu schlingen.
Doch jener
Flieht und ruft im Fliehn: »Nimm weg von mir deine Hände!«

OVID

Wir alle kennen die Geschichte von Narziss, dem schönen jungen Mann, der sich in sein eigenes Spiegelbild verliebt. Doch wir sind weniger vertraut mit der Geschichte seiner Partnerin, der jungen Nymphe Echo, die von den Göttern dazu verurteilt wurde, nur das zu wiederholen, was andere sagen, aber niemals selbst zu sprechen. Als Echo – deren Herz sich nicht von der Selbstbezogenheit ihres Geliebten abschrecken ließ – Narziss' Liebesschwüre hörte, wiederholte sie seine Worte natürlich, und auf einen unvoreingenommenen Beobachter mag die Situation wie eine richtige Liebesszene gewirkt haben. In Wirklichkeit jedoch redete Narziss natürlich mit seinem Spiegelbild im Wasser, während Echo nur die Worte nachplapperte, die Narziss vom Objekt seiner Liebe hören wollte. Noch interessanter ist die Tatsache, dass Narziss und Echo sich jeweils *selbst* von diesem Spiegelkabinett täuschen ließen: Da sie das Spiegelbild von dort, wo sie stand, nicht sehen konnte, glaubte Echo, Narziss würde mit ihr sprechen, während Narziss, dessen Blick ganz auf sein eigenes Bild fixiert war, Echos Stimme für die seines geliebten Ebenbilds hielt, dessen Lippen die gleichen Liebesworte formten.

Wahrscheinlich ist es kein Zufall, dass Narziss viel bekannter ist als Echo. Schließlich geht es ihm hauptsächlich darum, im Rampenlicht zu stehen. Doch wenn man näher darüber nachdenkt, ist uns Echos Charakter keineswegs fremd. Feministinnen sehen sie in der traditionellen Ehefrau, die nichts anderes zu tun hat, als ihren Gatten zu unterstützen. Pop-Psychologen beschreiben sie als Urbild der Co-Abhängigkeit, als selbstlose Partnerin, die sich um ihren egoistischen und letztlich selbstzerstörerischen Mann kümmert und unwillentlich zu seinem Untergang beiträgt (Narziss stirbt schließlich den Hungertod, weil er sich nicht von seinem Bild losreißen kann). Was dabei weitgehend vernachlässigt wird, ist die Tatsache, dass Echo zwar Narziss' Gegenpol zu sein scheint, im Grund aber letztlich genauso narzisstisch ist wie er. Traditionell wurden die Frauen in unserer Kultur dazu erzogen, ihre Männer zu unterstützen und zu respektieren, wenn nicht sogar ihnen zu gehorchen. Sie sollten ihr Selbstwertgefühl nicht durch eigene Leistungen in der Welt gewinnen, sondern dadurch, dass sie sich um andere kümmerten. Möglicherweise haben Frauen hierfür ebenso wie für die Aufzucht der Kinder eine stärkere biologische Prädisposition als Männer. Doch selbst in unserer hoch entwickelten Gesellschaft besteht für viele Frauen immer noch die einzige Möglichkeit, Selbstwertgefühl aufzubauen, darin, dass sie für das Wohlbefinden anderer Menschen sorgen. Mit anderen Worten, ihr selbstsüchtiges Bedürfnis liegt darin, selbstlos zu sein. Ihr Narzissmus liegt darin, es zu brauchen, gebraucht zu werden – egal, ob die andere Person dies wirklich »nötig« hat oder nicht. Weiblicher

Narzissmus ist schwerer zu erkennen, aber ebenso ausgeprägt wie der männliche.

In der narzisstischen Liebe folgt die Paardynamik diesen auf dem Geschlecht basierenden Formen des Narzissmus. Der Mann vollbringt draußen in der Welt seine Heldentaten, die Frau klatscht Beifall und unterstützt seine Bemühungen, indem sie sich ums gemeinsame Heim kümmert und in seinen Armen möglichst gut aussieht. Trotz aller von der Frauenbewegung bewirkten Veränderungen ist die Annahme, dass der Mann der Begabte, der Brillante, der Wichtige sein sollte – sei es als Jurist, Banker, Architekt, Arzt oder Künstler –, dessen Arbeit, Mission oder Zeitplan in jedem Falle vorgeht, noch immer sehr verbreitet, ungeachtet der Karriere oder anderer offen egoistischer Wünsche seiner Frau. So beunruhigend diese Erkenntnis in unserer modernen Zeit auch sein mag: Noch immer haben viele in der Welt höchst erfolgreiche Frauen kein gutes Gefühl gegenüber sich selbst – das heißt, sie glauben nicht an ihren eigenen Wert –, wenn sie nicht von einem Partner oder einem Kind gebraucht werden und nicht in irgendeinem sozialen Zusammenhang anderen Menschen gefallen.

Dennoch ist diese Geschlechtsdynamik nicht mehr ganz so rigide und festgefahren, wie man vielleicht annimmt, und wir werden sehen, dass sie sich in einigen Fällen umgedreht hat. Außerdem wechseln viele Menschen – Männer wie Frauen – auf ihrem Weg der Liebe von einer Beziehung, in der sie die Rolle von Echo innehaben, in eine andere über, in der sie eher Narziss sind, um nach einiger Zeit irgendwo in der Mitte zu landen.

Schritt 1: Wer bin ich?

Auch wenn wir für gewöhnlich glauben, dass »pathologischer« Narzissmus eine Form übertriebener Selbstliebe darstellt, trifft in Wahrheit beinahe das Gegenteil zu. Unbewusst getrieben von einem niedrigen Selbstwertgefühl, versucht der Narziss, sich gut zu fühlen, indem er seine Leistung, seine Macht oder seine Schönheit übertreibt und mit seinen Errungenschaften prahlt. Auch Menschen, die mit ihrem Selbsthass oder ihrem geringen Selbstwertgefühl bewusster umgehen, sind oft Narzissten, denn auch sie kreisen in ihrem rücksichtslosen Streben nach einem guten Selbstwertgefühl ständig um sich selbst. Daher sollte man korrekterweise nur die Selbstbezogenheit als Narzissmus bezeichnen, die sich aus unseren Bemühungen ergibt, unser Selbstwertgefühl zu regulieren. Außerdem sollten wir unbedingt im Gedächtnis behalten, dass Narzissmuss nicht nur ein pathologischer Zustand ist, sondern ein notwendiger und potenziell positiver Aspekt der psychologischen Entwicklung. Indem er uns dazu motiviert, produktiv zu sein oder anderen zu gefallen, begünstigt der Narzissmus das persönliche Wachstum, selbst wenn er in seiner Extremform und unter bestimmten Bedingungen zum Problem werden kann, das den Betreffenden lähmt und stagnieren lässt.

Auch bei dem Phänomen des Sich-Verliebens spielt der Narzissmus gleichzeitig eine wichtige positive und eine negative Rolle. Da sich unser Selbstwertgefühl von der frühen Kindheit an aus der Erfahrung entwickelt, dass wir geliebt werden, wird es sofort angesprochen, wenn wir uns verlieben. Wird unsere Liebe erwidert, fühlen wir uns geschätzt, wenn nicht, fühlen wir uns minderwertig. Und weil ein positives Selbstwertgefühl so wichtig für unser Wohlbefinden ist, setzt unser Narzissmus verschiedene Abwehrmechanismen ein, um es zu erlangen. Der erste und wichtigste beim Verlieben ist die *Idealisierung*. Die emotionale Großzügigkeit, die wir empfinden, wenn wir uns verlieben, wird dadurch möglich, dass wir unser Liebesobjekt idealisieren. So können wir seine Unvollkommenheiten ignorieren, wir können daran glauben, dass wir endlich unseren Seelenpartner getroffen haben, und darauf vertrauen, dass er uns niemals betrügen oder gar verlassen wird. Oft kennen wir den betreffenden Menschen gar nicht, wenn wir uns in ihn verlieben, sodass dieser Einstellung im Grunde jede sachliche Grundlage fehlt. Dennoch haben wir das Gefühl, geschätzt zu werden, kraftvoll und etwas ganz Besonderes zu sein – und das alles inmitten einer endlosen Masse von Menschen, in der wir bei Licht betrachtet ziemlich mittelmäßig und unwichtig sind. Kurz gesagt, gibt uns die Idealisierung ein gutes Gefühl gegenüber uns selbst, und zwar auf direktem Wege, wenn wir idealisiert werden, und indirekt, wenn wir jemand anderen idealisieren und uns in seinem Widerschein sonnen.

In stabilen, mehr oder weniger »gesunden« Beziehungen ist diese Art von Idealisierung gelegentlich ebenfalls vorhanden – und vor allem in den frühen Phasen, der »Flitterwochen-Periode«, wenn wir in die Liebe als solche verliebt sind, dominiert sie sehr oft. Im Lauf der Zeit jedoch lernen wir den anderen Menschen besser kennen. Wir sind dem Einfluss der Realität ausgesetzt, wir sehen seinen Charakter und seinen Körper nicht mehr nur durch die rosarote Brille, wir machen unsere Erfahrungen im Zusammenleben, und so verblasst die Schönheit des ursprünglichen Bildes in mancher Hinsicht, während sie in anderer vielleicht sogar bereichert wird. Zwar muss ein Körnchen der ursprünglichen Idealisierung erhalten bleiben, wenn die Liebe Bestand haben soll, doch die Intensität und das Allumfassende der frühen Verliebtheit lässt sich nicht mit fortdauernder Nähe zu einem anderen Menschen vereinbaren: Wenn wir nämlich unsere weniger attraktiven Eigenschaften der anderen Person vorenthalten, bleibt die Liebe notgedrungen oberflächlich. Und genau darum geht es bei der narzisstischen Liebe: Wir verlieben uns – bestenfalls – in *einen Teil* des Menschen, fixieren unseren Blick darauf, behaupten aber steif und fest, die ganze Person zu meinen. So lernen wir unseren Partner nicht wirklich kennen, und oft finden wir später heraus, dass er eine Art geheimes oder unausgesprochenes Leben hat.

Eine meiner Patientinnen, eine attraktive, redegewandte Frau Ende zwanzig, machte auf mich irgendwie einen unvollständigen, unkonzentrierten und nicht wirklich selbstbewussten Eindruck. In ihrer Kindheit hatte sie ein sehr enges Verhältnis zu ihrer Mutter gehabt, aber ihr Vater war nicht da gewesen, sowohl körperlich, weil sich die Eltern scheiden ließen, als auch emotional – eine »Unperson«, wie es die Patientin treffend ausdrückte. Er war nicht nur still und zurückgezogen, sondern auch infantil und naiv, machte oft dumme Witze oder gab irgendwelchen Blödsinn von sich. Da er auch noch fast die gesamte Kindheit der Patientin arbeitslos war, sah sie ihn als totalen »Versager«, was ihr jedoch angeblich gar nichts ausmachte. »Ich hatte sowieso keine Beziehung zu ihm, also bringe ich ihm auch keine Gefühle entgegen, weder positive noch negative.« Aber ich sagte ihr immer, dass genau das Fehlen einer Beziehung das entscheidende Element in ihrem Verhältnis zu ihrem Vater war. Mit anderen Worten: Es ist im Grunde unmöglich, mit einem Elternteil *keine* Beziehung zu haben – eine Beziehung besteht immer, und sei es auch nur in der Fantasie. Die Abwesenheit eines Elternteils spielt mindestens in den Gedanken der Person und vor allem in ihren späteren engen Beziehungen zu anderen Menschen eine immense Rolle. Bei dieser Patientin machte sich die Abwesenheit in einer Reihe von Beziehungen zu idealisierten, narzisstischen Männern nur allzu deutlich bemerkbar.

Typischerweise suchte sich diese Frau bewusst und konsequent Männer aus, die *ganz anders* waren als ihr Vater: professionell, klug, leidenschaftlich, sensibel, gute Zuhörer, kurz, Männer, die perfekt zu sein schienen und die sie – im Gegensatz zu ihrem Vater – leicht idealisieren konnte. Doch das Problem liegt nicht nur darin, dass kein Mensch perfekt ist, sondern auch darin, dass diejenigen, die es zu sein scheinen, für gewöhnlich noch unvollkommener sind als die meisten anderen. So hatte diese Frau beispielsweise eine Beziehung mit einem jungen Juristen, der als Anwalt in einer öffentlichen Rechtsberatungsstelle arbeitete. Wie von einem Mann in dieser Position nicht anders zu erwarten, war er selbstbewusst und clever, in seiner Arbeit aber auch sehr idealistisch, was sich unter anderem in seinem Engagement für den unterprivilegierten Teil der Bevölkerung zeigte. Außerdem war er auch auf eine jungenhafte Art sehr attraktiv, liebevoll und einfühlsam und man konnte gut mit ihm über Familien- und Beziehungsprobleme reden. Nicht zuletzt war er auch noch humorvoll und unternehmungslustig, liebte Reisen und war gern unter Menschen.

Die Beziehung begann mit intensiven Gesprächen bis tief in die Nacht, täglichen ausgiebigen Telefongesprächen, freizügigem Sex und beiderseitigen Beteuerungen, dass diese Beziehung vollkommen anders war als alle, die beide Partner bisher gehabt hatten. Nach einem Monat lebten sie praktisch zusammen, obwohl Kevin sich gelegentlich auch in seiner Wohnung aufhielt. Ein paar Monate später begann er davon zu reden, dass er Zeit für sich brauche, um sich von seinem stressigen, anstrengenden Job zu erholen, und dass er überhaupt zu wenig »Freiraum« habe. Meine Patientin zeigte Verständnis für sein Bedürfnis, und so vereinbarte das Paar, unter der Woche abends weniger Zeit zusammen zu verbringen. Demzufolge hatten sie natürlich auch weniger Sex, und ein paarmal hatte Kevin Schwierigkeiten, eine Erektion zu bekommen. Doch er redete weiter über seine Ängste, über die Beziehung und darüber, wie wichtig sie ihm war. »Es hat wirklich nichts mit dir zu tun«, sagte er zu seiner Freundin. »Es ist allein *mein* Problem.« Er ging sogar noch weiter und erklärte, sein Bedürfnis nach Freiraum komme vielleicht daher, dass ihn seine Mutter mit ihrer Überbehütung erdrückt habe. Er zeigte sich sehr interessiert an den Gefühlen meiner Patientin und wollte unbedingt sichergehen, dass sie seine zeitweilige Impotenz auch ganz bestimmt nicht persönlich nahm.

Obwohl Kevin sich also von ihr zurückzog, hatte meine Patientin weiterhin das Gefühl, dass er etwas ganz Besonderes war. Er übernahm die Verantwortung für seine Probleme, achtete auf ihre Gefühle und war, anders als die meisten Männer, zu einer echten zwischenmenschlichen Kommunikation fähig. Während sie also ständig seine Abwesenheit fühlte – selbst wenn er da war, machte sie sich inzwischen Sorgen darüber, ob er nicht eigentlich lieber weg sein wollte –, »beschloss« sie, selbst nicht so bedürftig zu sein, sondern stattdessen ihm zu helfen, *seine* Bedürfnisse zu erfüllen. Wenn sie zu zweit Pläne schmiedeten, fragte sie ihn äußerst einfühlsam, ob er denn auch sicher war, dass er nicht lieber etwas allein unternehmen wolle. Manchmal brachte sie ihm abends nur schnell etwas zu essen und ging dann gleich wieder oder sie begleitete ihn am Wochenende bei irgendwelchen Erledigungen. Wenn sie die Nacht gemeinsam verbrachten, erfüllte sie ihm jeden sexuellen Wunsch. Sie wollte ihm nicht nur das Zusammensein mit ihr verschönern, sie genoss auch wirklich jede Minute, die sie mit ihm verbrachte. »Er weiß so viel und macht sich über so viele Dinge Gedanken«, erzählte sie mir. »Außerdem hat er für mich so viele intellektuelle und emotionale Türen aufgestoßen, dass ich mir ein Leben ohne ihn überhaupt nicht mehr vorstellen kann.«

Aber sosehr sich meine Patientin auch bemühte, alles positiv zu sehen, ihre negativen Gefühle zu verdrängen und Kevin umso mehr zu idealisieren, ging die Sache am Ende – vielleicht genau deshalb – doch schief. Nach anderthalb Jahren machte Kevin von heute auf morgen Schluss mit ihr und erklärte ihr auch noch sehr einfühlsam, dass er schon die ganze Zeit ambivalente Gefühle gehegt habe und ihm nun endlich klar geworden sei, dass es nicht fair wäre, die Beziehung fortzusetzen, solange er nicht bereit sei, sich auf eine feste Bindung einzulassen. Meine Patientin war zutiefst bestürzt. Was war aus den ganzen Beteuerungen wie »ich möchte an der Beziehung arbeiten«, mit »das ist alles mein Problem« und »du bist für mich etwas ganz Besonderes« geworden? Sie bestand auf einer Erklärung. »Warum willst du denn, dass ich darauf näher eingehe?«, erwiderte er. »Das würde dich nur noch mehr verletzen.« Aber als sie weiter in ihn drang, gestand er errötend und stockend, dass er schon nach der ersten Woche seine sexuellen Gefühle für sie »verloren« hatte und sich andere Frauen vorstellen musste, um mit ihr schlafen zu können. Natürlich sei das *sein* Problem, und es sei ihm auch schon früher manchmal passiert. Zwar habe er versucht, daran zu arbeiten, und auch immer gehofft, seine Gefühle würden zurückkehren, aber das sei nie geschehen. »Es tut mir echt Leid«, sagte er und verbarg das Gesicht in den Händen, ein Ausdruck von Scham und Minderwertigkeit, den meine Patientin so an ihm noch nie wahrgenommen hatte.

Trotzdem brauchte sie mehrere Monate, um über die Zurückweisung und den Verlust hinwegzukommen, und noch länger dauerte es, bis sie allmählich anfing zu begreifen, was für ein Mensch Kevin wirklich war. Und dann sah sie, dass er neben – oder sollten wir lieber sagen: unter – der Oberfläche seiner durchaus vorhandenen außergewöhnlichen Persönlichkeit auch ein unsicheres, abhängiges, konfliktbeladenes Kind war, das zwar viele Worte machen, aber nicht entsprechend handeln konnte. Außerdem wurde ihr klar, dass seine Ideale – dass er beispielsweise in einer Rechtsberatung arbeitete und für wenig Geld unterprivilegierte Menschen vertrat – an sich bewundernswert waren, jedoch nicht von echter Leidenschaft, sondern von seiner Furcht vor dem Erwachsenwerden motiviert wurden, von seiner Angst also, sich der »wirklichen Welt« stellen zu müssen.

Wer auch immer der »echte« Kevin sein mochte – und vielleicht gibt es so etwas wie die »echte« Persönlichkeit überhaupt nicht –, meine Patientin jedenfalls konnte in ihrer Verliebtheit nur einen Ausschnitt des ganzen Bildes erkennen, nämlich den Teil, der sie glauben machte, mit einem ganz besonderen Menschen zusammen zu sein, sodass sie sich selbst ebenso besonders fühlen konnte. Das ist typisch für die narzisstische Liebe: Wir leugnen unsere Ambivalenz der anderen Person gegenüber, um unser eigenes mangelhaftes Selbstwertgefühl aufzupolieren. In diesem Fall beruhte das schlechte Selbstbild der Patientin ganz eindeutig auf ihrer Beziehung zu ihrem Vater – als Kind war sie es nicht wert gewesen, dass er sie mit seiner Gegenwart beglückte. Aber da ihr die Auswirkungen dieser Beziehung nicht bewusst waren, spürte sie nur den Wunsch, sich von allen Männern fern zu halten, die ihr auch nur im Geringsten unzulänglich erschienen, und suchte sich deshalb Männer aus, die zwar nach außen einen perfekten Eindruck machten, in Wirklichkeit aber nur damit beschäftigt waren, ihre eigenen tief verwurzelten Gefühle der Unzulänglichkeit zu verbergen. Im Lauf der Zeit wurde die schöne Verpackung dieser Männer mürbe und rissig und es zeigte sich, dass sie einfach zu schön waren, um wahr zu sein – und ironischerweise ähnelten sie letztlich immer ihrem Vater.

Nach der Trennung von Kevin versuchte die Patientin in der Therapie, diese Dynamik zu durchschauen. Doch obgleich sie begann, diese intellektuell zu begreifen, musste sie noch eine weitere Beziehung durchmachen, um sie auch emotional zu verstehen. Zu meinem Drei-Schritte-Programm gehört es zwar auch, dass man rational über die eigenen Gefühle nachdenkt, aber letztlich muss jeder Schritt auch emotional, nicht nur kognitiv, nachvollzogen werden. Diese Patientin vollzog Schritt 1 (Wer bin ich?) erst nach einer weiteren, ein Jahr dauernden Beziehung, in der sie dadurch, dass sie sich bemühte, den Fehler mit Kevin zu vermeiden, einen Mann auswählte, der eindeutig so ehrlich und offen war, dass man bei ihm ganz bestimmt keine verborgenen Absichten vermutete. Nur bestand das Problem diesmal darin, dass sie die Ehrlichkeit dieses Mannes glorifizierte und in ihr eine ganz seltene und besondere Eigenschaft sah. Kurz gesagt, sie versuchte erneut, dadurch etwas Besonderes zu sein, dass sie ein Merkmal ihres Partners idealisierte, das vielleicht eine notwendige, aber ganz sicher nicht hinreichende Voraussetzung für eine gute Beziehung ist. Wie nicht anders zu erwarten, fing sie an sich zu langweilen, als die anfängliche Idealisierung verblasste. Erst als sie sich von diesem Mann trennte, wurde ihr klar, dass sie den narzisstischen Aspekt ihrer Beziehung mit Kevin wiederholte.

An diesem Punkt – als ich ihr sagte, dass beide Beziehungen auf ihrem verständlichen, wenn auch letztlich selbstzerstörerischen Bedürfnis beruhten, dem geringen Selbstwertgefühl zu entfliehen, das aus ihrer Beziehung zu ihrem Vater stammte – begriff sie Schritt 1 (Wer bin ich?) auch emotional. »Ich muss in den Spiegel schauen«, sagte sie, »und die Tatsache akzeptieren, dass ich nicht die schönste Frau von ganz New York bin, dass ich eine schlechte Meinung von mir habe und dass mir kein Mann auf der ganzen Welt je das Gefühl wird geben können, das mein Vater mir nie gegeben hat – dass ich der allertollste Mensch auf der ganzen Welt bin.« Sie nahm nie wieder eine Beziehung mit einem Mann auf, nur um sich als etwas Besonderes zu fühlen.

In manchen Beziehungen führt unsere Tendenz, den anderen zu idealisieren, schon früh zu einem erbitterten Konflikt mit der Realität, und in solchen Fällen verkehrt sich unsere Idealisierung typischerweise ins Gegenteil, nämlich in Abwertung. Einer meiner Patienten, ein kluger, introspektiver junger Architekt, lernte auf einer Party seine Freundin Joan kennen. »Sie war eigentlich gar nicht mein Typ«, erklärte er. »Sie war klein, nicht so hübsch oder sexy, wie ich es für gewöhnlich mag. Wissen Sie, sie trug eine Brille und war außerdem schon ein bisschen älter, achtunddreißig. Aber ich fühlte mich unwiderstehlich zu ihr hingezogen, als ich hörte, wie sie sich mit jemandem über ›Vier letzte Lieder‹ von Richard Strauss unterhielt. Kennen Sie die? Ich finde, das ist die schönste Musik, die jemals komponiert wurde, wahrhaft spirituell – Strauss hat sie kurz vor seinem Tod geschrieben, und es geht darin um das Leben und um den Tod. Die Lieder gehören zu meinen Lieblingsstücken, deshalb habe ich gleich eine Verbindung zu Joan gespürt und mich in das Gespräch eingeklinkt. Nach einer Weile gingen die anderen, und stellen Sie sich vor, als Erstes erzählte mir Joan, dass sie nach Tibet fahren will! Ist das zu glauben? Sie wissen ja, dass ich tibetische Kunst studiert und auch mit dem Gedanken gespielt habe, nach Tibet zu gehen. Dann unterhielten wir uns über Philosophie – wie sich herausstellte, war sie Philosophieprofessorin – und sie erzählte mir, dass ihr Spezialgebiet Spinoza ist – ausgerechnet mein Lieblingsphilosoph! Die Verbindung zwischen uns war so unglaublich! Wir haben uns den Rest der Nacht unterhalten und auch die nächsten zwei Wochen fast jede Nacht zusammen verbracht. Sie hatte genau das, was ich beruflich gern verwirklichen möchte, exakt die Art, wie auch ich Spiritualität und Design zu verbinden versuche.«

Dieser Patient war als Einzelkind in einer Mittelschichtfamilie aufgewachsen, in der es extrem diszipliniert, strukturiert und konventionell zugegangen war. Beide Eltern waren beruflich und privat sehr gewissenhaft und engagiert, immer darauf bedacht, das Richtige zu tun und der Familie eine stabile, finanziell abgesicherte Zukunft zu bieten. Sie hatten keinen Sinn für »Albernheiten«, das hieß: für Kreativität, Neugier und Verspieltheit. Sogar Spaß musste »richtig« gemacht werden, und bei künstlerischen Tätigkeiten wie beispielsweise beim Klavierspielen ging es nicht um subjektiven Ausdruck, sondern um Ordnung und korrekte Wiedergabe. Schmutz und Chaos – was es ohnehin eigentlich nicht gab – mussten umgehend beseitigt werden. Daher fühlte sich der Patient als Kind nicht wahrgenommen und wertgeschätzt, sondern unterdrückt – denken Sie daran, alle Kinder sind verspielte Künstler. Als Teenager und später als Erwachsener fühlte er den Drang, seinen Selbstausdruck außerhalb seiner Familie zu suchen, im wörtlichen ebenso wie im übertragenen Sinn, durch Schreiben, Musikhören, Spiritualität, einfach durch all die subjektiven Dinge, die seinen Eltern so fremd und in seiner Kindheit verpönt gewesen waren.

Als er Joan kennen lernte, fühlte er sich enorm bestätigt. Hier war eine ältere, gebildete Person, die Konventionen in Frage stellte, spirituelle Sinnerfüllung suchte und genau die gleichen Dinge liebte wie er. Die ersten zwei Wochen widmete sich das

Paar intensiv diesen Gemeinsamkeiten; sie hörten ernst und schweigend Strauss, diskutierten die Bedeutung der Gottheit bei Spinoza und transzendierten die Realität in euphorischen sexuellen Vereinigungen. Aber dann verlor Joan anscheinend aus heiterem Himmel ihren Job. Obgleich mein Patient sich sehr unterstützend und mitfühlend verhielt, dämmerte ihm in den Gesprächen der nächsten Tage, dass der Jobverlust nicht gar so unerwartet gewesen war. Unter anderem war sie anscheinend bekannt dafür, dass sie akademische Veröffentlichungen nicht fertig stellte und zu ihren Seminaren nicht auftauchte.

»Vermutlich ist sie der Situation nicht ganz gewachsen«, dachte er zuerst. »Ich frage mich, wie sich das auf unsere Beziehung auswirken wird.« Und dann: »Philosophie und Musik sind eine Sache, aber man muss auch seinen Lebensunterhalt verdienen, man muss Verantwortung übernehmen und die richtigen Prioritäten setzen.« Weil er seine Freundin nicht aufregen wollte, sprach er das Thema jedoch nicht an, und Joan war weit mehr daran interessiert, ihre philosophischen Gespräche fortzusetzen, als sich über ihre berufliche Situation Gedanken zu machen. Dies beunruhigte meinen Patienten noch mehr, denn er bekam allmählich das Gefühl, dass seine neue Freundin einfach den Kontakt mit der Realität verloren hatte. »Sie ist echt intelligent«, meinte er, »aber irgendwie spinnt sie, das muss ich schon sagen – ich weiß nicht, warum mir das nicht schon früher aufgefallen ist. Außerdem ist mir auch jetzt erst aufgefallen, dass ich sie eigentlich unattraktiv finde.« Also brach er die Beziehung ab.

Nun, der Grund, warum er diese Dinge nicht früher erkannte, liegt darin, dass die Grenze zwischen Idealisierung und Abwertung noch schmaler ist als die zwischen Liebe und Hass. Sowohl Idealisierung als auch Abwertung beruhen darauf, dass man bestimmte Aspekte eines Menschen einfach leugnet – ein Verdrängungsmechanismus, der aus dem Versuch erwächst, das eigene Selbstwertgefühl zu regulieren. Im Fall dieses Patienten setzte die Idealisierung ein, als Joan den Teil seiner Person bestätigte, der in seiner Kindheit von seinen Eltern weder wahrgenommen noch wertgeschätzt worden war. Bei Joan war er das unbekümmerte, verträumte, kreative Kind, das seine Eltern nie gewollt hatten. Jetzt wurde dieses Kind wie ein Genie gefeiert. Doch sobald diese Idealisierung mit der Realität in Konflikt geriet, bezog mein Patient die Stellung seiner Eltern, nach der Spiel, Spiritualität und Subjektivität weiter nichts als Spinnerei und nutzloser Quatsch waren. Für mich war das nicht überraschend, denn obwohl die spirituellen und künstlerischen Interessen meines Patienten echt waren, standen sie unbewusst doch immer im Zusammenhang mit einem niedrigen Selbstwertgefühl. Zwar hatte er sich bewusst gegen die konventionelle Rigidität seiner Eltern zur Wehr gesetzt und einen kreativeren Weg gewählt, aber sie waren immer noch das Maß aller Dinge und bestimmten, was akzeptabel war und was nicht. Diesem Maßstab zufolge – den er trotz seines Widerstands als Kind natürlich verinnerlicht hatte – zählten nur realistisch denkender Pragmatismus, Disziplin, Erfolg und Geld, aber keine philosophischen Hirngespinste. Dieser Standpunkt kam ins Bild, als die Realität Joan ihrer Vollkommenheit beraubte und sie nicht mehr geeignet war, ihm ein gutes Gefühl zu sich selbst zu verschaffen.

So erfuhr sich mein Patient in dieser kurzen Beziehung erst als idealisiertes Kind und wechselte dann blitzschnell zum mächtigen Elternteil über. Entsprechend hatte Joan sich in seiner Wahrnehmung von einem einflussreichen, Wertmaßstäbe setzenden Elternteil in ein schwaches, unfähiges Kind verwandelt. Mit anderen Worten: Der Patient erlebte Joan nie als Person, nie jenseits der psychischen Funktion, die sie für ihn erfüllte, sondern ausschließlich als projizierten, symbolischen Aspekt seiner selbst. Dies ist typisch für die narzisstische Liebe, in der unser Partner hauptsächlich eine emotionale Rolle in unserer inneren Welt spielen soll, ohne Rücksicht darauf, wer er wirklich ist. Und diese Rolle – wahrscheinlich ahnen Sie es inzwischen – dient dazu, das eigene Selbstwertgefühl zu steigern. Daher war es kein

Zufall, dass mein Patient sich sowohl durch die Idealisierung als auch durch die Abwertung seiner Freundin gut fühlte. Zuerst war er mit einer idealisierten Person liiert, und nachdem er sie von ihrem Sockel gestoßen hatte, trennte er sich so schnell wie möglich von ihr. Man kann es auch folgendermaßen ausdrücken: Solange Joan ein »guter Spiegel« war, in dem der Patient das sah, was er an sich selbst liebte, war er über beide Ohren verliebt, aber als sie sich in einen »schlechten Spiegel« verwandelte und ihm das reflektierte, was er an sich selbst nicht leiden konnte, war es aus mit der Liebe.

Die Auseinandersetzung mit Narziss und Echo

Weil die Idealisierung immer dazugehört, wenn wir uns verlieben, und weil die subjektive Erfahrung der Verliebtheit bei der narzisstischen Liebe nicht grundsätzlich anders ist als bei einem »realistischeren« Verliebtheitszustand – Freud hat einmal gesagt, Verliebtheit sei mit einer psychotischen Episode verwandt, Shakespeare hat über »Irre, Verliebte und Wahnsinnige« gedichtet –, ist es nicht einfach, die Warnzeichen der narzisstischen Liebe frühzeitig zu erkennen. Daher ist es oft auch extrem schwierig, Schritt 1 zu erreichen (Wer bin ich?) und sich selbst dabei zu ertappen, wie man jemanden idealisiert und/oder von ihm idealisiert wird, nicht um eine Beziehung mit einem anderen unvollkommenen Menschen einzugehen, sondern als Versuch, ein besseres Gefühl zu sich selbst zu bekommen. Doch außer der bloßen Wiederholung des Musters – die letztlich das beste, wenn auch nur rückwirkend erkennbare Zeichen dafür ist, dass Vernarrtheit und Idealisierung der Realität nicht standhalten – gibt es einige Hinweise, die sich als hilfreich erweisen können.

Manchmal haben Klischees einen hohen Wahrheitsgehalt, und wahrscheinlich kann man die Männer in der Midlife-Crisis, die sich in jüngere Frauen verlieben, getrost dazuzählen. In meiner Praxis sehe ich viele Männer zwischen vierzig und fünfzig, die mit ihren natürlichen Begrenzungen einfach nicht zurande kommen – in diesem Alter stoßen viele beruflich, gesundheitlich oder sexuell an ihre bisher unsichtbare Grenze – und sich deshalb in eine junge Frau verlieben, sozusagen in ein Symbol für Jugend, Vitalität, Hoffnung und vielleicht sogar die eigene Unsterblichkeit. Sie ist nicht nur attraktiver, sondern da sie jung ist, neigt sie auch dazu, den Mann zu idealisieren, was ihm zumindest eine Zeit lang hilft, seine Grenzen scheinbar zu überschreiten und wieder ein besseres Gefühl zu sich selbst zu bekommen.

Vielleicht ist die Kehrseite dieses Klischees das der jüngeren Frau, die sich in einen reichen, mächtigen Mann verliebt und sich einredet, dass sie sich von seiner »starken Persönlichkeit« angezogen fühlt. In diesem Fall genießt die Frau Diamanten, Geschenke und die Tatsache, wie eine Königin behandelt zu werden, nicht deshalb, weil sie Ausdruck seiner Liebe sind, sondern als Bestätigung ihres eigenen Werts. Gut auszusehen oder ein luxuriöses Leben zu führen gibt ihr nicht das Gefühl, geliebt zu werden, sondern das Gefühl, wertvoll zu sein. Aller Wahrscheinlichkeit nach hat sich diese Frau als kleines Mädchen unwichtig gefühlt oder geglaubt, sie würde nur unter bestimmten Bedingungen geliebt. Als allgemeines Prinzip gilt hier: Wenn der Partner Sie auf irgendeine Weise vor Ihnen selbst rettet, das heißt, wenn er etwas an sich hat, das Ihnen hilft, vor den schlechten Gefühlen zu entfliehen, die Sie sich selbst gegenüber hegen, dann besteht eine große Wahrscheinlichkeit, dass es sich um narzisstische Liebe handelt.

Aber ist das nicht genau das, worum es in der Liebe geht?, höre ich Sie einwenden. Geht es nicht darum, dass wir uns wertvoll und deshalb voller Leben fühlen? Dass wir glücklich sind? Nun, auf diese Frage gibt es zwei Antworten. Erstens ist es eine Sache der Quantität. Genau wie bei allen anderen Mustern gescheiterter Liebe ist der Unterschied zwischen narzisstischer Liebe und

»gewöhnlicher« Verliebtheit in gewisser Weise quantitativ, nicht qualitativ. Je größer die Diskrepanz zwischen unserem sonstigen und unserem verliebten Selbstgefühl ist, desto höher ist die Wahrscheinlichkeit, dass wir unseren Partner benutzen, um unserem eigenen Narzissmus Genüge zu tun. Die zweite Antwort ist, dass wir uns in der realistischeren Liebe durch die Verbindung mit der anderen Person wertvoll fühlen, nicht durch die Äußerlichkeiten, die sie in unser Leben bringt. In der narzisstischen Liebe sind wir nie ganz sicher, ob wir noch mit unserem Partner zusammen sein wollten, wenn er plötzlich sein Geld, seine Macht, seine Gesundheit oder Jugendlichkeit verlöre.

Wenn Sie bei der Partnersuche feststellen, dass Sie und/oder die Person, mit der Sie verabredet sind, im Allgemeinen mehr mit *Bildern* oder *Ideen* beschäftigt ist als mit der Realität, dann besteht die Wahrscheinlichkeit, dass Sie für die narzisstische Liebe anfällig sind. Beispielsweise verliebt sich jemand, der einen starren ästhetischen Maßstab hat, eher in den äußeren Schein als in die Substanz. Das soll nicht heißen, dass das Äußere in unserer Gesellschaft nicht wichtig ist oder dass es bei der sexuellen Anziehung keine Rolle spielt – das steht außer Frage, und es gibt keinen Grund, es zu leugnen. Aber es gehört nicht unbedingt dazu, um sich zu verlieben oder um dauerhaft zu lieben. Ebenso verliebt sich eine Person, die gern für einen einflussreichen Chef arbeitet, weil es Prestige bringt und nicht weil es ihr Spaß macht, oder eine, die in die Oper geht, weil man das als kultivierter Mensch tut und nicht weil sie gern Musik hört, eher in die *Vorstellung* davon, wer der andere sein könnte, als in die Realität seiner Existenz. Was nicht heißen soll, dass nicht jeder gelegentlich einen anderen Menschen beeindrucken möchte. Wem macht es kein gutes Gefühl, eine Berühmtheit zu kennen, im Fernsehen aufzutreten oder einem tollen Job nachzugehen? Aber aufs Ganze gesehen lassen wir uns hoffentlich mehr von dem beeinflussen, was *wir* mögen oder für wertvoll halten, als von unserem Bedürfnis, bei anderen Eindruck zu schinden. Wenn wir das im

Allgemeinen nicht tun oder wenn wir mit jemandem zusammen sind, der das nicht tut, dann neigen wir zu narzisstischer Liebe.

Ein damit eng verwandtes Anzeichen der narzisstischen Liebe ist es, wenn unsere Gefühle für unseren Partner sich ändern, je nachdem, wie andere Leute ihn sehen. Wenn Ihre Eltern oder ein Bekannter, den Sie respektieren, Ihren neuen Freund richtig gern mögen und Sie als Reaktion darauf spüren, wie sich Ihre Liebe plötzlich vervielfacht, besteht die Wahrscheinlichkeit, dass es Ihnen mehr um Ihr *Image* geht als um Ihren Freund. Das trifft wahrscheinlich auch dann zu, wenn Ihre Gefühle sich in die entgegengesetzte Richtung verändern, das heißt, wenn Sie Ihren Freund als Reaktion auf positive Rückmeldung von anderen weniger mögen. In diesem Fall reagieren Sie ebenso auf das, was andere denken – aus Trotz, um zu rebellieren oder um sich sonst wie zu wehren – und nicht aus Ihrem eigenen Impuls dem Partner gegenüber.

Vielleicht durchschauen es die »Narzisse« unter uns, wenn jemand auf die oben beschriebene Weise mit dem eigenen Image oder dem eigenen Eindruck beschäftigt ist, aber diejenigen, die dem Typ »Echo« zugerechnet werden, neigen dazu, einfach nur – angemessener-, allerdings ironischerweise – den eigenen Partner zu sehen. Wie kommt man in diesem Fall der eigenen Anfälligkeit für Narzissmus auf die Schliche? Rilke schreibt hierzu aus eher traditionell männlicher Perspektive, dass es wünschenswert ist, »dass jeder der Hüter der Einsamkeit des anderen sei«. Genau an diesem Punkt aber versagt Echo, denn für sie bedeutet Einsamkeit, mit ihrem niedrigen Selbstwertgefühl allein zu bleiben, deshalb ist sie nur in Gesellschaft ihres idealisierten Geliebten glücklich. Wenn Sie also zu den Menschen gehören, die im Allgemeinen nicht allein sein können – was bedeutet, dass Ihre eigenen Gedanken oder Ihr eigenes Leben für Sie nicht von Interesse sind –, dann ist es gut möglich, dass Sie zu narzisstischer Liebe neigen. Genauer ausgedrückt: Wenn Sie das Gefühl haben, dass Sie sich körperlich oder auch emotional nicht von dem

Menschen fern halten können, in den Sie verliebt sind oder mit dem Sie zusammen leben – in dem Sinne, dass Sie dauernd an ihn denken –, besteht eine große Wahrscheinlichkeit, dass Sie sich in den Fängen der narzisstischen Liebe befinden.

Übereinstimmend mit dem bisher Gesagten tragen Sie von Natur aus ein Risiko, der narzisstischen Liebe zu erliegen, wenn Sie ein Mensch sind, der gerne gibt und andere unterstützt, selbst aber nur ungern im Mittelpunkt steht. Je stärker Sie in diese Richtung tendieren und je mehr Ihr Partner das Rampenlicht liebt, desto größer ist Ihr Risiko. Obgleich es viele Arten narzisstischer Männer gibt, sollte man vor allem nach zwei häufigen Typen Ausschau halten: zum einen nach denen, die nur an ihre Karriere, an die Anhäufung von Reichtum oder an irgendwelche Männerspielzeuge denken, zum anderen nach denen, die verführerischen, kindlichen Charme, exzessiven Idealismus oder enorme Sinnlichkeit ausstrahlen sowie den heftigen Wunsch, sogar von Leuten geliebt zu werden, die sie nicht kennen.

Auch der weibliche Narzissmus kennt unterschiedliche Kategorien. Trotz der gesellschaftlichen Veränderungen in den letzten dreißig Jahren stößt man immer noch recht häufig auf die traditionelle Form. Außer dem oben erwähnten »Echo-Typ« versuchen Frauen auch weiterhin, ihr Selbstwertgefühl aufzubessern, indem sie ihre äußere Erscheinung perfektionieren. Daher sollten Männer, die narzisstische Liebe vermeiden wollen, bei Frauen, die sich extrem um Äußerlichkeiten bemühen, die sich wie Models kleiden oder ihr Haus wie ein Museum dekorieren, lieber Vorsicht walten lassen. Auch bei Partnern und Partnerinnen mit »besonderen« oder ungewöhnlichen Gaben und Talenten (wie zum Beispiel künstlerische, mathematische oder mechanische Fähigkeiten) oder bei solchen, die behaupten, über eine transzendentale Spiritualität oder gar über übernatürliche Fähigkeiten zu verfügen, ist erhöhte Achtsamkeit geboten. Und da wir im letzten Jahrhundert ein ganzes Stück weitergekommen sind, sollten wir auch nicht vergessen, dass »männlicher« und »weiblicher« Narzissmus nicht mehr ausschließlich in die jeweilige geschlechtsspezifische Domäne gehören. Ohnehin sollen diese »Typen« Ihnen nur als Hinweise dienen, die Sie natürlich mit Ihrer immer schärfer werdenden Wahrnehmung überprüfen müssen. Gegen ein leidenschaftliches Engagement für die Karriere oder gegen Wohnästhetik, Fürsorglichkeit und Spiritualität an sich ist selbstverständlich nichts einzuwenden.

Ein weiteres Anzeichen für narzisstische Liebe besteht darin, dass die Beziehung vom Rest des Lebens isoliert wird. Ihr Partner besucht mit Ihnen alle möglichen interessanten Orte – Restaurants, Theateraufführungen, Urlaubsziele –, will aber mit Ihren Freunden partout nichts zu tun haben und Sie auch nicht seiner Familie vorstellen. Oder er möchte zwar Ihre Freunde treffen, aber diese können nichts mit ihm anfangen, und so entfremden Sie sich von ihnen und verlieren den Kontakt zu ihnen womöglich ganz. Oder wenn Sie sich wegen Ihrer neuen Liebe wie ein Teenager aufführen – angenommen, Sie sind keiner –, das heißt, wenn Sie Ihre sonstigen Pflichten vernachlässigen und nur Zeit haben für alle möglichen »wilden« Dinge mit dem oder der Angebeteten. Misstrauisch wäre ich auch, wenn die neue Liebe bei Ihnen zu einer plötzlichen Verwandlung führt – wenn Sie zum Beispiel unter dem Einfluss Ihrer neuen Freundin oder Ihres neuen Freundes auf einmal eine Leidenschaft für Malerei, Musik, Jura, Physik, Schriftstellerei, Wein, Marihuana oder irgendetwas entwickeln, was Ihnen gestern nie in den Sinn gekommen wäre. Natürlich soll das nicht heißen, dass wir nicht von unserem Partner lernen oder uns von ihm nicht beeinflussen lassen sollen. Verdächtig ist mir nur eine plötzliche Transformation in der Art eines Chamäleons.

Narzisstische Liebe ist auch deshalb so schwer zu erkennen, weil wir, selbst wenn wir ein Muster wiederholen, in jeder neuen Beziehung einen anderen Aspekt des Partners idealisieren können. Paradoxerweise tun wir das manchmal sogar absichtlich, um unser Muster zu vermeiden. Wenn wir beispielsweise einen Investmentbanker wegen seines Durchsetzungsvermögens und seines Ehrgeizes idealisieren, aber in der Folge schlechte Erfahrungen mit ihm machen, gehen wir vielleicht die nächste Beziehung mit einem Sozialarbeiter ein, den wir wegen seines Einfühlungsvermögens, seiner Ehrlichkeit und Zugänglichkeit idealisieren. Wenn wir zu sehr idealisieren, bleibt uns in beiden Fällen am Ende die Erfahrung: »Er ist nicht der Mensch, für den ich ihn gehalten habe.« Doch hierin liegt genau das Warnzeichen für narzisstische Liebe: Wenn wir uns anfangs unwiderstehlich zu etwas hingezogen fühlen, was uns später abstößt, liegt das Problem vielleicht nicht in der Sache an sich, sondern an der Art, wie wir sie betrachten. Allgemeiner gesagt, die Essenz von Schritt 1 (Wer bin ich?) liegt darin, zu erkennen, dass das Problem nicht die Realität selbst, sondern unsere Wahrnehmung derselben ist. Statt die andere Person als Spiegel zu benutzen – erst gut, dann schlecht –, halten wir uns in Gedanken selbst einen symbolischen Spiegel vor und sagen zu uns: »Spieglein, Spieglein an der Wand, ich bin gar nicht die Schönste im ganzen Land.«

Schritt 2: Was will ich?

Im ursprünglichen griechischen Mythos gibt es einen sehr ergreifenden Moment, in dem Narziss wiederholt die Arme ausstreckt, um das Objekt seiner Sehnsucht zu umarmen und zu küssen, nur um voller Entsetzen festzustellen, dass dieses, statt die Geste zu erwidern, auf einmal im Wasser verschwindet. Bei der realen narzisstischen Liebe geht es nicht nur um den unvermeidlichen Verlust der Liebe, sondern auch um den Verlust des Spiegels, den wir zur Regulierung unseres Selbstwertgefühls brauchen. Wenn die Beziehung vorbei ist – oder – im Fall einer Langzeitbeziehung – wenn die Idealisierung nachlässt –, haben wir nicht nur Schwierigkeiten mit unserem Selbstwertgefühl, sondern sind auch verwirrt, weil wir nicht wissen, was wir uns eigentlich von einer Beziehung wünschen. Obgleich dieser Moment extrem schmerzhaft sein kann, ist er nicht unbedingt schlecht. Im Gegenteil: Wenn man ihn nutzt, kann er der Beginn von Schritt 2 (Was will ich?) werden, indem wir uns fragen, was wir uns, abgesehen von einem äußerlichen Regulator unseres Selbstwertgefühls, von einer engen Beziehung mit einem anderen Menschen versprechen. Uns ist unmissverständlich klar geworden, dass wir Perfektion nicht bekommen können – denn das kann einem nur ein falscher Spiegel vorgaukeln –, also müssen wir uns fragen, mit welcher menschlichen Unvollkommenheit wir am besten leben können. Natürlich müssen wir, um diese Frage zu beantworten, mehr über uns selbst wissen. Was wir jetzt brauchen, ist ein mehr oder weniger objektiver psychologischer Spiegel.

Abgesehen von einer Psychotherapie – die nicht immer notwendig und ohnehin nicht für jeden Menschen das Richtige sein muss – finden wir dieses Wissen nur, indem wir uns auf das Leben einlassen, indem wir Erfahrungen und Beziehungen suchen und über sie reflektieren. Einer meiner Patienten tat das – zugegebenermaßen mit meiner Hilfe –, indem er die Erfahrungen verglich, die er in zwei verschiedenen Arten von Beziehungen gemacht hatte. Der Patient, Joel, war ein junger Computerprogrammierer mit einer starken intellektuellen Ader. In der einen Art von Beziehung ließ er sich mit Frauen ein, die ehrlich, freundlich und locker erschienen, alles Qualitäten, die er in einer langfristigen Beziehung für sehr wichtig hielt. Aber jedes Mal schienen sich diese Eigenschaften nach ein paar Monaten in »naiv«, »simpel« und »ungebildet« zu verwandeln, was unweigerlich zu Problemen führte, da der Patient großen Wert auf intellektuelle Gespräche legte und ein ausgeprägtes Interesse an Literatur, Geschichte und Politik hatte. Deshalb suchte er sich jedes Mal, wenn er gerade mit einem, wie er sie schließlich nannte, »flower girl« Schluss gemacht hatte, eine Frau von einem genau gegenteiligen Typ, nämlich mit einer »psycho chick« (Psychopuppe), wie es die New York Times – so erzählte er mir – einmal bezeichnet hatte. Dies waren gebildete, attraktive, faszinierende Frauen, die sich aber, wie Sie vielleicht schon erraten haben, ein paar Monate später als »schwierig«, »feindselig« und »labil« herausstellten. So scheiterten denn auch diese Beziehungen.

Natürlich waren mehrere Beziehungen und viele Verabredungen mit Variationen zu diesem Thema nötig, bis Joel und ich aus den komplexen menschlichen Interaktionen seines Liebeslebens diese beiden – vielleicht vereinfachten, aber dennoch sehr realen – Frauentypen herauskristallisieren konnten. Aber als wir so weit waren, fragte ich Joel, wie er sich selbst in Bezug auf diese Typen einordnen würde. Wie kaum anders zu erwarten, definierte er sich eher in Richtung der »psycho chicks«. Doch dann rief ich ihm ein Stück seiner Vergangenheit in Erinnerung. Als Kind war er von den älteren Nachbarsjungen ausgenutzt worden: Weil er es gern recht machen und dazugehören wollte, tat er ihnen immer wieder kleine Gefallen. Einmal brachten sie in sogar dazu, nackt im Schnee für sie zu tanzen. Als Teenager und sogar noch als junger Erwachsener überredete sein großer Bruder ihn immer wieder dazu, ihm Geld zu leihen, obwohl Joel wusste, dass er es nie zurückbekommen würde.

Als ich das erwähnte, sprudelte eine wahre Flut von Erinnerungen und Assoziationen aus Joel heraus, die ziemlich schnell klar machten, dass unter der Oberfläche seiner Weltgewandtheit und Bildung eine eher freundliche, einfache und vertrauensvolle – man könnte sogar sagen naive – Veranlagung schlummerte. Weil er sich ihrer schämte, überdeckte Joel sie im Lauf der Zeit mit seinem skeptischen, kritischen, überbetonten Intellekt. Dennoch war sie ein zwar verleugneter, aber dennoch authentischer Teil seiner selbst, den er in den »flower girls« immer wieder zu beleben suchte. Natürlich riefen ihm diese Frauen früher oder später seine eigene Naivität und ihre Folgen ins Gedächtnis zurück, und er musste sich schnell wieder von ihnen trennen.

Dann begann er eine Beziehung zum entgegengesetzten Frauentyp, und wenn die »psycho chicks« ihn dann in die Mangel genommen hatten, hatte er wieder den Wunsch nach unkomplizierter, freundlicher, einfacher Liebe.

Nachdem ich ihm diesen psychologischen »Erinnerungsspiegel« vorgehalten hatte – den ich genau genommen eine ganze Zeit lang wiederholt anwenden musste –, war Joel schließlich bei Schritt 1 angekommen (Wer bin ich?). Er akzeptierte diesen bislang abgelehnten Teil seiner selbst und integrierte ihn in seine ansonsten eher intellektuell geprägte Persönlichkeit. Da er jetzt sehen konnte, dass dieser naive kleine Junge, der es so gerne allen recht machen wollte, in ihm noch immer sehr stark war, brauchte er nicht mehr nach Frauen zu suchen, die diese Eigenschaften seinem inneren Wohlbefinden zuliebe verkörperten oder in stillschweigendem Einvernehmen mit ihm entwickelten. Ebenso brauchte er keine Frauen mehr, die ihm in ihrer weltgewandten Kultiviertheit halfen, dem kleinen Jungen in seinem Innern zu entfliehen.

Nun, da er aufgehört hatte, Frauen als Spiegel zu gebrauchen, war er fähig, an Schritt 2 zu arbeiten (Was will ich?), bei dem er sich der Frage stellte, was für eine Art Frau und was für eine Beziehung er tatsächlich wollte. Wenn Joel jetzt eine potenzielle Partnerin kennen lernte, präsentierte er sich nicht mehr als einschüchternder Intellektueller, womit er sonst sein Gegenüber dazu gebracht hatte, ihm entweder als nettes Mädchen oder als mit ihm konkurrierende Intellektuelle gegenüberzutreten. Nun konnte er sowohl einfache Anliegen in puncto Liebe als auch seine intellektuellen Interessen ins Gespräch und in sein Verhalten einbringen. Diese Ausgeglichenheit zog natürlich Frauen an, die ebenfalls in Balance waren. Je mehr er sein zuvor verleugnetes einfaches, nettes Selbst akzeptierte, desto klarer wurde seine Position auf dem Kontinuum zwischen »flower girl« und »psycho chick« – er hatte inzwischen entdeckt, dass es einen sehr ergiebigen Mittelbereich gab –, und irgendwann war ihm klar, dass er mit einer Frau zusammen sein wollte, die näher an der zweiten Kategorie lag. Jetzt war es wichtig für ihn, mit sich selbst ehrlich und freundlich umzugehen, aber ebenso wichtig, mit seiner Partnerin intellektuelle Gespräche führen zu können.

Am Ende heiratete Joel eine aufregende, abenteuerlustige Frau, die einen anspruchsvollen Job als Journalistin hatte. Es war keine leichte Entscheidung, denn gerade nachdem sie sich verlobt hatten, verlor er seinen Job. Er war mehrere Monate arbeitslos, eine Katastrophe für sein Selbstwertgefühl, vor allem, wenn er anfing, seine eigene berufliche Situation mit der seiner Verlobten zu vergleichen. Doch er überspielte seine Verletzlichkeit nicht mit komplizierten Rationalisierungen und philosophischem Geplapper. Sein ehrlicher und offener Umgang mit seinen beruflichen Problemen war zwar auch für seine Verlobte eine Herausforderung, doch sie schaffte es, freundlich und verständnisvoll zu reagieren. Obwohl sie selbst eine sehr ehrgeizige Persönlichkeit war und unbedingt vorwärts kommen wollte, unterstützte sie ihn bedingungslos. Er und die Beziehung blieben ihre erste Priorität, und so überstand das Paar die schwierige Situation.

Wie dieser Fall deutlich zeigt, gehört es bei der Überwindung der narzisstischen Liebe zu Schritt 2 (Was will ich?), dass man sich selbst in entscheidenden und grundlegenden Aspekten kennen lernt, was wiederum eine gelungene Partnerwahl ermöglicht. Zu den dramatischsten Beispielen in diesem Bereich gehört die Geschichte einer Patientin, die mich wegen eines Konflikts mit ihrer sexuellen Identität aufsuchte. Sie war eine attraktive, intelligente Frau Ende zwanzig und fühlte sich sexuell und emotional sowohl zu Männern als auch zu Frauen hingezogen. Aber mit einer Ausnahme auf der Highschool hielt sie sich von romantischen Beziehungen allgemein fern. Nachdem sie eine Weile zur Therapie gekommen war, begann sie eine Beziehung zu einem Mann. Die beiden entwickelten ein gutes, offenes Verhältnis mit intensiven Gesprächen, einer Menge Spaß und einem aktiven, aufregenden Sexleben. Nach etwa einem Jahr begannen sie übers Heiraten nachzudenken. Zwar war meine Patientin bereit, sich darauf einzulassen, aber ihr Freund meinte, er brauche noch ein paar Jahre Zeit, um seine Karriere aufzubauen.

Daraufhin begann meine Patientin an seiner Ernsthaftigkeit zu zweifeln und geriet regelrecht in Panik. Sie quälte sich mit der zwanghaften Vorstellung, wenn sie heirateten, würde ihr Freund wie ihr Vater werden, der ihre Mutter betrogen und seine Familie im Stich gelassen hatte, als die Patientin noch ganz klein war. Deshalb fing sie an, ihren Freund mit Fragen über seine sexuellen Fantasien und sein Interesse für andere Frauen zu bestürmen, und wollte in allen Einzelheiten herausfinden, warum es ihm so schwer fiel, eine feste Bindung einzugehen. Gleichzeitig setzte sie ihn unter Druck, sein Engagement für die Beziehung dadurch zu beweisen, dass er sich mit ihr verlobte oder wenigstens zusammenzog. Obwohl er eine Weile Widerstand leistete, war mir klar, dass er sie liebte und dass er sich immer mehr auf eine feste Bindung zubewegte. Tatsächlich schlug er in der von ihm angeregten »Probezeit« vor, mit meiner Patientin zusammenzuziehen – und das nicht etwa widerwillig oder als würde er auf ein Ultimatum reagieren.

Doch das steigerte nur die Angst meiner Patientin. In ihrer Verzweiflung durchsuchte sie die Sachen ihres Freundes und stieß dabei auf ein Nacktfoto einer früheren Freundin. Damit war die Sache für sie gelaufen – jetzt war sie endgültig überzeugt, dass er der Männertyp war, der sie betrügen würde. Sie teilte ihm mit, sie wolle nicht mit ihm zusammenwohnen und am liebsten gleich in eine andere Stadt umziehen. Gleichzeitig verliebte sie sich in eine Kollegin. Ihr Freund stellte Fragen und protestierte, aber es wurde immer deutlicher, dass ihre Beziehung in Auflösung begriffen war.

In einer Therapiestunde während dieser Phase begann die Patientin, sich mit der Arbeit an Schritt 1 zu befassen (Wer bin ich?). Es passierte, als ich eine Bemerkung darüber machte, dass es eigentlich keinen Beweis dafür gab, dass ihr Freund tatsächlich wie ihr Vater war. Wenn überhaupt, so argumentierte ich, dann waren ihre Ängste und Anschuldigungen eine Projektion. Sie gab mir sofort Recht. Sie sah plötzlich, dass sie diejenige war, die aus der Beziehung herauswollte, genau in dem Moment, als ihr Freund vorschlug zusammenzuleben. Sie war diejenige, die wie ihr Vater war (oder sich, genauer gesagt, mit ihm identifizierte), indem sie sich plötzlich für jemand anderes interessierte und sich nicht auf eine feste Bindung einlassen konnte.

Auf dieser Einsicht aufbauend, fügte die Patientin noch ein paar Pinselstriche zu diesem unangenehmen Selbstporträt hinzu: Ich bin diejenige, die sich jahrelang vor jeder festen Beziehung gedrückt hat; ich bin diejenige, die sich nicht einmal über ihre sexuelle Orientierung sicher ist und eigentlich überhaupt nicht weiß, was sie will.

So schmerzhaft die darauf folgende Trennung sowohl für meine Patientin als auch für ihren Freund war, ließ sie sich nicht vermeiden, denn man kann sich nicht auf etwas einlassen, wenn man es nicht wirklich will. Und hier kommen wir zu Schritt 2 (Was will ich?). Nachdem die Patientin ihre Projektion aufgegeben und akzeptiert hatte, dass sie diejenige war, die aus der Beziehung herauswollte, wurde ihr klar, dass sie sich eingehender mit ihrer Sexualität befassen musste. Dies wiederum führte sie zu dem Schluss, dass sie in Wirklichkeit mit einer Frau zusammen sein wollte. Es blieb nicht bei dieser theoretischen Schlussfolgerung, sondern sie begann tatsächlich nach der Trennung von ihrem Freund mit ihrer Kollegin eine dauerhafte Beziehung, auf die sie sich ganz einlassen konnte. An diesem Fall wird auch deutlich, dass die einzelnen Schritte nicht so klar voneinander getrennt verlaufen, wie ich sie der Einfachheit halber darstelle.

Natürlich gibt dieser Ausschnitt die sexuelle oder zwischenmenschliche Reise der Patientin keineswegs korrekt wieder – ihre Therapie war wesentlich komplexer. Trotzdem zeigt sich hier nicht nur der Moment des Übergangs von Schritt 1 zu Schritt 2 recht deutlich, sondern auch die praktische Realität, dass man »ins kalte Wasser springen« muss, um den jeweiligen Schritt zu bewältigen. Man muss neue Verhaltensweisen und verschiedene Beziehungen ausprobieren, statt nur vom Logenplatz aus den Beobachter zu spielen. Vielleicht wird man verletzt, vielleicht verletzt man andere, aber es ist die einzige Möglichkeit herauszufinden, was man wirklich will.

Eine Warnung möchte ich allerdings aussprechen: Sie sollten nicht den Fehler begehen, eine neue Beziehung anzufangen, bevor Sie in der alten etwas Neues ausprobiert haben. Viele junge Paare kommen in die Therapie, wenn die frühe gegenseitige Idealisierung nachlässt, um herauszufinden, ob sie sich auf eine feste Beziehung einlassen wollen. Oft wissen sie nicht, was sie wollen, weil sie sich ursprünglich aufgrund narzisstischer Projektionen zueinander hingezogen gefühlt haben. Nur wenn man über den Punkt der Idealisierung *und* der Abwertung hinaus in der Beziehung bleibt, kann man auch über die eigenen Projektionen hinaussehen und so von der Erfahrung mit dem aktuellen Partner lernen und erkennen, ob man wirklich das tut, was man will.

Schritt 3: Wer bist du?

»Wahrscheinlich sollte ich Ihnen erst mal ein bisschen Hintergrundinformation geben«, sagte Janet, eine attraktive Frau Ende dreißig, die wegen einer Ehekrise zu mir gekommen war. »Meine Ehe ist die zweite ernsthafte Beziehung in meinem Leben. Die erste, an die ich zur Zeit dauernd denken muss, begann am College. Ich stamme aus einer Kleinstadt im Süden von New Jersey und bin nach New York aufs College gekommen. Wir haben beide Englisch im Hauptfach studiert, aber er nahm sein Studium wesentlich ernster, schrieb Gedichte und Kurzgeschichten und wollte Schriftsteller werden. Ich glaube, er war sehr talentiert, aber auch unglaublich romantisch und attraktiv. Er war in New York aufgewachsen – in Soho, sein Vater war ein bekannter Künstler – und viel gebildeter als ich. Er war der erste Mann, mit dem ich Sex hatte, und er war unglaublich sinnlich und sanft. Ich war völlig überwältigt von ihm und vergötterte ihn regelrecht. Vier Jahre waren wir zusammen und ich lernte von ihm so viel über Kunst und Literatur und das Leben in New York. Die meiste Zeit über war ich glücklich mit ihm – ich weiß nicht, ob ich jemals so glücklich war, obwohl ich mich manchmal frage, ob das alles der Wirklichkeit entsprach. Ich fand ihn so wunderbar, und ich glaube, die Tatsache, dass jemand wie er mich mochte, gab mir das Gefühl, etwas Besonderes zu sein. Jedenfalls, ob es nun wirklich war oder nicht, werde ich nie die Nacht vergessen, als er vorschlug, die Fähre nach Staten Island zu nehmen, einfach so. Da standen wir dann auf dem Schiff und bestaunten die Skyline von New York, das Wasser und die Sterne. Ich fühlte eine Woge der Liebe und schwor mir, diesen Moment ewig im Gedächtnis zu behalten.«

Ich lächelte und erinnerte sie an die Karikatur im *New Yorker*, auf der ein Pärchen winzig klein vor der dramatischen Skyline von New York steht. Darunter der Text: »Was ich an New York so mag, Claudia, das bist du.« Auch Janet lächelte, denn sie verstand, dass viel von der frühen Verliebtheit ihres Freundes daher kam, dass er in die Liebe verliebt war und die Beziehung mit der Ekstase des romantischen Narzissmus verbrämte. »Und was ist aus der Beziehung geworden?«, erkundigte ich mich. »Na ja, er stand eigentlich immer im Mittelpunkt – seine künstlerischen Ambitionen, seine Karriere, seine Jobsuche nach dem Studienabschluss. Mir hat das nichts ausgemacht, weil ich ihn so geliebt habe. Nach dem College zogen wir zusammen, und ich verdiente den Lebensunterhalt für uns beide, während er an einer Sammlung von Kurzgeschichten arbeitete. Übrigens habe ich gerade erfahren, dass sie inzwischen tatsächlich veröffentlicht worden ist. Aber in dieser Zeit zog er auch viel mit einer ›cooleren‹ Gruppe von Leute herum, mit denen ich nichts anfangen konnte. Eines Tages gestand er mir dann, dass er ein Verhältnis mit einer anderen Frau angefangen hatte, die er in einem dieser Clubs kennen gelernt hatte. Also haben wir uns getrennt und ich hatte lange Zeit mit meinem gebrochenen Herzen zu kämpfen.

Vor kurzem musste ich wieder an diese Beziehung denken, weil diese Art Liebe und Intensität genau das ist, was in meiner Ehe fehlt. Das Seltsame ist, dass ich vor ein paar Wochen völlig unerwartet eine E-Mail von Jeremy – so hieß mein damaliger Freund – bekam, in der er meinte, es wäre schön, wenn wir uns mal wieder sehen könnten. Ich habe mich zum Lunch mit ihm getroffen, teils aus Neugier, um zu sehen, was ich jetzt für ihn empfand. Aber es war eine der langweiligsten Verabredungen, die ich je hatte. In gewisser Weise war er immer noch derselbe wie damals. Er redete von seinen Schwierigkeiten beim Schreiben, von den Büchern, die er gerade las, von Nachtclubs und Dinnerpartys. Er war absolut selbstbezogen, strahlte erstaunlich wenig Charme aus, war unverheiratet und hatte keine Kinder. Und natürlich bekam er eine Glatze.

Ich war verblüfft, dass dieser Mann, in den ich so vernarrt gewesen war und der mich so stark beeinflusst hatte, jetzt so langweilig und hohl auf mich wirkte. Mir war sogar vollkommen egal, ob wir uns noch einmal wiedersahen oder nicht. Was mich an meine Ehe erinnert. David und ich sind seit zehn Jahren zusammen, und wir haben zwei Kinder, einen Jungen und ein Mädchen. Nachdem Jeremy und ich uns getrennt hatten, hielt ich gezielt Ausschau nach einem bodenständigen, zuverlässigen Mann. Ich musste ziemlich lange suchen, weil ich mich immer noch zu den aufregenden, großstädtischen Künstlertypen hingezogen fühlte. Aber David war von Anfang an ganz anders. Durch ihn habe ich endlich wieder ein gutes Gefühl zu meinem Körper bekommen, er hat mir gesagt, dass ich die schönste Frau bin, die er jemals gesehen hat. Er war immer für mich da, und ich weiß, dass das zu den Gründen gehört, weshalb ich mit ihm zusammen sein wollte. Nach Jeremy und noch einer ganzen Reihe von Dichtertypen wurde mir endlich klar, dass ich mit einem realen Menschen leben wollte, mit jemandem, der zur Abwechslung mal mich auf ein Podest stellen würde.

Jedenfalls heirateten wir irgendwann und bekamen die Kinder. David wurde erfolgreich und ich arbeitete halbtags, konzentrierte mich aufs Muttersein, was für mich übrigens das Größte ist. Aber nun ist unsere Beziehung immer mehr zur Routine geworden, fast so, als wären wir Geschäftspartner oder vielleicht auch Bruder und Schwester, und ich vermisse die Romantik. Wir streiten uns eigentlich kaum, und David ist ein guter Vater, er räumt die Spülmaschine ein und wechselt die Glühbirnen. Aber er hat irgendwie keinen Schwung, keinen Pep oder wie man das nennen soll. Ich finde, er spielt immer nur den Beobachter, so, als brauchte er mich zu seiner Unterhaltung. Er ist so passiv, er hat nicht viel zu sagen oder zu geben. Wir haben vieles gemeinsam, eine lange Vergangenheit, und ich möchte mich nicht von ihm trennen. Aber ich weiß nicht, ob die Ehe noch bestünde, wenn wir nicht die Kinder hätten. Ich denke, ich habe einfach das Gefühl, dass es in unserer Beziehung an Liebe fehlt.«

Obgleich Janet es ernst meinte, obgleich sie traurig und besorgt war, lächelte ich erneut, denn ich musste an eine weitere Karikatur aus dem *New Yorker* denken, in der ein Ehepartner zum anderen sagt: »Na gut, von der Chemie ist nicht mehr viel übrig, aber wir haben immer noch die Archäologie.« Natürlich zitierte ich diese Witze, weil sie der Patientin zeigten, dass ihr Kampf mit der Liebe nicht pathologisch, sondern universell ist, genauer gesagt, dass ihm das Problem der Idealisierung zugrunde liegt. Der Weg der Patientin von einer Beziehung, in der sie Echo war, zu einer, in der sie Narziss verkörperte, ist ein sehr häufig eingeschlagener Pfad. Und wenn man ihre Reise aus therapeutischer Sicht betrachtet, können wir sehen, dass Janet, als sie zu mir kam, Schritt 1 und Schritt 2 meines Drei-Schritte-Ansatzes bereits angegangen und vielleicht sogar gemeistert hatte: Sie wusste, dass ihre erste Beziehung auf Idealisierung und Spiegeleffekten basierte (Schritt 1: Wer bin ich?) und dass sie letztendlich mit einem zuverlässigen, beständigen, »bodenständigen« Partner zusammen sein wollte (Schritt 2: Was will ich?). Zwar hatte sie sich ihren Projektionen, ihren Widerständen und Ausweichmanövern gestellt und konnte sich deshalb zu ihrer Beziehung bekennen, aber jetzt stand sie vor dem, was ihr auch vorher schon Angst gemacht hatte: ihrer Ambivalenz. Sie war unglücklich in ihrer Ehe, weil sie ihrem Mann gegenüber zutiefst ambivalente Gefühle hegte – sie mochte die Sicherheit, Stabilität und Normalität, die er ihr vermittelte, aber sie hasste seine Passivität und Langweiligkeit. So kommen wir zu Schritt 3 (Wer bist du?), in dem es um die Lösung unserer Ambivalenz geht.

In Schritt 3 gehen wir über unser narzisstisches Bemühen, uns selbst gegenüber ein gutes Gefühl zu haben, hinaus, um unseren Partner als den zu lieben, der er nun einmal ist, vor allem auch die Aspekte, in denen er anders ist als wir. Um dorthin zu gelangen, müssen wir unseren Narzissmus ablegen, was wir paradoxerweise nur dadurch erreichen, dass wir ihm zunächst verstärkt frönen. Lassen Sie mich dies näher erklären. In Janets Fall war die erste Beziehung und zum großen Teil auch die zweite von Narzissmus geprägt – von ihrem Bedürfnis nach einem guten Gefühl sich selbst gegenüber. Ganz allgemein war ihr Selbstwertgefühl fast vollkommen von ihren Beziehungen abhängig – zu Jeremy, zu David, zu ihren Kindern. Aber außerhalb ihrer Beziehungen hatte sie noch nie etwas für ihr Selbstwertgefühl getan. Für viele Frauen ist das immer noch ein Problem, denn wie die Forschung zeigt, hängt das Selbstwertgefühl von Männern nach wie vor von ihrer Leistungsfähigkeit ab (beruflich und sexuell), während Frauen erfolgreiche Beziehungen (und ein hübsches Äußeres) brauchen, um sich gut zu fühlen.

In der Therapie begriff Janet sehr rasch, dass sie, obwohl sie sehr talentiert war, ihre nichtzwischenmenschlichen Talente nie ausgelebt hatte. Sie liebte Sprachen und Literatur, aber dieser Vorliebe war sie eigentlich nur in ihrer Jugend nachgegangen. In Bezug auf ihre eigenen Interessen war sie ziemlich passiv und erwartete von ihrem Partner – jetzt von ihrem Ehemann –, dass er ihr Anreize gab. Als ihr das klar wurde, beschloss Janet, an die Universität zurückzukehren und einen Abschluss in Vergleichender Sprachwissenschaft zu machen. Natürlich hatte sie keine Ahnung, wohin sie das führen würde, aber als sie anfing zu studieren, entwickelte sich in ihrer Ehe eine neue, starke Dynamik. Janet hatte weniger Zeit für David und daher auch weniger Zeit, ihn zu kritisieren. Sie war so viel glücklicher und ausgefüllter, dass sie mit David über das reden wollte, was *sie* machte, statt ihm immer nur zuzuhören. Deshalb begann sie seine »Passivität« wieder zu schätzen und erlebte sie jetzt als die Fähigkeit, gut zuzuhören. Doch anders als in der Anfangsphase ihrer Beziehung genoss sie es nicht nur, im Mittelpunkt zu stehen und von ihm bewundert zu werden. Ihr machte das Studium großen Spaß, deshalb liebte sie auch das Gespräch darüber. Und weil sie sich so engagierte, hörte sie David auch aufmerksam zu und entdeckte, dass er aus einer völlig anderen Perspektive argumentierte und eine ganz eigenständige Meinung vertrat. Auf einmal schätzte sie David als das, was er war – jemand, der zuhörte, der Fragen stellte und mit dem man interessante Gespräche führen konnte. Je mehr sie das zu schätzen lernte, desto mehr hatte David zu sagen.

Schließlich kam es bei David zu einer ähnlichen Veränderung wie bei Janet – offenbar wollte er ihr nicht nachstehen und beschloss daher, mehr seinen »egoistischen« Interessen nachzugehen. Da seine Karriere stagnierte und er dadurch, dass seine Frau oft weg war, mehr Zeit hatte, begann er, eine Reihe von Zeitschriftenartikeln über seine Arbeit als Personalchef zu verfassen. Jetzt wollte natürlich *er* mehr reden, was die Dynamik der Beziehung vollends veränderte und sie wesentlich ausgeglichener gestaltete.

Als Janet also den Entschluss fasste, sich selbst das zuzugestehen, was sie brauchte, um ihren Narzissmus zufrieden zu stellen, erwartete sie das nicht mehr von David. So konnte sie seine Unvollkommenheiten besser akzeptieren und sogar genießen (in ihrem Fall seine »Passivität« und »Langweiligkeit«). David seinerseits fühlte sich mehr akzeptiert und geliebt, sodass er seine Trägheit überwinden und sich seiner eigenen Entwicklung öffnen konnte. Als Janet also selbst ausgeglichener wurde – nicht mehr Echo oder Narziss, sondern ein bisschen von beidem –, stellte sich auch bei David ein besseres Gleichgewicht ein. Kurz gesagt, Janet suchte sich etwas im Leben, was ihr Spaß machte und sie ausfüllte, und war von da an auch zufriedener mit ihrem Ehemann.

Um Schritt 3 (Wer bist du?) auf die grundlegenden Bestandteile zu reduzieren, könnten wir ihn wie folgt beschreiben: (1) Fangen Sie etwas mit Ihrem Leben an, was Sie selbst zufrieden stellt, und konzentrieren Sie sich nicht so sehr auf Ihren Partner; (2) lernen Sie das zu schätzen, was Ihr Partner zu bieten hat, statt sich an dem festzubeißen, was er nicht hat; (3) nehmen Sie sein Wachstum zur Kenntnis, das für gewöhnlich parallel zu Ihrem eigenen einsetzt. In den nächsten Kapiteln werde ich ausführlich einige Techniken beschreiben, wie Sie Schritt 3 in Ihrer Beziehung bewerkstelligen können. Aber zuerst möchte ich, dass wir uns ansehen, wie er in der Phase des Kennenlernens angewandt werden kann.

Ein Paar, das sich seit einigen Wochen kannte, suchte mich auf, weil die Frau es satt hatte, ständig von ihrem Freund kritisiert zu werden, weil sie in geselligen Situationen den Mund nicht aufmachte. »Es stört mich, dass sie immer so still ist, wenn wir mit Freunden oder so zusammen sind«, erklärte er. »Ich glaube, das gibt den anderen ein blödes Gefühl, und sie fragen sich auch, was mit ihr nicht stimmt.« Der Frau war anzusehen, wie sehr sie sich über seine Darstellung ärgerte. »Meine Bekannten haben noch nie etwas davon gesagt, dass sie das stört«, konterte sie wütend. Von Anfang an war klar, dass es um ihren Freund ging und nicht um die anderen Bekannten der Frau – *ihm* war ihr Schweigen unbehaglich, *er* glaubte, dass etwas mit ihr nicht stimmte. Kurz gesagt, ich hatte den Verdacht, dass er sie abwertete.

Also ging ich nach Schritt 1 vor (Wer bin ich?) und erforschte mit ihm, welche Gefühle ihr Schweigen bei *ihm* auslöste, und erstaunlicherweise stellte sich heraus, dass er als Kind gestottert und sich irgendwann ins Schweigen zurückgezogen hatte, um dem ständigen Spott zu entgehen. Obwohl das Stottern inzwischen völlig verschwunden war, litt sein Selbstwertgefühl immer noch darunter, und er wollte unbedingt, dass seine Freundin in Gruppensituationen redete, damit er selbst nicht an seinen Kindheitsschmerz erinnert wurde. Als er diesen Zusammenhang aufgedeckt hatte, war der Patient in der Lage, zu Schritt 2 überzugehen (Was will ich?), und er begriff, dass er in Wirklichkeit keine Freundin wollte, die gesprächig und extrovertiert war und auf andere Leute einen guten Eindruck machte, sondern eine, die gut zu ihm war – geduldig, unterstützend, ehrlich und verantwortungsbewusst –, alles Eigenschaften, die seine Freundin besaß. So konnte er die Erwartung, dass sie nicht schweigsam dabeistand, loslassen und zu Schritt 3 übergehen (Wer bist du?). Er versuchte, sein Selbstwertgefühl direkter zu verbessern, tat etwas für sich selbst und erkannte, dass seine Freundin zwar in Gruppensituationen nicht viel redete, danach aber immer mit interessanten Beobachtungen aufwartete. Nun interessierte er sich für ihre Beobachtungen statt für ihr Schweigen – er sah und schätzte sie so, wie sie war.

Wie aus all diesen Fällen deutlich wird, kann Schritt 3 (Wer bist du?) per definitionem nur im Konext einer Beziehung vollständig bewältigt werden. Doch selbst wenn Sie keine Beziehung führen, können Sie den Grundstein dafür legen. Bei der narzisstischen Liebe ist das Wichtigste, dass Sie sich einer Sache widmen, in der Sie richtig gut sind. Das kann Ihre Arbeitsstelle sein oder jedes andere große persönliche – aber nicht zwischenmenschliche! – Projekt, ganz gleich, ob es sich um Investmentbanking, Gärtnerei, Innenarchitektur oder eine ehrenamtliche gemeinnützige Tätigkeit handelt. Finden Sie heraus, was Ihnen Freude macht und engagieren Sie sich aus vollem Herzen. Wenn Ihre Beziehung im Stil von Echo und Narziss abläuft, wenn Ihre Arbeit für Sie vor allem ein Broterwerb ohne subjektives Vergnügen ist, dann fangen Sie etwas wirklich Egoistisches an und genießen Sie es – Malen, Schreiben, Yoga, Fitness –, irgendetwas, solange Sie es nur für sich selbst tun. Wenn Sie eher ein Narziss sind, sollten Sie trotzdem etwas Egoistisches tun, aber etwas, in dem Sie Leidenschaft zeigen können, weil es Ihnen Freude macht, nicht weil es gut aussieht oder weil Sie andere damit beeindrucken können.

KAPITEL 3

VIRTUELLE LIEBE

Oftmals berührt er sein Werk mit der Hand und versucht,
ob es Fleisch, ob Elfenbein sei, und versichert auch dann,
kein Elfenbein sei es. OVID

Der ursprüngliche Pygmalion aus dem griechischen Mythos war ein gefeierter Bildhauer, der Frauen grundsätzlich misstraute, da sie in seinen Augen nicht vertrauenswürdige Huren waren. Gleichzeitig sehnte er sich verzweifelt nach diesen Objekten der Verachtung, danach, mit einer von ihnen das Bett zu teilen. So nutzte er sein kreatives Talent, um eine Frauenstatue zu erschaffen, die schöner war als jede reale Frau. Und natürlich verliebte Pygmalion sich am Ende in sein eigenes Kunstwerk.

Er nannte die Schöne Galatea, überschüttete sie mit »geschliffenen Steinen, kleinen Vögelchen und tausendfarbigen Blumen« und schmückte sie mit Kleidern. Und dann nahm er sie mit ins Bett – was auch sonst? Wir wissen nicht genau, was als Nächstes geschah, außer dass Pygmalion jetzt über beide Ohren verliebt war und zu Venus betete, ihm eine Frau genau wie Galatea zu schenken. Als er eines Nachts die Brust seiner Statue streichelte, wurde »das betastete Elfenbein weich«, und als er ihre Lippen küsste, spürte er, dass sie warm waren. Dann errötete Galatea, ihre Augen öffneten sich, und . . . kurz darauf heirateten die beiden und führten hinfort eine glückliche Ehe.

Wenn es im Leben doch auch so einfach wäre! Nun, genau genommen ist es bis zu einem gewissen Punkt sogar ganz ähnlich, denn selbst unter alltäglichen Umständen ist das Verlieben eine kreative, wunderbare und ziemlich selbstzentrierte Angelegenheit. Wie wir im vorigen Kapitel gesehen haben, halten wir die Person, in die wir verliebt sind, für etwas ganz Besonderes, und wir erschaffen ein Bild von ihr in unseren Gedanken, das aussieht, als könnte sie uns genau das geben, was wir brauchen. In diesem Sinne geht es beim Verlieben darum, dass wir Unvollkommenheiten übersehen, die wir ansonsten nur allzu bereitwillig wahrnehmen würden. Eine lange Nase, Geheimratsecken, dicke Oberschenkel, große Nasenlöcher, aufgeblasenes Ego, winzige Brüste oder schlaffe Haut – all das ist absolut kein Thema, wenn wir verliebt sind. Wenn meine Patienten einen potenziellen Partner kennen lernen und dann zu dem Schluss kommen, dass es doch nicht der oder die Richtige war, erklären sie es oft mit Sätzen wie »Sie ist mir einfach nicht intelligent genug« oder »Er ist eben ein bisschen langweilig« oder »Ich finde sie eigentlich doch nicht wirklich attraktiv« oder »Er hat nicht genug Ehrgeiz«. In diesem Moment weigern sie sich strikt, über die Mängel des anderen hinwegzusehen. Aber wenn sie sich verlieben, ignorieren sie nicht nur die Mängel, sie übertreiben bestimmte Eigenschaften, schmücken sie aus und erfinden teilweise sogar neue, die nur im Auge des Betrachters vorhanden sind.

In seiner extremen Ausprägung ist das Pygmalion-Syndrom oft ein zentrales Merkmal der virtuellen Liebe. Wir sind verliebt in ein vorgefertigtes Machwerk, das wir selbst erschaffen haben und das wenig mit der tatsächlichen Person zu tun hat. Leider erkennen wir das in der Beziehung oft nicht früh genug, weil wir unbewusst Menschen und Situationen suchen, welche die Wirklichkeit verschleiern. Im Falle der virtuellen Liebe handelt es sich dabei am häufigsten um Fernbeziehungen. Ich lebe in New York, meine Freundin wohnt in Boston. Wir haben uns kennen gelernt, als ich einen Freund in Cambridge besuchte, und wir hatten sofort eine Verbindung zueinander: tolle Gespräche, unglaublich guten Sex. Wir sehen uns am Wochenende, mal fahre ich hin, mal kommt sie her. Wir kriegen nie genug voneinander, und an den Wochenenden haben wir immer eine Menge Spaß. Dann fangen wir an, über den nächsten Schritt zu reden – eine feste Beziehung. Wer zieht zu wem, wer gibt seinen Job auf, können wir das Ganze erst mal auf Probe machen? Wer bezahlt den Umzug? Und was ist mit der Unterstützung für denjenigen, der erst einmal ohne Job dasteht? Sollen wir heiraten? Was wird aus dem autistischen Bruder meiner Freundin? Möchte ich wirklich Kinder mit diesem Partner? Wie sollen wir damit umgehen, dass seine Mutter jeden Samstag kommt, die Wohnung putzt und die Bettwäsche wechselt? Und noch wichtiger: Was, wenn ich meinen Job aufgebe, von meiner Familie und meinen Freunden weg nach New York ziehe, und du es dir dann nach sechs Monaten doch anders überlegst? »Ja«, sage ich dann zu meinen Patienten (oder ich denke es zumindest), »was ist, wenn ich anfange, dich zu hassen, weil du so von mir abhängig bist? Und was, wenn du anfängst, mich zu hassen, weil du so viel für mich aufgegeben hast und mit Sack und Pack hierher gezogen bist?«

Aus offensichtlichen Gründen sind solche Fragen in einer Fernbeziehung von besonderer Bedeutung – wir können die möglichen Antworten nicht in der Realität austesten, ohne den großen Schritt tatsächlich zu wagen. Selbstverständlich kann dieser Schritt funktionieren, aber nur, wenn beide Seiten die Vorsicht in den Wind schlagen, sich verbindlich auf die Beziehung einlassen und zu ihrer Entscheidung stehen, komme, was wolle. Doch heutzutage verlangen die meisten jungen Menschen einen empirischen Beweis dafür, dass es »funktionieren kann«, ehe sie sich auf eine Beziehung einlassen. Dazu kommt leider noch die Tatsache, dass es sich bei fast allen Fernbeziehungen um ein Spiel mit festen Regeln handelt. Das heißt, das brutale Erwachen kann besonders hart sein, weil wir wissen, dass unsere Wochenenden – so wundervoll und bittersüß sie auch gewesen sein mögen – letztlich ein Fantasiegebilde waren. Das Problem liegt weniger darin, dass wir die geographische Distanz ignoriert haben, sondern darin, dass wir sie dafür benutzt haben, um unseren ambivalenten Gefühlen dem anderen gegenüber nicht ins Gesicht sehen zu müssen. Wir haben sie benutzt, um uns nicht von ihrer Bedürftigkeit oder seiner Reserviertheit abgestoßen zu fühlen, von ihren unzulänglichen Genen oder der Tatsache, dass er so abhängig von seiner Mutter ist, und so weiter und so fort.

Je wahrscheinlicher der große Schritt wird, desto höher türmen sich die schlechten Eigenschaften. Er überlegt: Will ich wirklich mit jemandem zusammen sein, der kein eigenes Leben hat? Warum sonst ist sie bereit, alles für mich hinzuschmeißen? Und sie grübelt: Warum soll ich für jemanden umziehen, der so egoistisch und verwöhnt ist? So sehr wir auch versucht haben, eine perfekte Beziehung zu erschaffen, so schön wir unsere gemeinsamen Wochenenden mit der bewussten Spontaneität der Romantik und der unbewussten Präzision eines Bauplans gestaltet haben, so nähern wir uns langsam aber sicher dem Augenblick der Wahrheit, in dem Wut, Vorwurf und Zurückweisung sich in die Beziehung schleichen oder manchmal auch völlig unvermittelt über sie hereinbrechen. Das Pygmalion-Syndrom ist sozusagen das eine Extrem, das nach gegebener Zeit oft ins Gegenteil, nämlich ins Frankenstein-Syndrom, umschlägt. Wie Frankenstein in dem Buch von Mary Shelley erschaffen wir ein Monster, das sich auf uns stürzen und uns zerstören will. Doch es besteht auch die Chance, dass sie keine bedürftige, unzulängliche Heulsuse ist! Die ausgewogene Wahrheit ist das, was wir von Anfang an zu fühlen vermieden haben – Liebe trotz aller Ambivalenz.

Um nicht im Frankenstein-Syndrom zu enden, müssen wir uns so früh wie möglich mit dem Pygmalion-Syndrom auseinander setzen. Genau das versuche ich meinen Patienten nahe zu bringen, von denen viele mit der Dynamik einer Fernbeziehung zu kämpfen haben. Doch wie wir im vorigen Kapitel gesehen haben, ist es nicht immer leicht, solche Dinge frühzeitig zu erkennen und in Angriff zu nehmen.

Schritt 1: Der »Schon-wieder!«-Moment

Wie an der Börse oder beim Gärtnern können wir auch in der Liebe froh sein, wenn wir den gleichen Fehler nur zweimal machen. Hier ist eine ganz gefährliche Kombination am Werk: Zum einen ist die Liebe für jeden Menschen enorm wichtig, zum anderen sind unsere Fähigkeiten, uns selbst hinsichtlich unserer Gefühle zu täuschen, unbegrenzt. Mit anderen Worten: Unsere Fehler verkleiden und tarnen sich, deshalb sind wir dazu verurteilt, sie zu wiederholen, bis wir durchschaut haben, wie sie – oder besser gesagt: wir – zu Werke gehen. In der Therapie müssen wir genau wie im richtigen Leben an den frustrierenden, deprimierenden Punkt gelangen, an dem wir zum wiederholten Male frustriert ausrufen: »Ich hab's schon wieder getan!«, bevor wir bereit sind, eine neue Seite aufzuschlagen.

Eine meiner Patientinnen – ich nenne sie Julie – war eine energische und kluge Prozessanwältin. Als Partnerin in einer großen Anwaltskanzlei war sie selbstbewusst und redegewandt. Wenige Wochen nach ihrem einunddreißigsten Geburtstag kam sie zu mir, weil sie nicht länger glauben mochte, dass nur ihr Pech sie davon abhielt, endlich den richtigen Partner kennen zu lernen. Sie wusste zwar, dass sie irgendetwas falsch machte, kam aber nicht dahinter, was. Wie der Zufall es wollte, lernte sie einige Zeit nach Beginn der Therapie auf einer Geschäftsreise nach Los Angeles einen Mann kennen, Jeff. Sie fühlte sich auf Anhieb zu ihm hingezogen, weil er, wie sie es ausdrückte, »eine so entspannte, offene Lebenseinstellung hatte«. Es freute sie, dass er plante, in ein paar Monaten aus beruflichen Gründen nach New York zu ziehen.

Eine Weile führten sie Telefongespräche und tauschten E-Mails aus. Dann verbrachten sie ein paar Wochenenden zusammen. Als Julie nach dem zweiten Besuch bei Jeff in Los Angeles zur Therapiestunde kam, sah man ihr an, dass sie dabei war, sich zu verlieben. »Er ist so großzügig, so emotional, so zugänglich. Und er ist intelligent, aber nicht auf aggressive, einschüchternde Weise«, erzählte sie. »Und er ist auch kein Workaholic – was für mich echt gut ist«, fügte sie hinzu. Von nun an flog Julie jeden Freitagabend nach Kalifornien und verbrachte das Wochenende mit Jeff, bis er einige Monate später tatsächlich nach New York zog. Julie war begeistert, und sie begannen über Verlobung und übers Heiraten zu sprechen. Das Einzige, was Julie störte, war die Tatsache, dass Jeffs Job und seine neue Wohnung alles andere als großartig waren. Doch sie dachte, wenn er sich erst mal eingelebt hat, wird er sich schon nach etwas anderem umsehen. Als sie das ihm gegenüber zur Sprache brachte, wurde ihr klar, dass nur sie mit der Situation ein Problem hatte. Jeff beteuerte, dass ihm sein Job gut gefiel und er absolut kein Interesse hatte, sich in absehbarer Zeit zu verändern. Auch in seiner Wohnung fühlte er sich pudelwohl, außerdem verbrachte er – im Gegensatz zu Julie – ohnehin den größten Teil seiner Freizeit draußen.

Dann wurde es Zeit, den Sommerurlaub zu planen. Julie wollte gern nach Paris und Rom reisen, dort Museen und Ruinen besuchen, gemütlich Wein trinken und die europäische Küche genießen, aber Jeffs Ambitionen beschränkten sich darauf, zu faulenzen und am Strand zu liegen. Außerdem beklagte er sich immer häufiger, dass sie zu viel arbeite, dass sie sich zu wenig für spirituelle Themen interessiere und insgesamt viel zu ehrgeizig sei. Umgekehrt entdeckte Julie an ihm immer mehr Dinge, die sie störten: Er sei passiv, langsam, ein bisschen dumm und naiv. Wie oft in einer Beziehung waren es gerade die Qualitäten, die sie anfangs besonders angezogen hatten – seine »entspannte, offene Lebenseinstellung« –, die sie jetzt am meisten abstießen. Die Dynamik war in vollem Gang, und ungefähr drei Monate nachdem Jeff nach New York gezogen war, hatte Julie sich »entliebt« und brach die Beziehung ab.

Nun war Julie die Erste, die zugab, dass ein Teil des Problems darin lag, dass sie mit Jeff eine Fernbeziehung angefangen hatte. »Bei näherer Begutachtung«, imitierte sie ihre betont »juristische« Art, »stellte sich heraus, dass der Verdächtige nicht das war, wofür ich ihn gehalten hatte. Wenn ich ihn in L.A. besucht habe, war ich ja immer auch ein bisschen in Urlaubsstimmung und konnte mich mehr auf seinen entspannten kalifornischen Lebensstil einlassen.« Nach dieser Analyse und auf der Suche nach praktischer Umsetzung einer gut gelernten Lektion schwor sich Julie: »Keine Fernbeziehungen mehr.« Dazu fasste sie noch den Vorsatz: »Keine netten, sanften, passiven Männer mehr«, und machte damit ihren Kopf frei für neue Erfahrungen.

Nach einigen Verabredungen, die sich auf der Arbeit, innerhalb ihrer Kirchengemeinde und über Freunde ergaben, begann sich Julie für die Partnervermittlung im Internet zu interessieren. Und tatsächlich lernte sie so einen Mann kennen, der drei Blocks von ihr entfernt wohnte und sich in ihrem ersten Online-Gespräch als »energischer, nüchterner Typ« beschrieb. Er war ein junger Börsenmakler, sehr engagiert in seinem Beruf, sehr ehrgeizig. Und er wollte seinen Urlaub sehr gern in Paris oder Rom verbringen. »Der Strand ist doch langweilig – so was ödet mich nur an.« Als sie ihm von ihrer letzten Beziehung erzählte, stellte er sich sofort voll auf ihre Seite. Zu diesem Zeitpunkt bereitete Julie sich auf einen Prozess vor und war stark in ihre Arbeit eingespannt – ungefähr so, als würde sich ein Student auf eine wichtige Prüfung vorbereiten. Sie arbeitete abends und an Wochenenden und war ständig müde. Aber ihr Interesse an ihrem neuen Bekannten nahm zu, und so sorgte sie immer dafür, dass sie hier und dort ein paar Minuten Zeit für ein paar E-Mails oder einen kurzen Chat fand. Auch er war sehr beschäftigt, erwähnte aber immer wieder, dass er sich unbedingt bald mit ihr treffen wollte. Julie hatte ebenfalls Lust dazu, aber sie wollte noch eine Weile warten, nicht nur wegen des anstehenden Prozesses, sondern auch, weil sie, obwohl sie in der sich anbahnenden Beziehung ein großes Potenzial sah, nichts überstürzen wollte. So dauerte es ungefähr einen Monat, bis sich die beiden zum ersten Mal in der Realität trafen.

Das erste persönliche Treffen verlief sehr gut, beide fühlten sich auf Anhieb zueinander hingezogen. Doch dann hatte er seinerseits viel Stress bei der Arbeit und musste ein paar Wochen lang ständig Überstunden machen. So vergingen drei Wochen, bis sie sich wieder sahen, doch ihr Internet-Kontakt wurde in dieser Zeit immer leidenschaftlicher und intimer. Als Jims Arbeitsbelastung etwas nachließ, trafen sie sich regelmäßig, verstanden sich weiterhin sehr gut und entdeckten viele gemeinsame Interessen und Wertvorstellungen. Manchmal jedoch fand Julie ihren neuen Freund zu dominant – immer sollte alles nach seiner Nase gehen. Anfangs gab sie nach, weil sie das Gefühl hatte, dass er sich als »starker Mann« gut um sie kümmerte. Aber nach ein paar Monaten begann sie ihm Kontra zu geben, und sie stritten sich immer häufiger: in welchen Film oder in welches Restaurant sie gehen wollten, ob und wann ein Familienbesuch anstand, wer sich als Erster entschuldigen musste, wie und wann sie Sex hatten und so weiter. »Ich möchte die Beziehung mit ihm unbedingt auf die Reihe kriegen, ich liebe ihn wirklich«, sagte Julie in einer Sitzung, als sie mir diese Dynamik beschrieb. »Wir haben eben beide eine starke Persönlichkeit, vermutlich kämpfen wir darum, wer die Oberhand behält.«

Aber Jim sah das nicht so. In der nächsten Sitzung brach Julie in Tränen aus, kaum dass sie Platz genommen hatte. »Er hat mit mir Schluss gemacht«, schluchzte sie, »er hat gesagt, ich kontrolliere ihn dauernd und bin zu aggressiv, und er möchte nicht den Rest seines Lebens in einen Machtkampf verstrickt sein. Und er glaubt auch nicht daran, dass man an einer Beziehung ›arbeiten‹ kann.« Eine Zeit lang trauerten wir in der Therapie um diesen Verlust, aber in ihrer praktischen Art machte Julie ziemlich schnell den nächsten Schritt und wollte herausfinden, wo sie auf Irrwege geraten war und was sie in der nächsten Beziehung anders machen konnte. Im Laufe unserer Gespräche kristallisierten sich zwei Dinge heraus. Erstens benahm sich Julie nach ihrer letzten Enttäuschung wie ein General, der den vorherigen Krieg noch einmal führen will – ein sicheres Rezept, um zu verlieren. Sie hatte sich geschworen, sich nie wieder auf ein »Weichei« einzulassen und war entsprechend bei einem Macho gelandet. (Dies ist ein Beispiel dafür, wie sich im realen Leben die Muster der gescheiterten Liebe überlappen; eine ausführliche Diskussion über »Weicheier« und »Machos« finden Sie in Kapitel 8, in dem es um die androgyne Liebe geht).

Als zweiten Punkt erklärte ich Julie Folgendes: »Sie haben wieder eine Fernbeziehung angefangen.« »Was?« Sie sah mich erstaunt an. »Wer ist hier verrückt, Sie oder ich? Jim wohnt doch direkt um die Ecke von mir!«

»Ich weiß«, antwortete ich, »so schlecht ist mein Gedächtnis nun auch wieder nicht. Aber die ersten Monate hatten Sie eine Internet-Beziehung, erinnern Sie sich? Da haben Sie sich verliebt, genau wie bei – wie war doch gleich sein Name? – wie bei Ihrem Freund aus L.A., und genau wie Pygmalion.« Ich erklärte ihr weiter, wie leicht es ist, sich ohne realen Kontakt mit einem Menschen in unser eigenes mentales Konstrukt von ihm zu verlieben. »Ich glaub es nicht – ich hab's schon wieder getan!«, rief Julie und kam ihrem »Schon-wieder!«-Moment ein ganzes Stück näher. Ich sage bewusst, dass sie ihm »näher kam«, denn wie viele Menschen musste auch Julie sich erst noch auf frischer Tat ertappen, um es vollständig zu kapieren. Nur wenige Monate später hätte sie sich um ein Haar mit einem Mann aus Europa eingelassen, der für einen Arbeitsauftrag für ein Jahr nach Amerika gekommen war, aber im letzten Augenblick entschied sie sich dagegen.

Rückblickend lässt sich ziemlich leicht erkennen, dass das Pygmalion-Syndrom der gemeinsame Nenner in Julies Beziehungen war, aber mitten in einer der Beziehungen zu dieser Erkenntnis zu gelangen, war schwer bis unmöglich, denn an der Oberfläche schienen die Beziehungen sich vollkommen voneinander zu unterscheiden. Der eine Mann war »passiv«, der andere »aggressiv«, mit dem einen machte Julie Schluss, vom anderen wurde sie sitzen gelassen.

Schritt 2: Was ist für mich wirklich wichtig?

Dieser Schritt besteht in der Hauptsache darin, dass man die Ambivalenz erkennt und akzeptiert, die dem Pygmalion-Syndrom zugrunde liegt. Sobald der verschleiernde Einfluss des Virtuellen verblasste, war Julie gezwungen, die Ambivalenz anzuerkennen, die sie ihrem jeweiligen Freund gegenüber empfand: Sie liebte die entspannte Offenheit ihres ersten Freunds, hasste aber seine Passivität; sie liebte die zupackende, entschlossene Haltung ihres zweiten Freunds, hasste aber seine Aggressivität, zumindest insofern, als sie ständig dagegen ankämpfte. Nachdem sie das durchschaut hatte, musste sie nun entscheiden, mit welcher Art Mann sie tatsächlich zusammen sein wollte. Natürlich kann man nicht die ganze Männerwelt in Weicheier und Machos einteilen, aber das Klischee, dass schwache Männer Verlierer seien, existiert auch nicht von ungefähr. Mit anderen Worten: Männer, die sich draufgängerisch dem äußeren »Erfolg« widmen, sind mit einiger Wahrscheinlichkeit weniger sensibel und unterstützend, und solche, die gern über Beziehungen reden und Zeit mit ihren Kindern verbringen, sind auf dem Karriereschlachtfeld weniger draufgängerisch. Natürlich wollte Julie alles – das ist ja nur menschlich. Das Problem war nur, dass die Zeit verstrich und sie nicht länger auf den Traumprinzen warten konnte. Außerdem – und das war sogar noch wichtiger – begann sich ihr allmählich der beunruhigende Gedanke aufzudrängen, dass dieser Traumprinz überhaupt nicht existierte.

Wie entscheidet man sich zwischen zwei gleichermaßen erstrebenswerten (und abstoßenden) Möglichkeiten? Die einzige

Antwort darauf lautet: Man muss sich selbst verdammt gut kennen lernen. Für viele Menschen bedeutet das eine Therapie, andere müssen sich einfach nur die Frage beantworten: Was ist für mich wirklich wichtig? Für Julie lautete die Frage: Will ich lieber mit einem offenen, fürsorglichen Mann zusammen sein oder mit einem, der die Dinge energisch anpackt und erfolgreich ist? Oder, wie ich es ausdrückte: »Sind Sie unglücklicher, wenn Sie das Gefühl haben, er ist ein Workaholic und nimmt Ihre Gefühle überhaupt nicht wahr?« Da Julies Vater zum letzteren Typ gehörte, fühlte sie sich theoretisch eher zu ersterem hingezogen. Für viele Leser mag sich das anhören, als würde man sich einfach zufrieden geben oder einen Kompromiss treffen. Aber wie Schritt 3 zeigen wird, habe ich etwas anderes im Sinn.

Schritt 3: Der Trend ist dein Freund

In der Geschäftswelt gibt es den Spruch »Der Trend ist dein Freund«, was bedeutet, wenn Sie im Kutschengeschäft sind und jemand erfindet eine motorisierte Kutsche ohne Pferd, dann fangen Sie am besten selbst an, Autos herzustellen, statt zu versuchen, allen anderen einzureden, Autos seien doof, denn davon haben Sie am Ende mehr. Das klingt ganz einfach, ist es aber nicht, nicht nur, weil Sie keine Ahnung haben, wie man Autos produziert, sondern auch, weil Ihr Instinkt Ihnen sagt, Sie sollen sich lieber mit Ihrem eigenen Produkt gegen die Konkurrenz durchsetzen. Genau genommen ist Ihr Unternehmen sogar just auf diesem Instinkt aufgebaut. Um eine etwas romantischere Metapher zu benutzen – wenn es um Beziehungen geht, benehmen wir uns oft wie ein Surfer, der darauf besteht, die Welle nicht dadurch zu bezwingen, dass er sich von ihr tragen lässt, sondern indem er mitten durch sie hindurchsaust.

Nachdem Julie beschlossen hatte, dass sie, wenn sie sich entscheiden musste, lieber mit einem »sanfteren« Mann zusammen sein wollte, war sie gezwungen, sich mit den Folgen ihrer Wahl auseinander zu setzen, das heißt, mit ihren negativen Gefühlen gegenüber männlicher »Sanftheit«. Als sie sich in einen Mann verliebte, der tatsächlich zum weicheren Typ gehörte, reagierte sie ihrer natürlichen Neigung zufolge damit, dass sie sich »gegen den Trend« stellte. Wie bei ihrem ersten Freund versuchte sie nämlich, ihren Verlobten dazu zu ermutigen, anders zu werden: öfter die Initiative zu ergreifen, selbstbewusster aufzutreten und mehr Ehrgeiz zu entwickeln. Und sie wollte ihn dazu bringen, die Dinge zu mögen, die sie selbst mochte. Dafür war kein großer Kampf nötig, denn er war gern gefällig. Er versuchte sogar, energischer zu werden und ... weniger gefällig zu sein. Das funktionierte natürlich nicht, denn je mehr er ihre Vorschläge akzeptierte, desto schwächer wurde er in ihren Augen. Und es hätte ohnehin nie funktionieren können, weil es unmöglich ist, einen anderen Menschen zu verändern. Es ist schwer genug, sich selbst zu verändern.

Bei Schritt 3 (Der Trend ist dein Freund) war es also Julies Aufgabe, ihren Verlobten als denjenigen anzunehmen, der er war. Vor allem musste sie die Tatsache akzeptieren, dass er einfach wenig beruflichen Ehrgeiz besaß. Das fiel ihr furchtbar schwer, immerzu hatte sie das Gefühl, *gegen sich selbst* zu handeln, wenn sie dadurch, dass sie seine »Begrenztheit akzeptierte«, etwas für *ihn* tat. Erst als sie sich immer wieder ins Gedächtnis rief – wie schnell wir vergessen! –, dass sie sich ihren Verlobten gerade deshalb ausgesucht hatte, weil sie sich mehr Sanftheit in ihrem Leben wünschte, wurde Julie offener für das, was ihr Verlobter war. Ganz langsam wurde ihr klar, dass er einen unerfüllten Teil ihrer selbst verkörperte – das sanfte, emotionale, sensible Mädchen, das zu sein sie sich nie erlaubte, weil sie so verzweifelt ihrem mächtigen Vater zu gefallen versuchte. Und erst da beschloss Julie, dass sie ihren Freund nicht mehr ändern wollte, sondern lieber sich selbst.

Selbst nach diesem neuen und ehrlichen Entschluss war es schwierig für Julie, sich zu verändern. Zum einen mochte sie manche Dinge nicht, die ihrem Verlobten gefielen, zum Beispiel war es ihr unangenehm, einfach zu faulenzen, an den Strand zu gehen oder mal ein Video auszuleihen. Sie wollte lieber etwas »unternehmen«: zu Vorträgen oder ins Kino gehen, ein Museum besuchen und so weiter. »Der Trend ist dein Freund«, sagte ich ihr, denn ich wusste, dass dieser Spruch der noch immer widerstrebenden, strengen Vaterfigur gefallen würde, die in ihr steckte. Außerdem erklärte ich ihr das Demosthenes-Prinzip, wie ich es gerne nenne.

Demosthenes war der größte Redner im alten Griechenland, doch als Kind konnte er aufgrund eines Sprachfehlers nicht richtig sprechen. Wie wurde er dann ein Diktator? Da es damals keine Logopäden gab, erfand Demosthenes seine eigene Therapie: Mit Kieselsteinen im Mund übte er so laut zu sprechen, dass er das Meeresrauschen übertönte. Das heißt, statt seinem Problem auszuweichen und den Weg des geringsten Widerstands zu gehen, tat er genau das Gegenteil – er machte es sich selbst noch schwerer und überwand auf diese Weise seine Sprachstörung.

In der verhaltenstherapeutischen Behandlung von Phobien gibt es ein ähnliches Konzept, genannt Reizüberflutung. Wenn jemand Flugangst hat, zwingt man ihn beispielsweise, bei schlechtem Wetter in einem Viersitzer mitzufliegen. Ohne große Vorbereitung konfrontiert man den Betroffenen mit dem Reiz, der bei ihm Angst auslöst. Aber wie jeder Mensch mit einer Phobie Ihnen bestätigen kann, ist diese Behandlung, wenn sie so unvermittelt durchgeführt wird, von Anfang an zum Scheitern verurteilt, weil sie bei den meisten Patienten viel zu viel Angst hervorruft. Bei Julie jedoch funktionierte es deshalb, weil der Angstreiz relativ harmlos war: Es ging um Dinge wie am Strand herumzuliegen und zu faulenzen, um Dinge also, die sie einfach nicht besonders gern machte. Jedenfalls glaubte sie das, bis sie sich wirklich darauf einließ.

Und wie schaffte sie das? Das Prinzip bestand darin, dass sie sich veränderte, indem sie mehr sie selbst wurde. Konkret: Als sie das erste Mal mit ihrem Verlobten einen Strandurlaub machte, schleppte sie ihre ganze Büroausrüstung mit – Laptop, Handy, Aktenordner usw. –, mit dem Erfolg, dass sie sich am Strand sehr wohl fühlte. Sie fand also eine Möglichkeit, mit der Situation auf ihre eigene Weise zurechtzukommen, und nach einiger Zeit gewannen die sanfte Brise, der Sand und das Rauschen der Wellen sogar die Oberhand über die spannenden juristischen Dokumente. Je mehr Julie es schaffte, einfach nur zu faulenzen, desto mehr Lust bekam ihr Verlobter, etwas zu unternehmen. Und je mehr Julie die Sanftheit und Entspannung zuließ, die sie sich in ihrem Leben wünschte, desto mehr bisher unausgedrückte Aggression gestattete er sich. Indem jeder sich selbst beschenkte, beschenkten sie also auch einander und landeten so auf dem erstrebenswerten, wenn auch oft nicht leicht zu findenden goldenen Mittelweg.

Natürlich folgte Julie nicht hundertprozentig dem Demosthenes-Prinzip. Sie ging nicht einfach so an den Strand, sie nahm sich etwas mit, was sie beschäftigte, sie gab sich nicht gleich gänzlich der Sonne, dem Sand und dem Salzwasser hin. Die meisten Menschen ähneln vermutlich eher Julie als dem großen Redner Demosthenes. Wir versuchen eher, unseren Begrenzungen zu entfliehen, als sie in unser Leben einzubinden, deshalb ist das Demosthenes-Prinzip den meisten Menschen erst relativ spät in ihrer Suche nach der Liebe von Nutzen. In jüngeren Jahren träumen wir von einer fernen Liebe, während wir unsere wahre Liebe zurückweisen, die sich meist direkt in unserem Hinterhof befindet. Genau deshalb ließ Pygmalion die Sache mit den Frauen langsam angehen und begann erst einmal mit einer Statue . . . Die Sache ist nur, dass man nicht zu lange damit warten sollte, sich mit der Ambivalenz in der Liebe auseinander zu setzen, denn meistens verwandelt sich Elfenbein eben nicht in einen menschlichen Körper.

Inzwischen müsste ziemlich deutlich geworden sein, dass mein Drei-Schritte-Konzept nicht so einfach und linear funktioniert, wie es vielleicht zunächst erscheinen mag. Die Schritte können sich überschneiden, und ihre praktische Anwendung macht es manchmal notwendig, zwei Schritte vor und einen zurück zu gehen. Aber je bewusster wir uns dieser Schritte sind, desto gezielter können wir uns nach vorn bewegen. Für manche Menschen ist es sehr anstrengend, sie nachzuvollziehen. Ähnlich einem Gefängnisinsassen, der aus lebenslanger Haft begnadigt wird, aber ins Gefängnis zurückkehrt, weil er sich nicht an die Freiheit gewöhnen kann, nehmen manche Menschen immer wieder Zuflucht bei ihren alten, selbstzerstörerischen Beziehungsmustern. Wie in Kapitel 1 erläutert, geschieht dies hauptsächlich aufgrund unserer Angst vor der Ambivalenz. Doch es gibt noch andere Gründe, allen voran das Phänomen, das in der psychoanalytischen Theorie zutreffenderweise als Wiederholungszwang bezeichnet wird. Diesem Prinzip zufolge fühlen wir uns unbewusst gezwungen, Dinge, unter denen wir gelitten haben, zu wiederholen, in der unverbrüchlichen Hoffnung, sie endlich doch zu bewältigen und ein für alle Mal die Oberhand zu gewinnen. So verliebt sich eine Frau, die mit einem emotional oder auch körperlich abwesenden Vater aufgewachsen ist – sicherlich in unseren Zeiten keine ungewöhnliche Konstellation –, unbewusst in einen Mann, der in einer anderen Stadt lebt. Sie wiederholt die Erfahrung, dass sie sich nach einem unerreichbaren Mann sehnt, hofft aber darauf, dass die Geschichte diesmal anders ausgeht, weil sie inzwischen stark und erwachsen ist.

Des Weiteren gibt es Hinweise darauf, dass unsere frühkindlichen Erfahrungen mit der Liebe physiologische Spuren in unserem Gehirn hinterlassen, eingefahrene Wahrnehmungsbahnen, die ähnliche Verhaltensmuster erleichtern. Und schließlich sollte man Faktoren wie Gewohnheit, Vertrautheit und die damit einhergehende Angst vor Veränderungen nicht vergessen, die das menschliche Verhalten wahrscheinlich mit am stärksten beeinflussen. All dies erklärt, warum der Drei-Schritte-Ansatz für manche Menschen sogar in der Psychotherapie so schwer anzuwenden ist.

Viele Menschen wiederholen ihre Verhaltensmuster auf eine Weise, die sie zwar behindert, aber nicht unbedingt lähmt. In solchen Fällen reduzieren sich die drei Schritte oft auf einen relativ einfachen introspektiven Prozess außerhalb der therapeutischen Situation. Die Frage ist, zu welcher Kategorie Sie gehören – wie stark sind Sie in Ihrem Verhaltensmuster gefangen? Rückblickend ist das leicht festzustellen. Eine Patientin begegnete mit zweiunddreißig Jahren einem Mann, mit dem sie sich im College ein paarmal verabredet hatte. Etwa einen Monat gingen sie zusammen aus, dann entschied sie sich, zu ihm zu ziehen. Ein halbes Jahr später waren sie verheiratet, und weitere zehn Jahre danach waren sie immer noch zusammen und hatten inzwischen auch Kinder bekommen. Vergleichen wir diese Geschichte mit der einer anderen Patientin im gleichen Alter, die einen Mann kennen lernte, der promovieren wollte. Sie ermunterte ihn, sich in Michigan zu bewerben, weil sie sich dort für einen Job an der Universität beworben hatte. Am Ende zog er um, sie aber nicht, weil sie nach einem Jahr Fernbeziehung zu dem Schluss kam, dass er doch nicht der Richtige für sie war. Diese Frau unterhielt noch mehrere Beziehungen nach dem gleichen Muster, bis sie einige Jahre später zu mir in die Therapie kam.

Natürlich wurde dieser Vergleich aus dem Rückblick angestellt, als alle Fakten bereits auf dem Tisch lagen. Aber hätte es auch eine Möglichkeit gegeben, den Unterschied gleich festzustellen, ehe diese Frauen sich ganz auf ihre Fernbeziehung einließen? Hätten sie den Punkt erkennen können, an dem sie noch die Wahl hatten, entweder in das Muster der virtuellen Liebe zurückzufallen oder eine aussichtsreiche Langzeitbeziehung zu beginnen? Letztlich kann das niemand mit Sicherheit sagen, aber ich glaube, dass es Hinweise gibt, mit deren Hilfe man schon recht früh absehen kann, wohin der Hase läuft.

Im Folgenden beschreibe ich mehrere Szenarien, die alle auf realen Situationen aus dem Leben meiner Patienten beruhen; in jedem Szenarium werde ich auf die Warnzeichen hinweisen, die einen selbstzerstörerischen Ausgang der Beziehung erahnen lassen. Zwar ließe sich von diesen Geschichten leicht auf alle Beziehungsmuster der virtuellen Liebe verallgemeinern, aber ich möchte hier zur Vorsicht mahnen. Die von manchen Ratgebern angebotenen Dating-Regeln beruhen oft auf konventionellem Menschenverstand und sind nicht universell anwendbar. Außerdem ist das Leben interessanter, wenn man der eigenen Intuition, dem eigenen Urteil und der eigenen Erfahrung vertraut und eigene zwischenmenschliche Regeln aufstellt. Andererseits besteht selbstverständlich auch nicht die Notwendigkeit, das Rad neu zu erfinden, deshalb können wir bis zu einem gewissen Grad durchaus aus den Erfahrungen anderer Menschen lernen. Kurz gesagt: Benutzen Sie die beschriebenen Szenarien und Warnzeichen als Leitlinien, nicht als festes Regelwerk.

Szenarien virtueller Liebe
Erst kennen lernen, dann umziehen

Drei Monate bevor Sie umziehen, um in einer anderen Stadt zu promovieren, begegnen Sie einem wundervollen Mann und beginnen mit ihm eine Beziehung. Obwohl Sie beide wissen, dass Sie umziehen werden, sprechen Sie erst eine Woche vor dem Umzugstermin darüber, dass die Beziehung wenig Zukunft hat. Dann beschließen Sie, dass Ihr Freund Sie einen Monat später besuchen wird. Als er verhindert ist, fahren Sie zu ihm. Sie verbringen eine sehr schöne Zeit zusammen, und in den nächsten sechs Monaten sehen Sie sich noch ein paar Mal unter ähnlichen Umständen. Sie telefonieren mehrmals pro Woche, und wenn Sie das Thema »Was machen wir da eigentlich?« anschneiden, meint er: »Ich weiß es nicht. Ich möchte, dass die Beziehung klappt, vielleicht kann ich ja irgendwann nachkommen.« Doch in den darauf folgenden Gesprächen beschleicht Sie immer mehr das Gefühl, dass er nicht darüber reden möchte, und es ist Ihnen unangenehm, die Sache erneut auf den Tisch zu bringen. Als Sie es schließlich doch tun, sagt er: »Ich weiß nicht recht, was ich dir sagen soll. Lass uns lieber nicht dauernd darüber reden.«

Warnzeichen:

- Sie sprechen nicht gleich zu Beginn an, dass die Beziehung wenig Zukunft hat, was darauf hinweist, dass Sie einander nicht wirklich ernst nehmen und/oder nicht bereit sind, sich mit der realen Situation auseinander zu setzen.
- Er setzt seinen Plan, Sie zu besuchen, nicht in die Tat um, was darauf hinweist, dass für ihn die Beziehung nicht erste Priorität hat.
- Sie müssen immer zu ihm fahren, wenn Sie zusammen sein wollen, ein Hinweis auf einen Mangel an Gegenseitigkeit.
- Er äußert sich zögernd und vage über den entscheidenden Punkt der Beziehung – »vielleicht kann ich ja irgendwann nachkommen« –, was zeigt, dass er die gegebene Situation relativ gleichgültig hinnimmt.
- Er will nicht über »die Beziehung« reden, während es Ihnen nicht behagt, weiter auf dem Thema zu beharren.

Die Geschichte hätte sich anders entwickelt, wenn Sie beide gleich zur Kenntnis genommen hätten, wie verrückt es war, sich trotz der unsicheren Situation so kurz vor Ihrem Umzug aufeinander einzulassen; wenn er Wort gehalten und Sie hin und wieder besucht und damit auch von seiner Seite Engagement gezeigt hätte; wenn er einen konkreten, schrittweise durchführbaren

Plan aufgestellt hätte, ebenfalls umzuziehen (statt überhaupt keine Pläne zu machen oder im umgekehrten Fall impulsiv seinen Job hinzuschmeißen und Hals über Kopf Ihnen hinterherzuziehen); wenn auch er über das Problem der geographischen Distanz gesprochen und zumindest angedeutet hätte, dass er genauso viel Wert wie Sie darauf legte, die Beziehung aus dem virtuellen in den realen Bereich zu verlegen.

Eine Stimme (E-Mail) aus der Vergangenheit

An Ihrem vierunddreißigsten Geburtstag bekommen Sie eine E-Mail von einem Mann, mit dem Sie auf der Uni drei Wochen zusammen waren. Damals hat er einen gemeinsamen Freund besucht und ist dann ein Jahr als Austauschstudent ins Ausland gegangen. Sie hatten sich sehr gern und fühlten sich stark zueinander hingezogen. Er hat Sie gefragt, ob Sie nicht mit ins Ausland kommen wollen, aber Ihr Studium war Ihnen wichtiger. Ungefähr ein halbes Jahr lang tauschten Sie romantische Liebesbriefe aus, dann haben Sie einen anderen Mann kennen gelernt, es Ihrem Freund mitgeteilt, und irgendwann haben Sie einander einfach aus den Augen verloren. Jetzt, fünfzehn Jahre später, findet er übers Internet Ihre E-Mail-Adresse und schlägt vor, sich mit Ihnen zu treffen, wenn er geschäftlich das nächste Mal in der Stadt ist. Er schreibt Ihnen, dass er inzwischen verheiratet ist und zwei Kinder hat, aber nie aufgehört hat, an Ihre gemeinsame Zeit auf der Uni zu denken. Er sagt, Sie hätten sein Leben stark beeinflusst, ihm geholfen, die Liebe und sich selbst besser zu verstehen, und er hätte nie wieder eine Frau so sehr geliebt.

Warnzeichen

– Die Beziehung in der Vergangenheit war größtenteils eine Fernbeziehung, und jetzt will er im Grunde das Gleiche.
– Damals auf der Uni haben Sie ihn gemocht, aber Sie haben nicht das Gefühl, dass Sie einander wirklich gekannt haben – Sie kannten sich ja selbst kaum. Trotzdem haben Sie sein Leben grundlegend beeinflusst.
– Er hat ein reales Leben mit seiner Familie und ein anderes in seiner Fantasie geführt.

Internet-Dating

Wie Millionen von Männern und Frauen versuchen Sie, den richtigen Partner übers Internet kennen zu lernen. Sie antworten einem Mann, dessen Profil alles zu beinhalten scheint, was Sie sich wünschen – ein interessanter Lebenslauf, das richtige Alter, angenehmer Humor. Wie sich herausstellt, möchte er den Kontakt per E-Mail fortsetzen, hin und wieder ein bisschen chatten und dann schließlich mit Ihnen telefonieren. Innerhalb von drei Monaten, in denen Sie sich fast täglich schreiben, werden Sie immer offener und intimer, und seine Gutenachtanrufe sind für Sie zu einer angenehmen täglichen Routine geworden. Aber wann immer Sie vorschlagen, sich mit ihm zu treffen, kann er nicht, jedes Mal aus guten Gründen natürlich (Überstunden, Wochenendreisen, Besuch bei den Eltern), aber er versichert Ihnen, dass er in der Beziehung ein großes Potenzial sieht und es kaum erwarten kann, Sie endlich auch von Angesicht zu Angesicht kennen zu lernen.

Wahrscheinlich denken Sie jetzt, dass die Sache doch offensichtlich ist, aber wie gesagt – wenn es um Liebe geht, sind unsere Verdrängungskapazitäten endlos.

Warnzeichen

- Sie lassen zu, dass die Sache sich zu lange im Virtuellen abspielt, statt das Internet als Tor in die Realität zu nutzen. Wie viel Zeit zu lange ist, kann Ihnen nur Ihr Gefühl sagen.
- Sie entwickeln eine intime Verbindung und eine Abhängigkeit, bevor Sie sich auch nur ein einziges Mal gesehen haben.
- Die Einzelheiten erscheinen sinnvoll (zum Beispiel hat er immer gute Gründe, warum er sich nicht mit Ihnen treffen kann), aber das Ganze widerspricht dem gesunden Menschenverstand (wo ein Wille ist, da ist schließlich auch ein Weg). Es muss also einen anderen, unausgesprochenen Grund dafür geben, dass er die virtuelle Ebene bevorzugt. Und wenn Sie eine Beziehung suchen, warum sollten Sie sich dann auf eine virtuelle einlassen? Sicher, es gibt hier einen emotionalen Austausch, aber der ähnelt mehr dem Lesen eines guten Buches als einer Beziehung zu einem anderen Menschen.

Im Allgemeinen kann es nützlich sein, zu unterscheiden, ob man einen Menschen online kennen lernt oder mit ihm online eine virtuelle Beziehung eingeht. Im ersten Fall dient das Internet als Mittel zum Zweck, eine echte Beziehung aufzubauen. Im zweiten legt es die Dynamik der Beziehung fest, wobei das Ergebnis mit hoher Wahrscheinlichkeit in das Beziehungsmuster einer virtuellen Liebe münden wird.

Immer schön locker bleiben

Sie sind eine gut situierte, geschiedene Frau von achtundvierzig Jahren, die gern wieder heiraten möchte. Über die Ehemaligenorganisation Ihrer Universität lernen Sie einen Mann kennen. Sie wohnen mehrere Autostunden voneinander entfernt, aber das ist kein Problem, weil Sie mobil und auch bereit sind, unter den richtigen Umständen einen Ortswechsel in Betracht zu ziehen. Nach ein paar Verabredungen verlieben Sie sich und Ihr Bekannter ebenfalls. Beim dritten Date beginnt er vom Umziehen zu reden – vielleicht würde er seine Zelte abbrechen, vielleicht Sie. Ihr Sohn ist schon auf der Uni, und Ihr neuer Freund hat aus einer früheren Ehe zwei Kinder im Teenageralter, was kein Problem ist, denn Sie lieben ihn so, dass Sie nichts dagegen haben, ihre Stiefmutter zu werden. Die nächsten Monate telefonieren Sie täglich und besuchen einander übers Wochenende. Dann verbringen Sie einige ausgesprochen romantische Tage am Strand. Danach laden Sie ihn ein, Ihre Freunde kennen zu lernen, doch er sagt, er sei noch nicht bereit dazu. Sie sind perplex. Weil Sie sich mit ihm so wohl fühlen, bedrängen Sie ihn. Aber er beharrt auf seinem Nein, er sei noch nicht so weit, dass er Teil Ihres Freundeskreises werden wolle.

Ein besonders schwieriger Fall, denn dadurch, dass Ihre Gefühle hundertprozentig erwidert werden, wirkt der Zauber der Liebe besonders real. Dennoch gibt es Grund zur Sorge . . .

Warnzeichen

- Wichtige Lebensentscheidungen wie ein Umzug oder die Übernahme von Stiefelternpflichten werden getroffen oder zumindest als Absichtserklärung ausgesprochen, mit keiner anderen Grundlage als Ihrer Verliebtheit.
- Große Probleme (Geografie, Kinder) stellen vorgeblich keine Hindernisse dar, aber kleine Hürden (Ihre Freunde treffen) scheinen unüberwindbar.
- Die Liebe ist wundervoll, aber alles ist zu schnell, zu viel und zu leicht.

Wo Rauch ist, ist auch Feuer

Sie haben bei einem Internet-Partnerservice ein Profil von sich angelegt und gehen jetzt die E-Mails mit den Antworten durch. Fast alle erscheinen Ihnen langweilig und unergiebig. Bei den besseren Zuschriften finden Sie das dazugehörige Foto unattraktiv. Nur ein einziger Kandidat interessiert Sie: Er klingt neugierig, lustig und auf gesunde Weise misstrauisch, so dass Sie das Gefühl haben, dass wirklich ein Mensch dahinter steckt. Sie schreiben zurück und tauschen mehrere Mails aus. So erfahren Sie, dass der Mann Architekt ist, allein stehend, und mit seinen Eltern in einem nur eine halbe Meile entfernten Vorort wohnt. Sie fragen ihn, warum er bei seinen Eltern lebt und erkundigen sich nach seinen früheren Beziehungen. Sie bekommen humorvolle Briefe zurück, aber keine Antworten. Einmal teilt er Ihnen mit, dass er an einer »Organminderwertigkeit« leide, aber danach geht es in der Mail gleich wieder um allerlei amüsante Erlebnisse und Abenteuer, die er auf seinen Reisen erlebt hat. Irgendwann bleiben eine ganze Reihe Ihrer E-Mails unbeantwortet. Dann schreibt er Ihnen eine lange Mail, in der er Ihnen von seiner Freundin auf der Uni erzählt, die im Lauf ihrer Beziehung Selbstmord begangen hat. Anschließend fragt er Sie, ob Sie mit ihm essen gehen wollen.

Warnzeichen

– Auch wenn ich möglicherweise wie ein übervorsichtiger, konservativer, langweiliger Besserwisser erscheine, der am liebsten allen Spaß und jedes Risiko aus dem Leben verbannen möchte, deuten die Reaktionen dieses Mannes darauf hin, dass mit ihm etwas nicht stimmt: Ausflüchte, fragmentarische

Intimität und Unzuverlässigkeit sind nicht gerade Grundsteine für eine zukunftsträchtige Beziehung.
- Sicher, seine Antworten könnten auch vom virtuellen Medium beeinflusst sein – schließlich macht der Ton die Musik, und den können Sie in einer E-Mail nicht hören. Damit will ich sagen: Er muss nicht so verrückt sein, wie er wirkt. Doch wirft das Einstreuen ausgefallener Informationshäppchen jedenfalls die Frage auf, ob er sich als Kandidat für eine Partnerschaft eignet. Wenn es um Beziehungen geht, erweist sich der Spruch »Wo Rauch ist, ist auch Feuer« in neun von zehn Malen als zutreffend.

Vergangenheit: Seine und Ihre

Sie sind eine einunddreißigjährige allein stehende Frau, die noch nie eine ernste Beziehung gelebt hat. In Gesellschaft von Männern, die Ihnen gefallen, fühlen Sie sich meist unwohl, während Sie bei denen, die Ihnen Sympathie entgegenbringen, sogar kritisch und distanziert reagieren. Dann lernen Sie übers Internet einen Mann kennen, der etwa anderthalb Autostunden von Ihnen entfernt wohnt, und nach ein paar E-Mails besucht er Sie zum Sonntagsbrunch und Sie verbringen mit ihm einen angenehmen Nachmittag im Park. Er ist auf jungenhafte Art attraktiv, klug, sensibel und ehrlich. Und obendrein auch noch ein perfekter Gentleman. Bevor Sie sich verabschieden, sagt er Ihnen, dass er Sie sehr sympathisch findet und sich gern wieder mit Ihnen treffen möchte. Sie antworten, dass es Ihnen genauso geht. Sie können es selbst kaum glauben, wie toll Sie sich fühlen. Sie überlegen, ob Sie vielleicht endlich auf Ihren Seelenpartner gestoßen sind, und Sie spüren, dass Sie dabei sind, sich in diesen Mann zu verlieben. Und dann erzählt er Ihnen, dass er zwar auf der Suche nach einer Beziehung ist, aber immer wieder zögert, weil er bei seinen bisherigen Freundinnen immer nach einer gewissen Zeit das Interesse verloren hat, ganz gleich, wie sehr er die Betreffende mochte und wie sehr er auch versucht hat, alles richtig zu machen.

Warnzeichen

- Ihre Vergangenheit: Es ist kein Zufall, dass Sie mit einunddreißig noch keine feste Beziehung hatten. Irgendetwas steht Ihnen im Wege, daher ist es unwahrscheinlich, dass es so leicht sein wird, Ihren Seelenpartner zu finden.
- Seine Vergangenheit: Das Problem hinsichtlich seiner Vergangenheit ist offensichtlich, er benennt es geradeheraus – und es ist immer eine gute Idee, den Leuten zuzuhören und wörtlich zu nehmen, was sie sagen.
- Ich höre Sie einwenden: »Okay, wenn er ein Problem hat, dann wird es vielleicht nicht ganz einfach mit uns, aber Menschen entwickeln sich, warum soll ich gleich davon ausgehen, dass wir es nicht schaffen werden?« Gutes Argument. Natürlich können Sie es mit ihm versuchen. Doch es könnte an der geografischen Entfernung liegen, dass Sie sich so leicht verlieben – Ihrem Unterbewussten ist es klar, dass Sie sich nicht dauerhaft mit ihm arrangieren müssen. Und aus dem gleichen Grund dauert es womöglich sehr lange, bis Ihr Freund das Interesse an Ihnen verliert. So mag es zwar aussehen, als würde Ihre Beziehung sich über Ihre jeweilige Vergangenheit hinwegsetzen, aber in Wahrheit bestärkt sie Ihre Erfahrungen nur; möglicherweise wird Ihnen das allerdings erst in ein paar Jahren klar, dann nämlich, wenn Sie versuchen, die Beziehung aus der virtuellen in die reale Welt zu befördern.

Aufgrund des Wiederholungszwangs können wir unsere Vergangenheit niemals »überwinden« oder ihr erfolgreich trotzen. Aber wir können aufhören, sie zu wiederholen, wenn wir bereit sind, aus ihr zu lernen. Und nur unter dieser Bedingung können wir uns wirklich verändern. In diesem Sinne trifft der Spruch »Diejenigen, die sich weigern, sich an die Vergangenheit zu erinnern, sind dazu verurteilt, sie zu wiederholen« nicht nur auf Nationen zu, sondern auch auf den einzelnen Menschen. Da die sieben Muster gescheiterter Liebe eng miteinander verwandt sind, muss man sich nicht nur der eigenen Vergangenheit hinsichtlich der virtuellen Liebe bewusst werden, sondern genau genommen aller Beziehungsmuster.

In den beschriebenen Szenarien geht es immer um Schritt 1 (um den »Schon-wieder!«-Moment), in dem uns klar wird, dass wir dabei sind, in unser wohlbekanntes Muster zu verfallen. Viele Menschen verharren in ungesunden Beziehungen und reden sich ein, dass das, was sie haben, besser ist als gar nichts und dass sie trotzdem für andere Möglichkeiten offen bleiben. Doch wenn wir uns weiterhin nach unseren alten Mustern verhalten, schlagen wir eigentlich nur die Zeit tot, das heißt, wir verstärken unsere Muster eigentlich noch, indem wir immer wieder die bereits bestehenden Verbindungen zwischen den Gehirnzellen benutzen. Obwohl uns tief im Innern klar ist, dass wir mit ihnen nie ans Ziel kommen werden, wollen wir sie trotzdem nicht aufgeben, denn wenn wir uns Schritt 1 wirklich zu eigen machen, haben wir womöglich eine Zeit lang gar keine Beziehung oder müssen neue Beziehungen ausloten, die sich anfangs ganz falsch anfühlen.

Dies ist der Grund, weshalb wir Schritt 1 (Was ist für mich wirklich wichtig?) brauchen. Ehe wir uns ins unerforschte Gebiet neuer Verhaltensweisen vorwagen, müssen wir unsere emotionalen Bedürfnisse kennen. Wir haben gesehen, wie meine Patientin Julie – nachdem sie Schritt 1 angewandt hatte und virtuelle Beziehungen aus ihrem Leben verbannt hatte – endlich herausfand, was für sie bei einem Mann am wichtigsten war. Wie Sie sich vielleicht erinnern werden, war das für die Patientin erst möglich, als sie sich ihrer Ambivalenz gegenüber dem Typ Mann, mit dem sie zusammen sein wollte, bewusst wurde, und zwar indem sie sich an ihre Herkunftsfamilie erinnerte, genauer gesagt, an ihre Beziehung zu ihrem Vater. Hierin liegt das Prinzip des Verfahrens, das auch außerhalb der Therapie angewandt werden kann. Wenn Sie also beispielsweise Ihre jüngste virtuelle Beziehung beendet und nun beschlossen haben, solche Arrangements in Zukunft überhaupt zu meiden, dann bleiben Sie hier nicht stehen. Rufen Sie sich Ihre früheren Beziehungen ins Gedächtnis, besonders auch die in Ihrer Familie und die zu engen Freunden und Bekannten.

Was sind die grundlegenden Gefühle und Eigenschaften, die für Sie an diesen Beziehungen anziehend waren? War es Intelligenz oder Nettigkeit? Kreativität oder Ehrlichkeit? Ehrgeiz oder Attraktivität? Abenteuerlust oder die Fähigkeit zur Introspektion? Selbstbewusstsein oder Geduld? Einfühlungsvermögen oder Humor? Sie können die Liste auch von der negativen Seite her aufstellen und die Eigenschaften aufführen, die Sie am meisten verletzt oder gestört haben, zum Beispiel Wutanfälle oder endlose Duldsamkeit, Unberechenbarkeit oder Langeweile, Bedürftigkeit oder Reserviertheit – und so weiter.

In Wirklichkeit müssen sich diese Eigenschaften natürlich nicht wechselseitig ausschließen, aber ich stelle sie so dar, damit Sie gezwungen sind, zwischen zwei gleichermaßen anziehenden (oder abstoßenden) Eigenschaften zu wählen, damit das zutage treten kann, was für Sie wirklich das Wesentliche ist. Diese Technik wird in psychologischen Tests häufig angewandt, um den so genannten Effekt sozialer Erwünschtheit auszuschalten – unsere Tendenz nämlich, in einem Persönlichkeitstest zu lügen, um besser dazustehen. Wenn jedoch beide Reaktionen abstrakt gesehen gleich wünschenswert sind, werden Sie gezwungen, gründlich nachzudenken und eine Wahl zu treffen, die etwas über Ihr wahres Selbst aussagt. Natürlich entspricht es nicht immer genau der Realität, wenn Sie eine abstrakte Wahl treffen. Beispielsweise *denken* Sie vielleicht, dass Sie jemanden brauchen, der Sie intellektuell herausfordert, aber tatsächlich merken Sie irgendwann, dass emotionale Unterstützung für Sie viel wichtiger ist. Deshalb sollten Sie die Liste mit Eigenschaften von realen Menschen machen, die in Ihrem Leben eine wichtige Rolle spielen oder gespielt haben.

Die Übung, in der Sie gezwungen sind, eine Wahl zu treffen, macht Sie außerdem mit der Tatsache vertraut, dass viele wichtige Eigenschaften tatsächlich in Gegensätzen, wenn nicht sogar in polarisierter Form auftreten. Wenn Sie sich einen Partner wünschen, der sowohl einen tollen Verstand als auch einen tollen Körper hat, sinken Ihre Chancen, den Richtigen zu finden, nicht nur, weil alles Großartige, vor allem auch noch in kombinierter Form, ein statistisches Extrem darstellt, sondern auch deshalb, weil das kluge Köpfchen bis zu einem gewissen Grad mit dem Ziel entwickelt wurde, dem Körperlichen zu entfliehen, und umgekehrt der tolle Körper oft als Gegengewicht zur Kopflastigkeit. Nach dem gleichen Prinzip sind selbstbewusste, ehrgeizige Männer mit geringerer Wahrscheinlichkeit einfühlsam und sensibel, und attraktive Blondinen seltener Mathematikprofessoren – womit wir nun natürlich zumindest teilweise ein übles Klischee unterstützen.

Kein Mensch ist perfekt, deshalb müssen Sie herausfinden, was Sie wirklich wollen. Aber wenn die virtuelle Liebe eines Ihrer wichtigsten Beziehungsmuster war, müssen Sie bei Schritt 1 (Der »Schon-wieder!«-Moment) nicht nur Ihre Ambivalenz angesichts der Unvollkommenheit Ihrer Liebesobjekte in Betracht ziehen, sondern auch Ihre Ambivalenz gegenüber der Liebe selbst. Anders gesagt, Sie haben die virtuelle Liebe nicht nur deshalb gewählt, um mit der Unvollkommenheit derer, die Sie lieben könnten, zurechtzukommen, sondern auch, um zu viel Nähe und Intimität zu vermeiden. Fragen Sie sich also, wie viel

Raum und Distanz Sie in der Beziehung brauchen – beziehungsweise, wie viel Sie davon aushalten können. Wenn Sie zu den Menschen gehören, die gern Zeit allein verbringen – alleine lesen, alleine verreisen, sich in einer Gruppe von Fremden extrovertiert benehmen –, dann kommen Sie vielleicht gut zurecht mit einer »parallelen« Beziehung, in der Sie und Ihr Partner beruflich viel unterwegs sind oder sogar an verschiedenen Orten wohnen. Sind Sie aber ein Mensch, der tägliche Nähe braucht und für den es wichtig ist, gemeinsame Entscheidungen zu treffen, wird es Ihnen sicher in einer »gemeinschaftlichen« Beziehung, in der Sie kaum Zeit alleine haben, besser gehen.

Wahrscheinlich liegt das Ideal irgendwo in der Mitte zwischen diesen beiden Modellen, aber Menschen, die immer wieder der virtuellen Liebe erliegen, haben aller Voraussicht nach Schwierigkeiten, diese Mitte zu finden. Eine Fernbeziehung bestärkt entweder die Freude am Alleinsein oder die Sehnsucht nach Nähe und hindert Sie so daran, jemals wirklich herauszufinden, wo Sie selbst auf diesem Kontinuum angesiedelt sind. Deshalb sollten Sie in Schritt 2 (Was ist für mich wirklich wichtig?) der Frage auf den Grund gehen, wie viel Intimität Sie sich wirklich wünschen. Jetzt, wo Sie nicht mehr in eine virtuelle Beziehung verstrickt sind, sind Sie dazu weit besser in der Lage. Wenn Sie natürlich gerade gar keine Beziehung haben, fühlen Sie sich vielleicht einsam, was möglicherweise Ihr Urteilsvermögen beeinflusst. Aber auch hier können Sie andere Beziehungen dafür nutzen, um herauszufinden, was für Sie wesentlich ist. Wie sehen Ihre Freundschaften, wie sieht Ihre Beziehung zu Ihren Eltern und Geschwistern aus? Sprechen Sie mit ihnen, nehmen Sie an ihrem alltäglichen Leben Anteil oder haben Sie nur hin und wieder einmal Kontakt?

Die Selbstreflexion bei Schritt 2 – ein Prozess, der je nach Ihrer persönlichen Situation ein paar Tage oder auch ein paar Jahre dauern kann – führt zu genügend Wissen über uns selbst, sodass wir zu Schritt 3 übergehen können (Der Trend ist dein Freund).

Da Schritt 3 beinhaltet, dass wir unsere Ambivalenz und die »Begrenztheit« unserer Partner akzeptieren, müssen wir in einer Beziehung leben, um ihn zu bearbeiten. Wie wir gesehen haben, bewerkstelligte Julie diesen Schritt, indem sie die Logik des Demosthenes-Prinzips anwandte. Zuerst versuchte sie, ihren Partner zu »verbessern«, damit seine Begrenztheit sie nicht mehr so störte, was sich allerdings als Fehlschlag erwies. Dann fand sie eine Möglichkeit, seine Grenzen anzunehmen – nicht mit der wohltätigen Haltung einer gutherzigen Sozialarbeiterin oder Psychologin, sondern auf ihre eigene egoistische Art, indem sie nämlich für sich selbst sorgte.

Die positive Kehrseite

Wie wir im letzten Kapitel gesehen haben, besteht eine sichere Methode, Ambivalenz zu reduzieren, darin, dass man sich etwas Sinnvolles zu tun sucht und sich nicht immer nur auf den Partner konzentriert. Wenn Sie Ihren Partner unbedingt in den Mittelpunkt Ihrer Aufmerksamkeit stellen wollen, dann machen Sie es aber wenigstens gründlich und nicht wie der Manager, der, wenn er die wöchentlichen Leistungen seiner Angestellten durchgeht, sich bei Stärken »detailorientiert« und bei Schwächen »sieht den Wald vor lauter Bäumen nicht« ankreuzt. Ein solcher Manager begreift nicht, dass Menschen immer aus einem Konglomerat von Eigenschaften bestehen und dass sein Angestellter über die Details nicht so gut informiert sein könnte, wenn er nicht gleichzeitig ein Typ wäre, der manchmal den Wald vor lauter Bäumen nicht sieht.

Wenn Sie Ihren Partner also unbedingt »beurteilen« müssen, dann erstellen Sie eine Liste von Eigenschaften, die Sie stören, und dann eine Liste der positiven Gegensätze dieser Eigenschaften. Wenn es Sie zum Beispiel – wie das bei Frauen oft der Fall ist – ärgert, dass Ihr Partner so wenig emotional und unkommunikativ ist, dann nehmen Sie doch auch einmal zur Kenntnis, dass er logisch und besonnen ist. Vielleicht neigt er im Gegensatz zu Ihrem Vater oder zu Ihnen selbst nicht zu Gefühlsausbrüchen, und vielleicht haben Sie sich genau deshalb zu ihm hingezogen gefühlt. Möglicherweise werden Sie gelegentlich sehr emotional, vielleicht reagieren Sie schnell verletzt oder wütend, während er nicht gleich an die Decke geht, sondern gelassen bleibt und Sie beruhigt, wenn Sie sich mal wieder Sorgen um Ihre Gesundheit oder wegen eines Problems bei der Arbeit machen. All das sind positive Kehrseiten seiner emotionalen »Dumpfheit«.

Wenn Sie die positiven Kehrseiten betrachten, hilft Ihnen das zwar dabei, Ihren Partner so zu akzeptieren, wie er ist, doch auf andere Weise kann es für Ihre Beziehung auch abträglich sein. Akzeptieren Sie einander nämlich dadurch, dass Sie Ihren Partner als – zum Beispiel – gefühllos abstempeln und sich selbst als emotional, dann definieren Sie Ihre Unterschiede global als polare Gegensätze. Am Ende finden Sie nur noch wenig Gemeinsamkeiten und haben eine Menge Konfliktstoff. So werden Sie womöglich in einer Art sich selbst erfüllender Prophezeiung diejenige sein, die intime Gespräche führen möchte, und er derjenige, der sich nur für den Wirtschaftsteil der Zeitung interessiert. Oder Sie sind diejenige, die immer ausgehen, feiern und Geld ausgeben will, und er derjenige, der zu Hause bleiben, fernsehen und sich an ein strenges Budget halten will. Oder Sie sind einkaufssüchtig und er ist besessen von Religion. Sie verstehen sicher, worauf ich hinauswill.

Um diese Art Polarisierung zu vermeiden, sollten Sie nicht, wie der Volksmund behauptet, einfach zu Kompromissen bereit sein (nach dem Motto: »Okay, ich schau mir den blöden Actionfilm mit dir an, wenn du das nächste Mal mit mir in eine romantische Komödie gehst«), sondern lieber daran arbeiten, die Polaritäten in Ihrem Innern zu integrieren. Praktisch ausgedrückt heißt das, Sie sollten die positiven Kehrseiten der Dinge nicht nur erkennen und im Gedächtnis behalten, sondern sich ihnen auch stellen. Wenn Ihr »gefühlsarmer« und »unkommunikativer« Freund beispielswiese einen Misserfolg oder ein Problem bei der Arbeit erwähnt, dann verzichten Sie doch einmal darauf, ihn zu fragen: »Wie fühlst du dich denn dabei?« Sie bekommen ohnehin nur wieder eine einsilbige, wegwerfende oder minimalistische und ganz bestimmt emotional unbeteiligte Antwort. Stattdessen gehen Sie die Sache zur Abwechslung von seinem Standpunkt aus an. Betrachten Sie die Sache als Problem, das gelöst werden soll: Fragen Sie ihn nach der Strategie, die er anwenden will, nach seinen mittelfristigen Zielen, seinen kurzfristigen Taktiken, seinen Handlungsmöglichkeiten, nach den Hilfsmitteln, die ihm zur Verfügung stehen.

Wenn Sie Ihren Freund so in eine logische, rationale Diskussion verwickeln, dann bestehen gute Chancen, dass er mehr Kontakt zu seinen Gefühlen bekommt, da Sie ihn nicht mit Ihren eigenen verschrecken. Er ist ja gerade deshalb so ruhig und gefasst, weil er aus irgendwelchen Gründen Angst vor Gefühlen hat – vielleicht hatte er eine übermäßig emotionale, erdrückende Mutter, vielleicht sind Gefühle für ihn ein Zeichen von Schwäche. Je emotionaler Sie werden, desto mehr drängen Sie ihn in die Ecke von »denken, nicht fühlen«. Wenn Sie Ihrerseits mehr denken und weniger fühlen, dann kommen seine Gefühle ganz von allein an die Oberfläche – denn sie sind zweifellos vorhanden.

Der Zweck dieser Technik – sich auf die positiven Kehrseiten der negativen Eigenschaften Ihres Partners einzulassen – besteht keineswegs darin, ihn zu manipulieren oder zu verändern. Veränderung ist einfach nur ein Nebenprodukt, das mit einer gewissen Wahrscheinlichkeit auftritt. Der Zweck der Übung besteht vielmehr darin, eine Änderung in Ihnen selbst herbeizuführen – die positive Seite Ihres Partners zu sehen und von ihr zu lernen, ihr nachzueifern und sie sich zu eigen machen. Dadurch kommen Sie selbst mehr ins Gleichgewicht und erleichtern es Ihrem Partner, ebenfalls seine Balance zu finden. Wenn Sie das Geld nicht mehr zum Fenster hinauswerfen, muss er nicht dauernd irgendwelche Sparpläne machen; wenn Sie mehr Spaß am Ausgehen entwickeln, genießt er es mehr, zu Hause zu bleiben; wenn Sie sich ein bisschen mehr für Politik interessieren, interessiert er sich mehr für Ihre Beziehung zu Ihrer Schwester . . .

Um es noch einmal zusammenzufassen: In Schritt 3 (Der Trend ist dein Freund) erkennen Sie die positive Kehrseite der Eigenschaften Ihres Partners, die Sie nicht leiden können. Das hilft Ihnen, Ihren Partner so zu akzeptieren, wie er ist, und von ihm zu lernen, indem Sie seine guten Seiten für sich selbst übernehmen, was seine negativen Eigenschaften weniger schlimm macht. Indem Sie seine Begrenztheit akzeptieren, helfen Sie ihm, aus ihr herauszuwachsen, und Ihre Ambivalenz wird schwächer. Bei der Diskussion von Schritt 3 (Die Kehrseitentabelle) in Kapitel 4 werde ich auf diese Technik zurückkommen und noch mehr praktische Beispiele für ihre Anwendung aufzeigen.

Virtuelle Liebe in Langzeitbeziehungen

In einer Langzeitbeziehung oder Ehe sind wir uns unserer Ambivalenz meist bewusster. Zum einen ist die Fähigkeit, Ambivalenz zu tolerieren, eine Voraussetzung für ein langfristiges Engagement. Deshalb necken sich verheiratete Leute oft gegenseitig hinsichtlich ihrer verschiedenen albernen, rigiden oder irritierenden Eigenschaften. Manchmal sind dies nett gemeinte Scherze, oft aber reflektiert solches Verhalten auch die Unzufriedenheit mit der ungelösten Ambivalenz. In dieser Phase bleiben viele Paare stecken, und der daraus resultierenden Resignation hat die Institution der Ehe viel von ihrem schlechten Ruf zu verdanken. In dieser Art Beziehung kann die konsequente und gewissenhafte Anwendung der positiven Kehrseitentechnik sehr viel verändern.

Stellen wir uns das nicht untypische New Yorker Paar um die vierzig vor, das in seiner Ehe ein starkes Muster virtueller Liebe aufweist. Er ist erfolgreicher Investmentbanker, dessen Job zu fünfundzwanzig bis fünfzig Prozent aus Reisen besteht. Sie ist Hausfrau und Mutter. Er ist ausgefüllt mit seiner Karriere, sie hat die Kinder, Tennis und ihre ehrenamtlichen Tätigkeiten. Auf seinen Geschäftsreisen geht er, sooft er kann, zum Golfspielen und Skifahren, und er liebt diese Sportarten so sehr, dass er sich auch in seiner Zeit zu Hause häufig mit Freunden übers Wochenende dazu verabredet. Dieser Lebensstil hat sich im Lauf der Beziehung nach und nach entwickelt, aber beide Partner hielten ihn immer für vorübergehend. »Ich kann nicht ewig so arbeiten«, sagte der Mann und fügte hinzu: »Ich mache genug Geld, damit wir sorglos leben können, und dann suche ich mir eine weniger anstrengende Stelle.« Das akzeptierte seine Frau, denn sie dachte: »Es bringt mich doch nicht um, wenn ich das Arrangement noch ein, zwei Jahre ertrage.« Doch aus einem Jahr wurden fünf Jahre, aus fünf wurden zehn, und so entwickelte sich aus dieser Form der Akzeptanz eine Mischung aus Frustration, Wut und schließlich bitterer Resignation. Immer häufiger beklagte sich die Frau bei Familie und Freunden. »Er ist nie zu Hause« oder »Er könnte doch wenigstens übers Wochenende kommen« oder »Er hat schon wieder den Auftritt unseres Sohnes verpasst« oder »Er verbringt überhaupt keine Zeit mit den Kindern«. Der Mann seinerseits jammerte bei Freunden und Kollegen darüber, dass seine Frau ihm mit ihrem ständigen Genörgel auf die Nerven gehe, dass sie ihm kein erholsames Wochenende gönne, dass er sie zwölfmal am Tag anrufen müsse und so weiter und so fort.

Wenn die Frau an diesem Punkt ihren Lebensstil nicht als Zufall akzeptiert, sondern als etwas, was sie sich ausgesucht hat und wofür sie sich jeden Tag von neuem entscheidet, dann kann sie anfangen, sich mit den positiven Seiten der Tatsache anzufreunden, dass ihr Ehemann vor Nähe flieht. Er ist unabhängig, er mischt sich nicht in ihre Haushaltsführung ein, er erwartet auch nicht von ihr, dass abends das Essen auf dem Tisch steht. Bisher war sie die Verlassene, bisher war sie bedürftig, einsam, hat mit seiner Abwesenheit gehadert. Aber jetzt kann sie etwas von ihm lernen. Sie kann selbst unabhängiger werden – vielleicht noch einmal studieren, neue, intensivere Freundschaften entwickeln, vielleicht allein nach Asien reisen. Wenn sie diesem Weg folgt, braucht sie am Ende weniger Zeit und Energie von ihrem Mann und weniger Intimität von der Beziehung. Das wiederum führt dazu, dass ihr Mann sie mehr vermisst und sich mehr Nähe von ihr wünscht, was früher oder später zu Veränderungen in seiner Arbeitszeit und seinem Lebensstil führen kann.

Das Ergebnis dieser Umstellung in der Paardynamik ist eine »parallele« Ehe, in der beide Partner den Anteil virtueller Liebe in ihrer Beziehung akzeptieren – und vielleicht sogar das Gute daran sehen. Für solche Menschen kann es ideal sein, das Maß an Intimität in der Beziehung einzugrenzen. Wenn Sie planen, eine Familie zu gründen, sollten Sie allerdings im Auge behalten, dass dieser Lebensstil für Kinder nicht ideal ist. Fraglich ist auch, ob eine solche Beziehung Veränderungen wie Arbeitslosigkeit, Krankheit oder Ruhestand verkraften kann. Hält das Paar stand, wenn die Partner aufgrund äußerer Umstände gezwungen sind, den Alltag zusammen zu verbringen? Natürlich kann man das unmöglich vorhersagen, aber die Erfahrung mit meinen Patienten zeigt, dass viel davon abhängt, in welchem Umfang der Lebensstil die psychische Struktur der beiden Beteiligten reflektiert. Wenn Sie zum Beispiel eine erfolgreiche Konzertpianistin sind, deren Karriere ständiges Herumreisen erfordert, besteht die Wahrscheinlichkeit, dass Sie, psychologisch ausgedrückt, diesem Lebensweg deshalb nachgehen, weil Sie Nähe auf täglicher Basis nicht brauchen oder womöglich nicht einmal ertragen. In einem solchen Fall würde eine von außen herbeigeführte Veränderung, die von Ihnen verlangt, die meiste Zeit zu Hause mit Ihrem Partner zu verbringen, die Beziehung vor eine harte Probe stellen.

Wenn Sie dagegen ein Manager in einer großen Firma sind und nach fünf Jahren eine Beförderung angeboten bekommen, bei der Ihre Arbeit zu fünfzig Prozent aus Reisen besteht, und Sie sich nun hin und her gerissen fühlen, weil Sie eigentlich bei Ihrer Familie bleiben wollen, dann gehören Sie wahrscheinlich zu einer anderen Kategorie, selbst wenn Sie sich am Ende doch entschließen, das Angebot anzunehmen. Wahrscheinlich nimmt auch Ihre Ehe im Lauf der Jahre unter solchen Bedingungen virtuelle Züge an, aber wenn danach ein weiterer Jobwechsel von Ihnen verlangt, dass Sie von nun an die ganze Zeit zu Hause bleiben, ist das für Sie längst nicht so bedrohlich. Ihre Wahl wurde weniger von einem tiefen, charakterlich bedingten Wunsch nach Freiraum vorangetrieben, sondern größtenteils von den äußeren Umständen.

Im wirklichen Leben sind die Dinge oft nicht so eindeutig zuzuordnen. So hatte beispielsweise ein Patient, ein Schauspieler, am Ende zwei Wohnsitze – einen in New York, wenn er am Broadway auftrat, und einen in Los Angeles, wo er fürs Fernsehen drehte. Zog es ihn in eine Karriere, zu der es gehörte, dass er von einer Küste zur anderen pendelte, oder zu einer, bei der Reisen ein notwendiges Übel war? Nachdem er dieser Frage eine Weile nachgegangen war, erkannte er, dass es eigentlich beides war. Dennoch gab es schon in der ersten Sitzung einen Hinweis auf das Bedürfnis nach persönlichem Freiraum, als ich ihn nämlich fragte, wie oft er seinen Freund traf, mit dem er seit anderthalb Jahren zusammen war. »Ich habe ihn im letzten Jahr eigentlich nur zweimal gesehen«, antwortete er beiläufig, ohne dabei kognitive Dissonanz oder spürbare Unzufriedenheit mit der Situation zu zeigen.

Nun ist der Konflikt zwischen dem Bedürfnis nach Nähe und dem nach Einsamkeit zwar so alt wie die Liebe selbst, aber in unseren modernen Zeiten gibt es doch wesentlich mehr Möglichkeiten für langfristige Fernbeziehungen. Zu meinen Lieblingsbeispielen zählt die Geschichte einer Patientin, deren Leben unter anderem auch zeigt, dass es nie zu spät ist, die Muster gescheiterter Liebe doch noch zu verändern. Die Patientin, Elisabeth, war zweiundfünfzig, als sie wegen einer schweren Depression zu mir kam. Ihr Zustand war nicht biologisch bedingt und genau genommen auch nicht dadurch, dass sie von ihrem Mann hintergangen worden war, sondern vielmehr vom Tod einer Illusion.

Elisabeth war in einer kleinen ländlichen Gemeinde im Norden von Wisconsin aufgewachsen. Ihre Eltern hatten einen kleinen Lebensmittelladen, und die Familie – darunter Elisabeth, ihre beiden älteren Schwestern und die Großmutter mütterlicherseits – teilten sich die kleine Zweizimmerwohnung über dem Geschäft. Die beengten Verhältnisse und dazu die schwach ausgeprägten Grenzen der Familie (beispielsweise wurde in Anwesenheit der Kinder nicht nur explizit über Sex geredet, er wurde auch recht unverhohlen praktiziert; außerdem tratschte die Mutter laut mit der Kundschaft über ihre Töchter) führten dazu, dass Elisabeth schon früh davon träumte, wegzugehen. Als Teenager träumte sie von Reisen in ferne Länder, und auf dem College beschloss sie schließlich, Stewardess zu werden. Da sie hübsch, klug und abenteuerlustig war, fiel ihr die Ausbildung nicht schwer, und ein paar Jahre später hatte sie einen Vollzeitjob bei einer großen Fluggesellschaft auf der Strecke New York–Paris.

An ihrer Arbeitsstelle – also im Flugzeug – lernte sie Jean Paul kennen, den Mann, der ihr Ehemann werden sollte. Er war ein französischer Banker auf dem Heimweg von einer Geschäftsreise und begann mit ihr zu flirten. Nach mehreren Monaten fand Elisabeth heraus, dass Jean Paul verheiratet war, aber er war in seiner Ehe sehr unglücklich, und da er sich verliebt hatte, ließ er sich kurze Zeit später von seiner Frau scheiden und heiratete Elisabeth.

Eine Weile »lebten« sie in Paris, das heißt, sie verbrachten die Wochenenden dort, Elisabeths Freizeit. Schließlich beschlossen sie, Kinder zu haben, und weil Elisabeth Wert darauf legte, dass sie in den USA aufwuchsen, zogen sie nach New York. Nun war es Jean Paul, der pendeln musste, was er die nächsten zwanzig Jahre tat, während sie zwei Kinder großzogen und ein aktives, aber stabiles Leben führten. Beide Partner liebten das Skifahren, das Reisen und den Kontakt mit anderen Menschen, und als Elisabeth das Gefühl hatte, dass ihre Kinder eine Vollzeitmutter brauchten, gab sie ihren Job auf, blieb bei ihnen in New York und genoss die Herausforderungen der Erziehung. Da Jean Paul wegen seines hoch bezahlten Jobs in Paris bleiben musste und Elisabeth mit den Kindern nicht nach Europa ziehen wollte, beschlossen sie, ihren parallelen Lebensstil beizubehalten.

Ganz eindeutig hatte der Wunsch, von der Familie wegzukommen, Elisabeths Berufswahl beeinflusst, und auch ihren Partner hatte sie sich aufgrund dieser Erfahrungen ausgesucht: Die Beziehung hatte begonnen, als Jean Paul noch an eine andere Frau gebunden war und in einem anderen Land gelebt hatte. Mit anderen Worten, sie schützte sich vor zu viel Nähe, weil die in ihrer Kindheit von der zwischenmenschlichen Enge fast erdrückt worden wäre. Zwar formulierte sie es nie, aber Elisabeth wusste, dass dieser Lebensstil für sie funktionierte und dass sie im Großen und Ganzen glücklich damit war. Zwar beunruhigte es sie, als sie ihren Mann einmal nicht am vereinbarten Ort antraf und ihn auch telefonisch nicht erreichen konnte, und ein zweites Mal, als eine Freundin ihr sagte, sie hätte ihn mit einer anderen Frau gesehen, aber weil sie keinen Streit wollte, akzeptierte sie Jean Pauls Erklärungen und beharrte nicht weiter auf der Sache.

Doch alles brach zusammen, als Elisabeth – nach fünfundzwanzig Jahren Ehe – bei einem Besuch in Paris zufällig einen Brief von einer anderen Frau fand, aus dem ganz eindeutig hervorging, dass sie mit Jean Paul zusammenwohnte. Wie sich herausstellte, hatte Jean Paul die vorhergegangenen neunzehn Jahre zwei Leben geführt. Er besaß ein zweites Haus in einer Pariser Vorstadt, wo er von Montag bis Freitag mit der anderen Frau lebte. Zwischendurch hatte er auch immer wieder kleine »Geschäftsreisen« oder genauer gesagt kleine Urlaube mit dieser Frau unternommen.

Als Elisabeth ihn mit dieser Entdeckung konfrontierte, stritt Jean Paul nichts ab. Ganz sachlich machte er seinen Standpunkt klar: Am liebsten würde er das bestehende Arrangement beibehalten, doch falls Elisabeth auf einer Scheidung bestand, würde er sich finanziell großzügig zeigen.

An diesem Punkt kam Elisabeth zu mir in die Sprechstunde. Sie fühlte sich betrogen, zurückgewiesen und gedemütigt, aber mehr als alles andere war sie am Boden zerstört durch die Entdeckung, dass ihr Mann nicht der war, für den sie ihn gehalten hatte. Sicher, sie wusste, dass er unabhängig war, und sie hätte es sogar verstehen können, wenn er bei seinen Geschäftsreisen »mal eine kleine Affäre zwischendurch« gehabt hätte. Aber dass er sich einen Betrug dieser Größenordnung erlaubt hatte – ein regelrechtes Doppelleben –, das konnte doch nur bedeuten, dass sie ihn nicht wirklich kannte und ihre ganze Beziehung eine Illusion gewesen war. Rückblickend waren die Anzeichen natürlich – wie immer – deutlich sichtbar, aber Elisabeth hatte sie ignoriert, um sich nicht mit der Wahrheit über ihren Ehemann auseinander setzen zu müssen. Mit der Wahrheit nämlich, dass er nicht nur ein großzügiger, netter Mann war, der gern seinen Spaß hatte, sondern darüber hinaus unehrlich, manipulativ und feindselig sein konnte.

Während der ganzen Jahre hatte der Lebensstil des Paares Elisabeths Illusionen über ihren Ehemann untermauert, und nun stürzte sie in eine heftige Ambivalenzkrise. »Soll ich verheiratet bleiben oder Schluss machen?«, fragte sie mich gleich zu Anfang der Therapie. Zum ersten Mal seit fünfundzwanzig Jahren war sie sich ihrer Ambivalenz gegenüber ihrem Mann und ihrer Beziehung zu ihm bewusst. Aus dem Blickpunkt unseres Drei-Schritte-Programms betrachtet, kann man sagen, dass Elisabeth all die Jahre gebraucht hatte, um zu Schritt 1 (den »Schon-wieder!«-Moment) zu gelangen.

Natürlich beantwortete ich Elisabeths Frage nicht, und sie brauchte fast ein Jahr, um es selbst zu tun. Zum einen wusste sie nicht, dass der parallele Lebensstil, für den sie sich entschieden hatte, gut zu ihr passte und dass sie mit einem bedürftigen, anspruchsvollen Mann nicht umgehen konnte. Aber als wir begannen, ihrer Vergangenheit auf den Grund zu gehen, fanden wir heraus, dass ein Großteil ihres Wunsches, ihrer Familie zu entfliehen, eher defensiv und von sekundärer Natur war. Wie jedes Kind hatte auch Elisabeth sich gewünscht, von ihren Eltern umsorgt und akzeptiert zu werden. Aber da in ihrer Familie Nähe auf eine herrschsüchtige, erdrückende Art und Weise praktiziert wurde, entschied sie sich für das andere Extrem. Unter dieser Oberfläche jedoch war sie bedürftiger als die meisten Menschen – gerade weil ihre emotionalen Bedürfnisse als Kind nicht erfüllt worden waren. Als ihr das im Lauf der Therapie klar wurde, erreichte Elisabeth Schritt 2 (Was ist für mich wirklich wichtig?) und beschloss, ihre virtuelle Ehe zu beenden und eine Beziehung zu suchen, in der echte Nähe möglich war.

Die nächsten fünf Jahre kam Elisabeth zu mir in die Therapie, aber obwohl sie hart arbeitete, wollte sich einfach kein Mann finden lassen, der ihr gefiel. Zwar hatte sie jede Menge Verabredungen, fand aber keine davon wirklich interessant. Im Vergleich zu ihrem bisherigen Lebensstil langweilte es sie, die »Jungs aus der Gegend« kennen zu lernen, wie sie sich ausdrückte. Dennoch hielt sich Elisabeth hartnäckig an das, was sie als das für sie Wesentliche herausgefunden hatte: keine Jean Pauls mehr. Und sie machte Fortschritte in der Therapie und lernte, mehr Nähe zuzulassen und authentischer zu werden – zumindest mit ihrem Therapeuten. Irgendwann beschloss sie dann, die Therapie zu beenden und das, was sie gelernt hatte, auf eigene Faust anzuwenden.

Es ist nicht ungewöhnlich, dass Patienten die Therapie verlassen, bevor der Therapeut wirklich überzeugt ist, dass sie dazu bereit sind – bevor er »das Ende« ihrer Geschichte kennt. Deshalb freue ich mich immer, von solchen Patienten später noch einmal etwas zu hören. Bei Elisabeth war ich besonders glücklich darüber – was an der Art der Neuigkeiten lag. Etwa zehn Jahre nach ihrer Trennung von Jean Paul kam ein Brief von ihr. Sie war nach dem Ende der Therapie in die Nähe ihrer Tochter gezogen, die in einer kleinen Stadt in Minnesota lebte. Dort begegnete sie einem geschiedenen Mann Anfang sechzig, in dem sie endlich ihren Seelenpartner zu entdecken glaubte. Sie verliebte sich in ihn, und schließlich heirateten die beiden. Das Interessante war, dass der Mann zwar ebenfalls Ausländer war und ursprünglich aus Schweden stammte, aber ansonsten genau das Gegenteil von Jean Paul verkörperte. Er war Farmer gewesen und ziemlich häuslich, kümmerte sich hingebungsvoll um seine erwachsenen Kinder, wollte möglichst viel Zeit mit Elisabeth verbringen und mit ihr zusammen an ihrem neuen Haus arbeiten.

So schloss sich der Kreis für Elisabeth. Nachdem Sie ihrer Familie und der beengenden Nähe entflohen war und lange Zeit in der Welt des internationalen Jetsets gelebt hatte, kam sie am Ende in den Mittelwesten zurück und führte ein Leben, das dem ihrer Kindheit ziemlich ähnlich war. So erreichte sie aus eigener Kraft Schritt 3 (Der Trend ist dein Freund). Jetzt akzeptierte sie einen Teil ihrer selbst – ihr Abhängigkeitsbedürfnis –, den sie zuvor strikt geleugnet und verdrängt hatte, und konnte daher einen Mann mit ähnlichen Bedürfnissen akzeptieren und lieben. Doch sie bedauerte auch ihre vorhergegangene Beziehung nicht, denn sie wusste genau, dass sie auch in dieser einen Teil ihrer selbst ausgelebt hatte. Zudem wusste sie, dass sie auch ihrem neuen Ehemann gegenüber ambivalente Gefühle haben würde, wenn die ursprüngliche Idealisierung abnahm, und dass sie sich manchmal wünschen würde, er wäre mehr wie Jean Paul.

KAPITEL 4

EINSEITIGE LIEBE

> Er legt an den Stamm seine Rechte,
> fühlt das Herz der Geliebten
> noch schlagen unter der Rinde.
>
> OVID

Cupidos Entzweiung

In einem für ihn typischen Streich schoss der rachsüchtige Liebesgott Cupido einen Pfeil auf Apollo ab, der diesen in Liebe entflammen ließ, während er dem Objekt von Apollos Begierde, der Nymphe Daphne, einen Pfeil verpasste, der sie vor der Liebe fliehen ließ. Apollo verfolgte sie, flehte, lockte und versprach ihr das Blaue vom Himmel herunter, doch Daphne rannte davon, und gerade als Apollo sie einholte, betete sie, dass ihr Körper, der den Gott der Musik und der Dichtkunst dermaßen unwiderstehlich anzog, so verwandelt werden möge, dass seine Reize für immer zerstört waren. Der Wunsch wurde erhört: Ihre Glieder wurden schwer und gefühllos, ihre Arme verwandelten sich in Zweige, ihre Haare in Blätter, ihre Brüste bedeckten sich mit zarter Rinde, und als Apollo sie voller Sehnsucht in die Arme schließen wollte, fühlte er nur noch ihren schwächer werdenden Herzschlag unter der Rinde eines Lorbeerbaums.

Jeder, der in der Liebe schon einmal enttäuscht worden ist, kennt den Schmerz einseitiger Liebe. Weil der Liebesschmerz auch Teil der so genannten gesunden Liebe ist, neigen wir instinktiv dazu, uns mit dem unterlegenen Teil zu identifizieren, und haben mehr Sympathie mit dem Zurückgewiesenen als mit dem, der zurückweist. Diese Art der Identifikation ist einer der Gründe, weshalb Goethes Novelle *Die Leiden des jungen Werther* im Europa des neunzehnten Jahrhunderts eine Welle von Selbstmorden auslöste. Aber dass man sich mit dem Schmerz der einseitigen Liebe – so nenne ich die Neigung, sich in emotional unzugängliche Menschen zu verlieben – identifiziert und Mitleid empfindet, ist nur ein Teilaspekt unserer Reaktion auf diese Liebe. Wir fragen uns auch, warum ein Mensch, der sich wiederholt in jemanden verliebt, der für ihn nicht erreichbar ist, für diejenigen, die an ihm interessiert sind, ebenfalls unerreichbar bleibt. Ich kann die Patienten kaum zählen, die im Lauf der Jahre bei mir darüber geklagt haben, dass es ihr Schicksal sei, sich zu Menschen hingezogen zu fühlen, die ihre Gefühle nicht erwiderten, während sie selbst unfähig waren, die Gefühle derer zu erwidern, die sich zu ihnen hingezogen fühlten. Dies ist die universelle Erfahrung von Cupidos Entzweiung: Wir versuchen, mit unserer Ambivalenz gegenüber der Liebe zurechtzukommen, indem wir die Welt der Liebesobjekte in attraktive und unattraktive Extreme aufspalten. So können wir die Fantasievorstellung von perfekter Schönheit, Intelligenz und Spiritualität aufrechterhalten und uns an die Illusion reiner Liebe klammern.

Aber so universell Cupidos Entzweiung auch sein mag, hängt es doch von unserer individuellen Vorgeschichte und unserem Charakter ab, wie tief die Spuren sind, die seine Pfeile in unseren Beziehungen hinterlassen. So verließ beispielsweise der Vater einer Patientin die Familie, als sie noch ganz klein war, und ihr Stiefvater, den ihre Mutter ein paar Jahre später heiratete, bestand hartnäckig darauf, dass sie ihn als Vater akzeptierte. Als Erwachsene verliebte sich diese Frau ausschließlich in unerreichbare Männer – einer war verlobt, einer schwul, andere interessierten sich einfach nicht für sie –, während sie diejenigen, die sich zu ihr hingezogen fühlten, mit der Begründung abwies, dass sie sich ihr »aufdrängten«.

Obgleich dies verdeutlicht, wie die jeweilige Lebensgeschichte – in diesem Fall der unbewusste Wunsch der Patientin, den ersehnten Vater zurückzuholen und den unerwünschten loszuwerden – zur Entstehung eines Musters führen kann, ist diese Patientin kaum die erste oder letzte Frau, die Männer in Kategorien von »perfekt, aber unerreichbar« oder »erreichbar, aber nicht gut genug« aufteilt. Gleichzeitig ist die Mehrzahl der Männer (und Frauen) natürlich weder perfekt noch vollkommen inakzeptabel (über Geschmack lässt sich bekanntlich streiten). Diejenigen, die zur einseitigen Liebe neigen, schaffen den Bruch in Gedanken, um die Illusion aufrechtzuerhalten, Liebe könne perfekt sein. Während manche Menschen wie die oben erwähnte Patientin ihr Muster nur dadurch überwinden können, dass sie in der Therapie das ursprüngliche Familientrauma aufarbeiten, können andere sich der einseitigen Liebe direkter stellen – innerhalb einer Therapie oder auch außerhalb.

Schritt 1: Es ist bloß Cupido

Weil der Mensch, zu dem wir uns in diesem Muster hingezogen fühlen, körperlich erreichbar ist – manchmal kommt es tatsächlich zum Date –, kann es schwierig sein, das Muster frühzeitig zu erkennen. Wenn Sie sich – wie viele meiner Patienten – in einer Langzeitbeziehung mit einem Mann befinden, der sich nicht wirklich binden möchte, dann ist es leicht, *ihn* als das Problem zu sehen und sich einzureden, dass *er* noch nicht bereit oder ein »Beziehungsphobiker« sei. Und wenn Sie sich immer wieder zu unerreichbaren Männern oder Frauen hingezogen fühlen, liegt es verführerisch nahe, sich als unglückliches Opfer des Zufalls zu sehen beziehungsweise – falls Sie nicht an Zufälle glauben und in einer Großstadt wohnen – die Statistik für Ihre Probleme verantwortlich zu machen: Schließlich gibt es mehr allein stehende

Frauen als allein stehende Männer. Falls Sie eher zu psychologischen Grübeleien neigen, bleibt Ihnen natürlich auch die Lösung: »Mit mir stimmt was nicht«.

In diesen Situationen wäre es nützlicher zu erforschen, in welcher Art und Weise *Sie* unerreichbar sind, statt sich um Ihr Liebesobjekt zu kümmern, denn das Maß an Energie, das Sie für unerreichbare Menschen aufwenden, entspricht ziemlich genau dem, das Sie investieren, um erreichbaren Menschen aus dem Weg zu gehen. Mit anderen Worten: Bei Schritt 1 (Es ist bloß Cupido) geht es darum, die eigene Cupido-Entzweiung zu verstehen und zu akzeptieren.

Häufig leisten Therapie-Patienten gegen diese Idee erbitterten Widerstand. Es beginnt damit, dass sie die Annäherungsversuche oder auch nur das Interesse von Leuten, zu denen sie sich nicht hingezogen fühlen, überhaupt nicht bemerken oder – falls doch – darauf beharren, dass es sich dabei nur um »Verlierer« oder um Kandidaten handelt, die den Unerreichbaren in irgendeiner Weise unterlegen sind. Oft bestätigt sich mein Verdacht auf einseitige Liebe, wenn ein Patient die Trennung bei ein und derselben Person vornimmt. Dies war beispielsweise der Fall bei einer Anwältin, die über so viel natürliche und beruflich eingeübte Redegewandtheit verfügte, dass sogar in mir Zweifel aufkamen, ob es sich bei ihren Beziehungen mit unerreichbaren Männern tatsächlich um ein Muster handelte. Gerade als ich bereit war, ihre ausführlichen und logischen Erklärungen anzunehmen, dass jede ihrer Beziehungen unter einzigartigen und ganz besonderen Bedingungen entstanden war, geriet sie ins Stolpern und wies mich ganz unvermittelt darauf hin, dass in ihrer wichtigsten Beziehung, die ungefähr anderthalb Jahre gedauert hatte, einige sehr wichtige Hinweise zu finden waren.

»Es fing damit an, dass er mir nachlief, und ich hatte nicht das geringste Interesse. Wir trafen uns ein paarmal und schliefen sogar miteinander, aber ich blieb auf Distanz und verabredete mich zwischendurch auch mit anderen Männern. Aber dann rief er plötzlich nicht mehr an, und ich versuchte einige Male vergeblich, ihn zu erreichen. Schließlich nahm er den Kontakt wieder auf, woraufhin wir uns wieder verabredeten, aber jetzt war die Situation umgekehrt: Ich war hinter ihm her, während er überhaupt kein Interesse mehr zu haben schien. Irgendwann vereinbarten wir, uns nicht mehr mit anderen potenziellen Partnern zu treffen, aber nach einer Weile wurde mir klar, dass er doch nicht der Richtige für mich war, deshalb machte ich Schluss. Da fing er natürlich wieder an, mir nachzulaufen ...«

Also war die Patientin zuerst nicht interessiert, weil der andere Interesse zeigte, dann war sie interessiert, weil der andere nicht mehr interessiert zu sein schien. Mit anderen Worten: Die einzige längerfristige Beziehung der Patientin wies beide Seiten von Cupidos Entzweiung auf, was traurigerweise der Hauptgrund dafür war, dass sie so lange »hielt«.

Ein noch extremerer Fall ist der einer Frau, die ihre Verlobung mit einem Mann löste, mit dem sie zwei Jahre lang zusammen gewesen war, weil sie sich von ihm erdrückt fühlte. Später zog sie von Kalifornien nach New York, wo sie irgendwann in meine Praxis kam. Nach einem Jahr Therapie, in der sie hartnäckig darauf beharrte, dass sie sich überhaupt nicht zu unerreichbaren Männern hingezogen fühlte, hörte sie von einem gemeinsamen Freund, dass ihr ehemaliger Verlobter – der in der Zwischenzeit geheiratet hatte – sich womöglich scheiden lassen wollte. Daraufhin ließ meine Patientin ihm über den Freund mitteilen, dass sie ihre Beziehung neu überdacht hätte und sich freuen würde, wenn er Kontakt mit ihr aufnähme. Obwohl sie nichts von ihm hörte, war sie der festen Überzeugung, dass er sie zurückhaben wollte und entschied sich zum Teil aus diesem Grund, wieder nach Kalifornien zu ziehen. Als wir ihren Entschluss kurz vor der Abreise noch einmal besprachen, rechtfertigte die Patientin ihn damit, dass sie, als sie ihre Verlobung vor mehreren Jahren gelöst hatte, noch nicht bereit gewesen sei für die feste Bindung, die dieser Mann sich gewünscht hatte. »Aber jetzt bin ich so weit«, meinte sie. »Und ich weiß, dass er immer noch an mich denkt.« Doch was sie nicht zur Kenntnis nehmen wollte, war, dass die Zeit, die Entfernung und die Tatsache, dass er auf ihre Botschaft nicht reagiert hatte, es ihr leicht machten, den emotionalen Effekt seiner erdrückenden Bedürftigkeit zu vergessen. Als sie New York verließ, versprach mir die Patientin, mich über die Entwicklung mit diesem Mann in L.A. auf dem Laufenden zu halten. Aber ich hörte erst ein paar Jahre später wieder von ihr, nämlich als sie heiratete ... allerdings einen anderen Mann.

Und gleich noch eine Variation zum gleichen Thema: Ein dreißigjähriger Mann kam zu mir in die Praxis mit der Erkenntnis, dass er vor ein paar Jahren einen »grässlichen Fehler« begangen habe. Er hatte eine zehnjährige Beziehung beendet, nachdem seine Freundin ihm ein Heiratsultimatum gestellt hatte. Diese Beziehung, so erklärte er mir, habe ihm eigentlich alles gegeben, was er brauchte – er und seine Freundin hätten gut zusammengepasst, es habe Leidenschaft und echte Verständigung gegeben. Alles sei nur daran gescheitert, dass er damals noch nicht bereit gewesen sei, sich einzulassen. Seither habe er sich mit Frauen getroffen, die ihm nicht wirklich gefielen, oder sei hinter Frauen her, die seine Gefühle nicht erwiderten. Bei genauerem Nachfragen zeigte sich, dass die alte, »ideale« Beziehung einige schlechte Zeiten und ein paar Trennungen erlebt hatte, weil er und seine Freundin damals abwechselnd das Interesse verloren.

Bei dieser Art von Beziehung fühlt man sich nicht von einer bestimmten Eigenschaft der anderen Person angezogen oder abgestoßen. Zwar gibt es immer etwas am anderen, auf das wir reagieren, aber im Fall der einseitigen Liebe ist es gerade die Unerreichbarkeit, die die Beziehung zusammenhält. Praktisch gesehen bedeutet das: Wenn Sie sich zu unerreichbaren Menschen hingezogen fühlen und auch eine Beziehung dieser Art hatten, können Sie ziemlich sicher sein, dass Sie unter Cupidos »Fluch« leiden.

Auch wenn Sie bisher keine derartige Beziehung hatten, können Sie feststellen, wie groß Ihr Risikofaktor für eine einseitige Liebesbeziehung ist, indem Sie Ihre Erfahrungen bestimmten quantitativen und qualitativen Analysen unterziehen. Auf der quantitativen Seite gilt: Wenn Sie mehrere Beziehungen oder Beziehungsversuche mit unerreichbaren Personen hinter sich haben und mindestens Ende zwanzig sind, sollten Sie sich Sorgen machen. Erstellen Sie eine Liste von Leuten, die sich im Lauf der Zeit für Sie interessiert haben, und bereiten Sie sich darauf vor, zu akzeptieren, dass Sie der einseitigen Liebe ins Netz gegangen sind. Wenn Sie mit einer solchen Vergangenheit über dreißig sind, sollten Sie schon mehr tun, als sich Sorgen machen – zum Beispiel den weiter hinten beschriebenen Schritt 2 in Angriff nehmen. Sind Sie erst Anfang zwanzig, brauchen Sie sich noch keine Gedanken zu machen, es sei denn, Ihr Bauchgefühl sagt Ihnen etwas anderes. Ein Wort der Vorsicht: Da es manchmal recht viel Zeit in Anspruch nimmt, um ein Muster fehlgeschlagener Liebe zu korrigieren – dies gilt vor allem für Frauen, bei denen die biologische Uhr in den Dreißigern besonders laut tickt –, kann es nicht schaden, wenn Sie schon mit Anfang zwanzig ein bisschen aufpassen.

Auf der qualitativen Seite gilt: Achten Sie darauf, ob Sie noch einmal anrufen, wenn derjenige, mit dem Sie sich verabreden wollen, Ihren Anruf nicht erwidert, obwohl er es versprochen hat. Achten Sie darauf, ob Sie mit Freunden wie besessen diesen nicht erfolgten Anruf durchdiskutieren. Achten Sie darauf, ob Sie noch einmal vorschlagen, sich zu treffen, wenn Sie dem Betreffenden zufällig über den Weg laufen. Achten Sie darauf, ob Sie weghören, wenn der andere sagt, Beziehungen seien für ihn nicht so wichtig. Wenn Sie eines dieser Dinge mehr als ein- oder zweimal getan haben, kann es gut sein, dass Sie in Schwierigkeiten sind. Wahrscheinlich waren Sie auch an der Gegenseite der

Cupido-Entzweiung beteiligt, doch das ist schwer zu diagnostizieren. Lassen Sie mich dies an einem Beispiel verdeutlichen.

Ein allein stehender Mann Mitte dreißig trifft sich seit einigen Monaten mit einer Frau. »Ich mag sie wirklich sehr«, sagt er, »und ich will die Sache auf keinen Fall vermasseln.« Aber er macht sich Sorgen, dass er womöglich bald das Interesse verliert und anfängt, sich verpflichtet und belastet zu fühlen, denn das ist ihm schon oft passiert. »Ich hoffe so, dass es diesmal klappt, denn meine Freundin ist nicht der bedürftige Typ – sie ist unabhängig, und es macht ihr nichts aus, dass ich auch mal was alleine unternehme.« Aber in der nächsten Sitzung berichtet der Patient, dass er sich zum ersten Mal mit seiner Freundin gestritten habe. Er war mit einem Freund ins Restaurant gegangen und hatte seiner Freundin versprochen, sie nach dem Essen anzurufen und dann zu dritt noch etwas trinken zu gehen. Aber aus irgendeinem Grund, den er nicht näher erklären konnte, rief er sie erst gegen 23 Uhr an. Der Freundin blieb derweil nichts übrig als zu warten, sie konnte für den Abend keine anderen Pläne machen und war natürlich furchtbar wütend. Damit hatte er, obwohl er stets behauptete, dass es ihm gefiel, wie unabhängig und selbstständig sie sei, in ihr genau den gegenteiligen emotionalen Zustand hervorgerufen – sie hatte sich bedürftig und abhängig gezeigt. Wie nicht anders zu erwarten, fühlte er sich durch ihre Reaktion in die Pflicht genommen und belastet, was ihr wiederum das Gefühl gab, noch viel bedürftiger zu sein und in ihm die endgültige Fluchtreaktion auslöste. Kurz gesagt hatte er, ohne es bewusst zu wollen und ohne es auch nur zu merken, seine eigene Unerreichbarkeit inszeniert.

Eine andere Patientin, eine extrem attraktive und angenehme Frau, berichtete, dass ihre Verabredungen immer absolut ereignislos verliefen und zu rein gar nichts führten. Als wir die Sache näher unter die Lupe nahmen, stellten wir fest, dass sie selbst dafür sorgte. So hatte zum Beispiel ein Mann bei der zweiten Verabredung begonnen, mit ihr über eine frühere Beziehung zu reden. Sofort hatte die Patientin den Eindruck, dass er etwas »mit sich herumschleppte« und jemanden – nämlich sie – zum Zuhören brauchte. Da sie keine Beziehung zu einem bedürftigen Mann wollte, ging sie nicht darauf ein, was ihn natürlich umso bedürftiger machte.

Als ein anderer Mann ihr beim dritten Date gestand, dass er »Angst vor Zuneigung« habe, dachte sie, »der hat aber Probleme« und ignorierte die Bemerkung, wodurch das Problem für ihn – und vielleicht auch in ihren Gedanken – verständlicherweise umso bedrückender wurde. Als schließlich ein Mann gleich bei der ersten Verabredung ihre Hand halten wollte, ließ sie ihn gewähren, obwohl es ihr unbehaglich war. Diesmal dachte sie, dass sie »der Sache eine Chance geben« wollte, aber in Wirklichkeit akzeptierte sie dadurch stillschweigend etwas, was ihr eigentlich nicht gefiel, genau das Gegenteil – durch ihr Verhalten entstand das Gefühl einer Verpflichtung, sie wollte weg und machte sich letztlich erneut unerreichbar. Hätte sie ihre Hand zurückgezogen oder »Nein« gesagt, hätte sie herausgefunden, ob dieser Mann tatsächlich bedürftig oder einfach nur ein bisschen forsch war.

Das sind kleine, alltägliche Beispiele, die jedoch in ihrer Gesamtheit eine Beziehung oder eine neue Bekanntschaft auf den Kurs in Richtung einseitiger Liebe bringen. Solche Verhaltensweisen zu erkennen und abzustellen gehört zu den typischen Aufgaben der Psychotherapie. Aber die Veränderung Ihres Verhaltensmusters kann und muss auch außerhalb einer Therapie bewerkstelligt werden. Um es allein zu schaffen, sollten Sie bei der Analyse Ihrer Beziehungen folgendes Mantra im Kopf behalten: Was ich zu wollen glaube/fühle/äußere, ist nur die Hälfte der Geschichte; die andere Hälfte erkenne ich an den zwischenmenschlichen Folgen meines Verhaltens. Wenn Sie also denken, dass Sie eine bestimmte Beziehung wollen, dabei aber mit jemandem Kontakt suchen, der nicht auf Ihre Annäherungsversuche zu reagieren scheint, sollten Sie sich die Sache noch einmal durch den Kopf gehen lassen. Dass Ihr Verhalten das Objekt Ihrer Begierde eher verscheucht, könnte auch daran liegen, dass Sie in Wirklichkeit gar keine Beziehung wollen – vielleicht wünschen Sie sich nur, es wäre so, aber es entspricht nicht der Wahrheit. Und wenn Sie umgekehrt »dem anderen eine Chance geben«, indem Sie ihn küssen, obwohl sie gar keine Lust dazu haben, dann überlegen Sie stattdessen lieber, wie Sie sich nach diesem Kuss fühlen werden.

Schritt 2: Sag einfach Ja

Wie wir oben gesehen haben und auch in den folgenden Kapiteln immer wieder entdecken werden, müssen Sie in Schritt 2 herausfinden, was Sie wirklich von einer Beziehung und von einem Partner wollen – was für Sie das Wesentliche ist. Außerdem müssen Sie das Offensichtliche akzeptieren – obwohl Sie so lange Zeit so hart daran gearbeitet haben, es zu leugnen –, das heißt, Sie können nur eine Beziehung mit einer dieser verfügbaren Person haben, die Sie bisher immer abgewiesen oder nicht einmal wahrgenommen haben. Genau genommen müssen wir von dem Pool der Kandidaten diejenigen abziehen, die wie ein Spiegelbild nur deshalb an Ihnen interessiert waren, weil Sie bisher nicht erreichbar waren. Deshalb ist die Zahl der »Unerwünschten«, unter denen Sie wählen können, eigentlich kleiner, als Sie vielleicht denken. Und um dieses traurige Bild noch deprimierender zu machen: Je älter Sie werden – wenn Sie die dreißig und schließlich die vierzig überschritten haben –, desto weiter schrumpft die Menge der akzeptablen Kandidaten zusammen. Es mag grob klingen, wenn man von der Liebe in Begriffen der Marktökonomie spricht, aber die Realität lehrt, dass die besten Kandidaten meist früh vergeben sind. Das heißt, dass die potenziellen Partner ab einem gewissen Punkt – sagen wir mal, so zwischen zweiunddreißig und fünfunddreißig – immer unvollkommener werden, weshalb Sie sich ihnen gegenüber auch immer ambivalenter fühlen werden. Diese hässlichen Marktgesetze treffen Frauen noch härter, denn in unserer Kultur ist es weit mehr akzeptiert, wenn ältere Männer jüngere Frauen heiraten, als umgekehrt, was die Zahl der geeigneten Männer weiter reduziert. Falls diese Analyse Ihnen Angst einjagt, sollten Sie diese Angst nutzen, um schleunigst aktiv zu werden. Falls sie Sie wütend macht, versuchen Sie vielleicht noch immer, die Wahrheit zu leugnen.

Aber die gute Nachricht ist, dass die nüchternen Marktgesetze sehr wohl dazu dienen können, Ihnen die zentralen Tatsachen der Liebe vor Augen zu führen, das heißt: *Es spielt sich ohnehin alles in Ihrem Kopf ab.* Obwohl unsere Liebesfähigkeit tief im primitiveren Teil unseres Gehirns angesiedelt ist, kann sie auf subtile Weise noch von ihren Interaktionen mit dem weiter entwickelten kognitiven Teil unseres Gehirns beeinflusst werden. Wie andere Emotionen lässt sich auch die Liebe nicht mit dem Willen herbeizwingen, doch man kann sie zu sich einladen. Indem wir Ja zur Liebe sagen, lassen wir uns kognitiv darauf ein, die Bedingungen für eine neue Art von Beziehung zu schaffen. Wir werfen uns nicht der erstbesten Person an den Hals, die unseren Weg kreuzt, sondern wir bleiben erst einmal stehen und überlegen, ob es uns eher angeraten scheint zu fliehen oder zu verweilen. Wir wissen, dass wir ambivalente Gefühle haben werden, ganz gleich, wofür wir uns letzten Endes entscheiden.

Die Liebe zu bejahen ist nicht ganz einfach, das gebe ich zu, aber allein das Treffen von Entscheidungen ist deutlich mehr als die halbe Miete. Betrachten wir dazu die folgenden Beispiele. Einer meiner Patienten fühlte sich immer unter Druck, mehr Zeit mit seiner Freundin zu verbringen, als er eigentlich wollte. Irgendwann erklärte er sich einverstanden, mit ihr eine einwöchige Kreuzfahrt zu unternehmen. Als es so weit war, machte er sich ziemliche Sorgen, dass er sich erdrückt fühlen würde. »Es würde mich nicht überraschen, wenn ich mich von ihr trenne, sobald wir zurück sind«, sagte er mir vor der Abreise. Aber in der ersten Sitzung nach seiner Rückkehr hörte sich auf einmal alles vollkommen anders an. »Wir hatten eine tolle Zeit miteinander. Als mir klar wurde, dass es kein Entrinnen gibt, habe ich mich entspannt, und nach ein paar Tagen hatte ich das Gefühl, ich könnte ewig mit ihr zusammenbleiben.«

Ach ja, wenn es nur so einfach wäre, dann würde ich allen meinen ambivalenten Patienten eine Kreuzfahrt empfehlen und hätte bald nichts mehr zu tun. Tatsächlich ging dieser Patient am Ende gar keine feste Beziehung mit seiner Freundin ein. Dennoch ist die Veränderung seiner Einstellung – zumal sie so gänzlich seiner Intuition widersprach – ausgesprochen bemerkenswert.

Ein anderer Patient eröffnete seiner schwangeren Frau, dass er Zweifel an ihrer Ehe habe. Die Frau deutete auf ihren Bauch und meinte: »Tja, das ist echt Pech, denn jetzt sitzt du in der Falle.« Genau wie der obige Patient reagierte auch dieser Mann anders als erwartet – nämlich mit einem Gefühl der Erleichterung. Weil seine Frau ihm das bestätigte, was er ohnehin schon wusste – dass er sie jetzt, da sie schwanger war, nicht verlassen würde –, konnte er seine Ambivalenz akzeptieren, zumindest für den Augenblick. Warum sollte man sich an die Ambivalenz klammern, wenn sie ohnehin nicht »in die Tat umgesetzt« werden kann? Manchmal kommt es zu einer ähnlichen Dynamik bei Paaren, die früh in der Beziehung »zufällig« schwanger werden. In dem Fall dient die Schwangerschaft oft als Ausrede, zu heiraten, obwohl die Partner gar nicht »wirklich« dazu bereit sind. Natürlich kann das auch zu erheblichen Problemen führen, doch wenn das Paar das psychologische Prinzip akzeptiert, das all diesen Beispielen zugrunde liegt, hat es gute Chancen.

Zwar denken viele Leute, dass sie nur dann eine feste Beziehung eingehen können, wenn sie den »richtigen« Menschen treffen, das heißt jemanden, dem gegenüber sie keine Ambivalenz empfinden, aber die Wahrheit ist, dass wir unsere Ambivalenz nur lösen können, *nachdem* wir uns auf eine Beziehung eingelassen haben. Das ist deshalb so, weil wir keinen Anreiz haben, uns der Ambivalenz zu stellen, solange wir glauben, dass es einen Ausweg gibt. Wenn mein Freund zu klein ist, sehe ich mich eben nach einem größeren um; wenn er zu passiv ist, suche ich mir einen selbstbewussteren; wenn er ein bisschen langweilig ist, finde ich bestimmt einen interessanteren; wenn er zu schnell wütend wird, ersetze ich ihn durch einen Netten, wenn er nicht klug genug ist ... na ja, Sie haben sicher verstanden, worum es geht.

Wenn ich dagegen glaube, dass ich mit dieser unvollkommenen Person festsitze, mache ich es mir zur Aufgabe, ihre Begrenztheit zu akzeptieren. Dieses Prinzip kann auf zahllose wichtige Lebensentscheidungen angewandt werden. Viele Menschen ringen mit ihrer Unentschlossenheit bei anstehenden Karriereschritten oder bei der Jobwahl, weil sie glauben, dass es nur eine richtige oder eine falsche Entscheidung gibt, aber das stimmt in den seltensten Fällen. Wenn überhaupt, dann weist die Tatsache, dass die Entscheidung schwer fällt, genau darauf hin – dass es nämlich nicht nur eine richtige oder falsche Entscheidung gibt. Deshalb müssen wir nicht die richtige Entscheidung treffen, sondern wir müssen dafür sorgen, dass die Entscheidung richtig war – nachdem wir sie getroffen haben.

In gewissem Sinne steckt dieses Prinzip hinter der Idee arrangierter Ehen. Natürlich möchte ich das nicht als Lösung unserer Beziehungsprobleme vorschlagen, aber allem Anschein nach kommen die Menschen in Gesellschaften, in denen arrangierte Ehen die Norm sind, in Sachen Liebe genauso gut zurecht wie wir, wenn nicht sogar besser. Dies wird wunderschön dargestellt in dem Film »Monsoon Wedding«, in dem ein indisches Mädchen hin und her gerissen ist zwischen ihrer leidenschaftlichen Affäre mit einem unerreichbaren (verheirateten) Mann und der von ihrer Familie geplanten Heirat. Als sie die Affäre schließlich aufgibt, überlässt sie sich einfach dem überwältigenden Sog von

Familie und Kultur, trifft den für sie vorgesehenen Bräutigam und verliebt sich tatsächlich in ihn.

Es ist bemerkenswert, wie sorgfältig die Eltern oder Heiratsvermittler den richtigen Kandidaten für eine arrangierte Ehe aussuchen. Wieder möchte ich betonen, dass ich diese Idee nicht propagieren möchte, aber man kann etwas aus ihr lernen. Ehe man Ja zur Liebe sagt, möchte man gern wissen, ob die grundlegenden Voraussetzungen dafür vorhanden sind, dass die Partner einigermaßen zusammenpassen. Für mich heißt das: Natürlich bestehen Unterschiede in der Persönlichkeit, aber es sollte eine Basis ähnlicher Lebenseinstellungen und Wertvorstellungen bestehen. Hier unterscheidet sich die Liebe nicht sonderlich von Freundschaftsbeziehungen. Diese Gemeinsamkeiten garantieren natürlich keine Liebe, aber sie schaffen immerhin gute Voraussetzungen – nicht unbedingt dafür, dass sie entsteht, aber immerhin dafür, dass sie hält, wenn sie denn entsteht. Zumindest ist man davor gefeit, sich in die falsche Person zu verlieben oder sich gar in eine feste Beziehung mit ihr zu stürzen. In gewisser Weise müssen wir das obige Entscheidungsprinzip also noch weiter spinnen: Der »Richtige« kann durchaus existieren, aber es gibt ihn vielleicht nicht nur einmal, und keiner von den »Richtigen« ist jemals perfekt. Selbstverständlich gibt es auch den »Falschen«, sehr häufig sogar!

Wenn wir das Prinzip noch ein wenig modifizieren – es eigentlich komplett umdrehen, was aber nur einen weiteren Beweis dafür liefert, dass sich alles »im Kopf abspielt« –, können wir auch Ja zur Liebe sagen, indem wir »so tun«, als würden wir uns nicht festlegen. Statt dass Sie sich in die Falle begeben und dann das Gefühl bekommen, Sie müssten Ihre Ambivalenz auflösen, können Sie sich an Ihren Partner binden und dabei dennoch das Gefühl behalten, dass es immer einen Ausweg gibt und Sie nicht auf der Stelle davonlaufen müssen. Das klingt vielleicht oberflächlich, aber glauben Sie mir – es handelt sich hier um ein ernsthaftes philosophisches und psychologisches Konzept, das einige meiner Patienten mit Erfolg für sich eingesetzt haben. Ein Patient kam zu mir, als seine Beziehung mit einer unerreichbaren Frau endgültig zerbrochen war. Er hatte sie in einem Flugzeug kennen gelernt, ihr aus der Ferne aktiv sein Interesse bekundet und war schließlich durch halb Amerika umgezogen, um bei ihr sein zu können. Doch auch als sie bereits zusammenwohnten, war sie stets unverbindlich geblieben, bis sie schließlich mit ihm Schluss machte und ihm damit das Herz brach. Einige Zeit später hatte der Patient eine Beziehung, in der er selbst unerreichbar war und die er nach zwei Jahren beendete. Letztere Beziehung war typischer für ihn: Er ließ sich mit einer Frau ein, fühlte sich aber nach einiger Zeit erdrückt und wollte so schnell wie möglich zurück in die Freiheit.

Nachdem wir sein Muster einseitiger Liebe erforscht und erkannt hatten, dass es sich bei dieser Cupido-Entzweiung um eine Wiederholung der Beziehung zu seiner Mutter handelte – als kleines Kind war er sehr eng an sie gebunden gewesen, lehnte sie aber später mehr oder weniger ab –, beschloss der Patient, dass er sich von diesem Muster lösen wollte. Deshalb konnte er sich schließlich in eine erreichbare Frau verlieben, in dem Bewusstsein, dass er sich früher oder später wieder beengt fühlen und den Wunsch verspüren würde, sich zurückzuziehen. Deshalb sagte er seiner Freundin – und sich selbst: »Ich möchte gern weiter mit dir zusammen sein und alles so belassen, wie es ist. Aber ich möchte lieber nicht, dass wir es eine Beziehung nennen.« Also machten sie weiter wie bisher und zogen schließlich sogar zusammen, ohne je das Wort »Beziehung« in den Mund zu nehmen. Sie sprachen nicht darüber, ob sie zusammenziehen wollten oder mit welchen Verpflichtungen das einhergehen würde. Sie taten es einfach. Irgendwann hörten sie auf zu verhüten, und die Freundin wurde schwanger. Wieder sprachen sie nicht darüber, obwohl sie natürlich genau wussten, was los war. Dann heirateten sie mit einer kleinen Feier, ohne großes Getöse – ausschließlich der Familie zuliebe.

Vielleicht klingt das albern und ruft Einwände auf den Plan – wie kann es denn positiv sein, dass ein Paar über solche Dinge nicht spricht? Nun, für meinen Patienten war es eine effektive und erfolgreiche Methode, mit seiner Ambivalenz umzugehen. Da er »Tatsachen schuf«, hatte seine Freundin keinen Grund, seine Ernsthaftigkeit in Frage zu stellen. Und dadurch, dass er sich Schritt für Schritt immer mehr auf die Beziehung einließ, ohne dem Ganzen einen Stempel aufzudrücken, konnte der Patient die Vorstellung aufrechterhalten, dass er sich nur kurzfristig verpflichtete und zur Not jederzeit davonlaufen konnte. Natürlich ist dies letztlich die Wahrheit all der Verpflichtungen, die wir eingehen, wie man auch an der steigenden Scheidungsrate allzu deutlich sehen kann. Ob es also »albern«, tiefgründig oder beides ist – so zu tun, als wäre eine feste Bindung in Wirklichkeit nur temporär, kann für manche Paare durchaus funktionieren.

Allerdings müssen wir den oben beschriebenen Fall unterscheiden von der nur allzu häufigen Situation, in der die Weigerung, über die Beziehung zu reden, ein Zeichen dafür ist, dass einer der Partner – meist der Mann – zwar momentan mit der anderen Person zusammen sein, sich aber nicht ganz einlassen möchte, während die andere Person – meist die Frau – sein Verhalten stillschweigend hinnimmt, weil sie der Wahrheit nicht ins Gesicht blicken möchte. Vielleicht versucht der Mann in einer solchen Beziehung genau wie mein Patient, mit seiner Ambivalenz fertig zu werden. Aber anders als mein Patient tut er es, ohne sich dessen wirklich bewusst zu sein. Ihm geht es ganz einfach darum, zwischen zwei sich ausschließenden Alternativen keine Wahl treffen zu müssen.

Da nun aber beide Arten von Männern nicht darüber sprechen, steht ihre Partnerin vor der Frage, wie sie herausfinden kann, was dahinter steckt. Als allgemeines Prinzip gilt der Rat, auf das zu achten, was der betreffende Mann tut, und weniger auf das, was er sagt oder nicht sagt. Das ist meiner Meinung nach besonders nützlich, wenn man es mit Männern zu tun hat, die immer noch der Philosophie anhängen, dass Taten lauter sprechen als Worte.

Ein häufigeres Beispiel für das Prinzip von »so tun als ob« ist eine Patientin, die sich, nachdem sie ihr Verhaltensmuster einseitiger Liebe durchschaut hatte, mit ihrem Freund verlobte und ihn ein paar Monate später heiratete. Einige Jahre führten die beiden eine gute Ehe, aber dann begannen sie zu streiten. Meist ging es dabei um das, was sie in der Ehe nicht voneinander bekamen. Die Streitereien eskalierten und wurden immer häufiger. Schließlich beschlossen die beiden, sich zu trennen, weil der Zustand unerträglich war. Doch kaum hatten sie die Entscheidung gefällt, konnten sie ihre Wut abschütteln, sie entspannten sich, lachten viel, wie sie es in der Anfangszeit ihrer Beziehung getan hatten, und verbrachten eine angenehme Zeit miteinander. Plötzlich schienen die Auseinandersetzungen über seine und ihre Bedürfnisse völlig bedeutungslos – es war, als hätten sie nie stattgefunden. So blieben die Patientin und ihr Mann also zusammen.

Dies ist ein bisschen übertrieben, denn zwar sprachen die beiden zu diesem Zeitpunkt nicht über ihre Streitereien, aber jeder arbeitete still und leise daran, die Bedürfnisse des Partners zu erfüllen. Der Punkt ist: Als sie »so taten«, als würden sie sich trennen – als sie sich sozusagen daran erinnerten, dass sie freie Menschen waren, die jederzeit gehen konnten –, waren sie in der Lage zu bleiben. Dies ist tatsächlich eine der produktiven Seiten von »albernen« Streitereien, die selbst in den besten Beziehungen vorkommen: Sie erneuern das Gefühl, dass beide Partner getrennte und unabhängige Persönlichkeiten sind und doch zusammenbleiben können.

Wenn wir Ja zur Liebe sagen, können wir uns also einlassen – indem wir so tun, als wären wir gefangen, oder indem wir so tun, als wären wir frei. Erstaunlicherweise stimmt das, was wir »vorgeben«, in beiden Strategien: Wir sind gebunden, und doch sind wir frei. Aber wenn unsere Ambivalenz uns quält, dann vergessen wir entweder das eine oder das andere – und genau genommen ist das der Punkt, an dem wir tatsächlich so tun als ob! Wenn Sie also in Gefahr sind, den Verlockungen eines Traumprinzen zu erliegen, dann erinnern Sie sich daran, dass Sie gebunden sind, und vergessen Sie Ihre Freiheit. Aber wenn die Furcht vor dem Eingesperrtsein Sie quält, dann müssen Sie sich ins Gedächtnis rufen, dass Sie eigentlich frei sind.

Wie beim Muster der virtuellen Liebe deutet die Cupido-Entzweiung darauf hin, dass Sie Schwierigkeiten mit Intimität haben, und es ist wichtig, dass Sie sich das bewusst machen, selbst nachdem Sie sich schon auf eine Beziehung eingelassen haben. Zum einen sollten Sie von Anfang an für Ihr Recht auf Alleinsein, Raum und persönliche Entwicklung einstehen, damit Sie es nicht irgendwann dadurch erstreiten müssen, dass Sie über die Stränge schlagen. Und Sie sollten auch Ihrem Partner Raum geben. Wenn ein verheirateter Mann ein geheimes zweites Leben aufbaut, tut er das meiner Erfahrung nach unter anderem deshalb, weil er sich von seiner Partnerin kontrolliert und nicht als eigenständiger Mensch wahrgenommen fühlt. Allerdings kann zu viel Getrenntheit zum gleichen Ergebnis führen.

In vielen Beziehungen ist einer der Partner ständig bedürftig und lebt mit dem Gefühl, dass dem anderen seine Arbeit, das Golfspielen, seine Freunde oder seine separaten Freizeitinteressen viel wichtiger sind, während der andere ständig mit dem Wunsch wegzugehen kämpft, sich aber schuldig und verpflichtet fühlt. Diese Dynamik ist ein Selbstläufer, solange Sie von Ihrem Partner erwarten, dass er sich ändert. Wenn Sie Ihrem Partner sagen: »Du sollst weniger Zeit mit deinen Freunden und lieber mehr Zeit mit mir verbringen«, dann fühlt er sich Ihnen nur noch mehr verpflichtet, schuldig und eingeengt, was dazu führt, dass der Wunsch, Sie zu verlassen, noch größer wird. Genauso verstärkt es bei Ihrem Partner das Gefühl, dass Sie nicht mit ihm zusammen sein wollen, wenn Sie ständig darauf herumreiten, dass er unabhängiger sein soll und Sie selbst mehr Zeit für Ihre eigenen Interessen brauchen – und seine Bedürftigkeit wird noch größer. Sind Sie sich jedoch Ihres Konflikts mit der Intimität bewusst – also Ihrer eigenen Bedürfnisse nach Nähe beziehungsweise Distanz –, können Sie sich selbst ändern, wodurch die Beziehung sich naturgemäß ebenfalls ändert.

Wenn Sie der »bedürftige« Partner sind, sollten Sie dafür sorgen, dass Sie Ihr »eigenes Leben« haben – dadurch helfen Sie Ihrem Gegenüber, mit seinen eigenen Bedürfnissen nach Nähe in Kontakt zu kommen. Und wenn Sie der »Unabhängige« sind, dann hören Sie auf, Ihre Verpflichtung auszuleben, und verbringen Sie Zeit mit Ihrem Partner, wenn Sie es wirklich *wollen*. Unternehmen Sie Dinge, durch die er sich geliebt und weniger bedürftig fühlt. Diese Integration mitsamt ihren Auswirkungen auf die Beziehung führt uns direkt zu Schritt 3.

Schritt 3: Die Kehrseitentabelle

Wie bereits im vorigen Kapitel ausgeführt, umfasst Schritt 3, dass wir die positive Seite der Eigenschaften entdecken, die uns an unserem Partner stören (1), dass wir ihn so akzeptieren, wie er ist (2), und dass wir die positive Seite selbst übernehmen (3), wodurch – als Nebeneffekt – die negative Eigenschaft weniger negativ wird (siehe Seiten 103 ff.) In diesem Kapitel geht es um den gleichen Schritt 3, und um Sie bei seiner Anwendung in Ihrer Beziehung zu unterstützen, habe ich eine Tabelle von Umkehrungen erstellt. Von links nach rechts listet die Tabelle häufige negative Eigenschaften auf, dann ihre Kehrseite, dann den Vorteil, den diese Ihnen bringen kann. Um die Dinge, die Sie an Ihrem Partner – potenziell oder akut – ärgern, in die richtige Perspektive zu rücken, ist es hilfreich, zuerst einmal die ganze Tabelle durchzugehen. Dann suchen Sie die negativen Attribute, die Sie an Ihrem Partner stören, identifizieren die Kehrseite der

Medaille und sehen, was daran für Sie positiv ist. Rufen Sie sich das jedes Mal ins Gedächtnis, wenn Ihnen ein Charakterzug Ihres Partners auf die Nerven geht.

Die restliche Arbeit an Schritt 3 (Die Kehrseitentabelle) wird im Anschluss an die Tabelle erläutert, wo Sie unter der Nummer der negativen Eigenschaft Ihres Partners ein Beispiel aus meiner Praxis und eine Handlungsempfehlung finden. Natürlich sollten Sie sich in erster Linie auf die Eigenschaften konzentrieren, die für Ihre Beziehung wichtig sind, aber wenn Sie alle Beispiele und Vorschläge lesen, hilft es Ihnen zu verstehen, wie Sie, indem Sie etwas aus dem positiven Gegenteil der negativen Eigenschaften Ihres Partners lernen, Ihre Ambivalenz auflösen und die Dynamik Ihrer Beziehung ändern können.

Die Kehrseitentabelle

Negative Eigenschaft	Positive Kehrseite	Vorteile für Sie
1. Zeigt keine Gefühle	Logisch und ruhig	Er rastet nicht aus; er kann auch bei schwierigen Problemen klar denken; Sie können *Ihre* Emotionen ausdrücken
2. Kann nicht planen, geht unverantwortlich mit Terminen um, verliert und vergisst Dinge	Spontan, flexibel, hat gern Spaß	Sie haben die Terminplanung in der Hand; das Leben wird nicht langweilig; er überrascht Sie mit Geschenken und Ideen

Negative Eigenschaft	Positive Kehrseite	Vorteile für Sie
3. Ist ein Sauberkeitsfanatiker, rigide, zwanghaft	Organisiert und diszipliniert, immer auf dem Laufenden, rücksichtsvoll	Er erledigt das Staubwischen; Sie müssen sich nicht um langweilige Kleinigkeiten kümmern
4. Achtet nicht auf sein Äußeres	Er ist nicht affig	Sie können sich entspannen, was *Ihr* Äußeres angeht; Sie können ganz Sie selbst sein
5. Ist ein bisschen langweilig	Er ist zuverlässig	Er ist immer da; er findet *Sie* immer interessant
6. Ist introvertiert, still, einzelgängerisch	Er ist ein guter Zuhörer, er nimmt Rücksicht und hat viel Geduld	Er hört Ihnen zu; Sie sind der Mittelpunkt der Party; Sie können sich Ihre Freunde und Unternehmungen aussuchen
7. Gibt sich kritisch, anspruchsvoll, neigt zu Gefühlsausbrüchen	Er ist selbstkritisch, engagiert, drückt seine Gefühle aus, ist nicht apathisch oder deprimiert	Sie können *ihn* kritisieren, *Ihren* Frust rauslassen, direkt und offen wütend werden
8. Ist ruhelos, braucht ständig Abwechslung, will unablässig über Politik/ Wirtschaft/Philosophie diskutieren	Er weiß eine Menge, ist interessant und unterhaltsam	Er sorgt dafür, dass Sie nicht einrosten und dass Sie Ihre Allgemeinbildung verbessern

Negative Eigenschaft	Positive Kehrseite	Vorteile für Sie
9. Hockt ständig vor dem Fernseher	Er steht Ihnen nicht im Weg rum	Sie können telefonieren, lesen, Ihre Mutter besuchen
10. Verdient nicht genug Geld	Er verbringt mehr Zeit zu Hause	Sie bekommen mehr Nähe und sind emanzipiert
11. Ist ein Workaholic	Er regelt lästige Dinge, er ist ein guter Versorger	Sie haben Zeit, Unabhängigkeit, mehr Geld
12. Hält sich körperlich nicht fit	Er ist ein denkender Mensch	Sie brauchen auch nicht super in Form zu sein, Sie können sich attraktiv und stark fühlen, Sie können sich über Ideen unterhalten
13. Intelligenz lässt zu wünschen übrig	Er steht mit beiden Füßen auf dem Boden, er ist praktisch, hat vielleicht einen tollen, athletischen Körper	Sie brauchen keinen Nietzsche und keinen anderen langweiligen Kram zu lesen

Wie Sie sich auf die positive Seite Ihres Partners einlassen und von ihr lernen können

1. Er/sie zeigt keine Gefühle. Dies ist eine der häufigsten Beschwerden, die Frauen über ihre männlichen Partner äußern. Natürlich kontern die Männer mit der Klage, ihre Partnerinnen seien zu emotional. Beide haben wahrscheinlich Recht und

Unrecht zugleich. Recht haben sie deshalb, weil diese männlich/weiblichen Stereotypen nach wie vor auf der Wirklichkeit basieren, Unrecht deshalb, weil es – wie wir gesehen haben – nur die Polarisierung verstärkt, wenn wir versuchen, unseren Partner zu ändern. Wenn Ihr Partner also seine Gefühle nicht ausdrückt, lernen Sie von ihm Gelassenheit und logisches Denken, statt an ihm herumzunörgeln und ihn dazu bringen zu wollen, sein Inneres nach außen zu kehren. Wenn Sie beispielsweise mit ihm über ein Problem in Ihrer Beziehung diskutieren, schieben Sie Ihre Gefühle beiseite und versuchen Sie, logisch zu argumentieren und ihm intellektuell und nicht emotional zu zeigen, warum er auch Ihre Position in Betracht ziehen sollte. Versuchen Sie, wie er zu sein, wenn er ein Problem lösen will und dabei Worte wie Strategie, Taktik und Werkzeug benutzt.

Wenn Sie gefühlvoll reagieren, lösen Sie bei ihm Angst vor seiner eigenen Verletzlichkeit aus. Daher kann es gut sein, dass er Sie als »hysterisch« oder »neurotisch« abstempelt und sich noch weiter in seine »gefühllose« Haltung zurückzieht. Wenn Sie dagegen eher rational oder intellektuell vorgehen, fühlt er sich weniger bedroht und kann leichter etwas von seinen Gefühlen herauslassen. Er seinerseits sollte sich weniger Sorgen machen um Ihre »Überemotionalität« und sich mehr um seine eigenen Gefühle kümmern, sodass Sie wiederum mehr Raum haben, die Gedanken zu äußern, die in der Situation maßgeblich sind. Auf diese Weise integrieren Sie mehr Denken in Ihre Gefühle, und er mehr Gefühle in sein Denken. Irgendwann haben Sie nicht länger das Gefühl, dass er emotional unkommunikativ ist – und schon ist Ihre Ambivalenz kaum mehr ein Problem.

2. Er/sie kann nicht planen, geht unverantwortlich mit Terminen um, verliert und vergisst oft Dinge. Auch dies ist eine häufige Klage in Beziehungen, vor allem vonseiten der Partnerinnen, die sich nicht bewusst machen, wie sie selbst stillschwei-

gend das Verhalten ihres Partners dulden, wenn nicht unterstützen oder gar hervorrufen. Die beste Metapher und auch ein konkretes Beispiel ist der Beifahrer. Wenn Ihr Partner zu schnell fährt oder die Ausfahrt verpasst und Sie ständig an ihm herumkritteln, ihn korrigieren und nerven, dann verstärken Sie damit nur seine Abhängigkeit und Verantwortungslosigkeit. Stattdessen sollten Sie ihm die Möglichkeit geben, mit den Folgen seiner Fehler umgehen zu lernen. Sicher, eine Zeit lang müssen Sie mit Strafzetteln, Umwegen und Sackgassen rechnen, vielleicht haben Sie keine Milch im Kühlschrank, kein Bargeld, dafür aber umso mehr Müll, vielleicht werden Sie zu manchen Verabredungen zu spät kommen. Aber statt zu versuchen, alles zu kontrollieren, sollten Sie sich lieber eine Scheibe von seinen Fähigkeiten abschneiden, die Füße hochlegen und sich ein bisschen entspannen. Verschieben Sie beispielsweise irgendwelche nicht so wichtigen Dinge auf die letzte Minute und machen Sie ein paar sorglose, spontane Vorschläge für kleine Unternehmungen. Mit der Zeit werden Sie ein besseres inneres Gleichgewicht entwickeln, und er wird gezwungen sein, sein Tempo etwas zu forcieren oder zumindest mit seinen eigenen Terminen und Plänen etwas verantwortungsbewusster umzugehen. Ich weiß, das ist nicht leicht, aber wenn Sie es schaffen, werden Sie sich weniger wütend und weniger ambivalent fühlen.

3. Er/sie ist ein Sauberkeitsfanatiker, rigide, zwanghaft. Dies ist fast das Gegenteil der Klage Nummer 2, deshalb sollten Sie, wenn Sie Ihren Partner mit seinen eigenen Waffen schlagen wollen, versuchen, so zwanghaft, ordentlich und pedantisch zu sein wie nur möglich. Wenn Sie im Allgemeinen ein spontaner Typ sind, der wenig plant, dann können Sie von seiner gewissenhaften Liebe zum Detail einiges lernen. Dadurch werden Sie organisierter und effektiver, und Ihr Partner kann nicht mehr das gesamte Territorium des zwangsneurotischen Kontrollverhaltens für sich beanspruchen. Je mehr Kontrolle Sie über die Einzelhei-

ten Ihres gemeinsamen Lebens ausüben, desto spontaner und entspannter wird er werden. Natürlich bedeutet das für Sie auch mehr Arbeit und führt manchmal zu Streitereien, aber Ihre Belohnung besteht darin, dass Sie sich mit Ihrem Partner glücklicher fühlen.

4. Er/sie achtet nicht auf sein/ihr Äußeres. Erstaunlicherweise kann dies eine Hauptquelle für Unzufriedenheit in einer Beziehung sein. Ist dies der Fall, bedeutet es für gewöhnlich, dass einer der Partner es unbewusst darauf anlegt, unattraktiv zu wirken, während der andere allzu großen Wert auf Äußerlichkeiten legt. Um ein besseres Gleichgewicht zu erlangen, sollte der eine seinem Äußeren mehr Aufmerksamkeit schenken und der andere sein Modebewusstsein nicht ganz so wichtig nehmen und seine Energie lieber auch auf innere, intellektuelle oder spirituelle Dinge lenken. Wenn es sich um ein kleineres Problem handelt, dann können die Partner sich gegenseitig dabei helfen, sich besser anzuziehen oder ein bisschen tiefer nachzudenken, ohne erst die innere Unausgewogenheit des Einzelnen ansprechen zu müssen.

5. Er/sie ist ein bisschen langweilig. Viele meiner allein stehenden Patienten fürchten genau diese Ursache der Ambivalenz ganz besonders. Ihnen ist nicht klar, dass jeder Mensch nach einer gewissen Zeit ein bisschen langweilig wird, und sie haben eine Höllenangst davor, wenn sie eine Verabredung mit jemandem eingehen, der sie »intellektuell nicht anregt«. Aber in vielen Langzeitbeziehungen kann dies ein echtes Problem werden, vor allem wenn einer der Partner ein stiller, nichtintellektueller Typ ist, während der andere ständig vor Ideen sprudelt. Wenn Sie zu den »Langweiligen« gehören, sollten Sie unserem Prinzip getreu Ihre geistige Beweglichkeit trainieren – nicht, um es Ihrem Partner recht zu machen, sondern Ihrem eigenen Wachstum zuliebe. Lesen Sie mehr, treten Sie einem Buchclub bei oder besuchen Sie

einen Kurs über Kunstgeschichte, nur so zum Spaß. Wenn Sie mit einem Langweiler zusammen sind, sollten Sie sich von seiner Stabilität, Zuverlässigkeit und Zufriedenheit etwas abschauen. Gönnen Sie Ihrem Kopf (und Ihrem Mund) eine Pause und hören Sie auf, sich andere Welten auszumalen. Konzentrieren Sie sich lieber auf die unmittelbaren, konkreten und nüchternen Belange Ihres Lebens. Und wieder wird sich Ihr Partner als Nebeneffekt der besseren inneren Balance weniger von Ihrem Intellekt eingeschüchtert fühlen und mehr Interesse daran entwickeln, sich um seinen eigenen zu kümmern.

6. Er/sie ist introvertiert, still, einzelgängerisch. Diese Kritik geht manchmal mit Punkt 5 einher. Wenn es Sie immer noch stört, dass Ihr Partner still ist und nicht ständig andere Menschen um sich herum braucht, nachdem Sie sich klar gemacht haben, dass Sie auf diese Weise ganz ungehindert selbst das Rampenlicht genießen können, dann sollten Sie lernen, den Wert der Stille zu schätzen, nämlich Ihrer eigenen. Das klingt einfach, aber für extrovertierte Menschen, die gern reden, ist es ausgesprochen schwierig. Wenn Sie öfter mal den Mund halten, wird Ihr Partner mehr reden, und zwar vor allem, wenn Sie mit anderen Leuten zusammen sind. Ihm zu sagen, er solle mehr reden, wird sich immer als Schuss in den Ofen erweisen, weil er sich dadurch nur noch mehr unter Druck gesetzt fühlt, wobei es gut sein kann, dass Schüchternheit ohnehin der Grund seiner Zurückhaltung ist. Aber wenn Sie selbst weniger extrovertiert sind und ein besserer Zuhörer werden – oder zumindest lernen, gelegentlich den Mund zu halten –, ergibt sich daraus für Sie beide ein besseres Gleichgewicht.

7. Er/sie gibt sich kritisch, anspruchsvoll, neigt zu Gefühlsausbrüchen. Das Gespenst des explosiven, wütenden Mannes und der tränenüberströmten, am Boden zerstörten Frau ist leider jedem Ehe- und Paartherapeuten nur allzu vertraut. Wenn Ihr

Freund oder Ehemann kritisch und wütend ist, müssen Sie von ihm lernen, selbstbewusst und sogar aggressiv aufzutreten. Wenn Sie sich verletzt fühlen, zu weinen anfangen oder sich gar aufs Schweigen verlegen, verstärkt das nur seine Wut – selbst wenn Ihr Verhalten letzten Endes eine Entschuldigung von ihm hervorlockt. Grund dafür ist, dass er sich von Ihrer Verletzlichkeit gestärkt fühlt. Ihre Tränen und sogar Ihre stille Wut geben ihm das Gefühl, dass er gehört wurde, dass seine Worte eine Wirkung zeigen, deshalb ist es sehr wahrscheinlich, dass er sein Verhalten wiederholt. Wenn aber seine Aggression auf Ihre stößt, sieht er sich plötzlich in der gleichen unangenehmen Position, in die er Sie bisher gebracht hat, und hat so weniger Anreiz, weiterzumachen wie bisher. Also reden Sie laut, aggressiv, schreien Sie und kritisieren Sie ihn. Sie werden sehen, wenn Sie kein Opfer mehr sind, wird er sich auch nicht mehr als Täter aufführen. Allerdings möchte ich ausdrücklich darauf hinweisen, dass dieser Rat nicht auf Beziehungen zutrifft, in denen körperlicher Missbrauch stattfindet. Zwar weist die häusliche Gewalt Ähnlichkeit mit der beschriebenen Situation auf, aber das in dem Konflikt enthaltene Gewaltpotenzial macht die Anwendung der oben ausgeführten Strategie äußerst gefährlich.

8. Er/sie ist ruhelos, braucht ständig Abwechslung, will unablässig über Politik/Wirtschaft/Philosophie diskutieren. Fast das Gegenteil von Klage Nummer 5 und 6. In Extremfällen wie zum Beispiel bei hyperaktiven Individuen wird man die Dynamik nicht mit dem psychologischen Prinzip der positiven Kehrseiten in den Griff bekommen. Trotzdem tut es Ihnen bestimmt gut, wenn Sie sich etwas von seiner Energie zu eigen machen und an ein paar Aktivitäten und aufregenden Ereignissen teilnehmen, nach denen er sich so verzehrt, denn dann können Sie Ihren Partner genießen und werden ihn besser zu schätzen wissen. Aber in dem Ausmaß, in dem seine Ruhelosigkeit sich aus dem

ihm angeborenen Temperament speist, stößt seine Fähigkeit, auf Ihre verbesserte innere Balance mit eigener Ausgewogenheit zu reagieren, an ihre Grenzen.

9. Er/sie hockt ständig vor dem Fernseher. Wie ärgerlich, wenn wir unter einem weiteren Klischee leiden müssen! Aber nennen Sie es, wie Sie wollen: Die Geschlechtsrollenstereotype – auf die ich in Kapitel 8 näher eingehen werde – sind noch immer Quelle ungelöster Ambivalenzen in vielen Beziehungen. Wenn wir versuchen, diese Ambivalenz zu überwinden, wie wäre es dann, wenn wir mal, statt ihn zu bitten, sich mehr wie ein Mädchen zu verhalten, uns selbst zur Aufgabe machen, mehr wie ein Junge zu sein? Sie werden sehen, dass Ihr Partner, wenn Sie anfangen, regelmäßig mit ihm die Sportsendungen anzuschauen, früher oder später mit dem Vorschlag herauskommen wird, doch mal Ihre Familie zu besuchen oder mit Freunden essen zu gehen – nicht nur, um sich zu revanchieren, sondern weil auch er diese Aktivitäten braucht. Und wenn Sie selbst integrierter werden, bekommt auch er mehr innere Balance. Wenn Sie es nicht übers Herz bringen, mit ihm Fußball oder Motorsport zu glotzen, lernen Sie von ihm, allein etwas für sich selbst zu machen. Auch das wird irgendwann dazu führen, dass er Sie zu einer gemeinsamen Unternehmung auffordert, an der Sie beide Interesse haben.

10. Er/sie verdient nicht genug Geld. In unserer Gesellschaft kann es Ihrer Beziehung ernsthaft schaden, wenn Sie Ihrem Partner sagen, dass er nicht genug verdient – vor allem, wenn er ein Mann ist. Wenn Geld für Sie wichtig ist, verdienen Sie es am besten selbst oder gehen Sie keine Beziehung mit jemandem ein, für den es keine Rolle spielt. Sollten Sie bereits mit jemandem zusammen sein, der nicht viel verdient, müssen Sie seine Wertvorstellungen annehmen, wenn Sie glücklich werden wollen: Einen einfachen Lebensstil, viel Zeit zu Hause mit der Familie,

Freude an den kleinen Dingen des Lebens, keine Ambitionen hinsichtlich des gesellschaftlichen Status. Wenn Sie wirklich Ihr Interesse an materiellen Dingen aufgeben, dann wird das Ihres Partners zunehmen, denn Sie würden es nicht mehr für Sie beide ausleben. Wenn Sie seine Werte nicht annehmen können – genauer gesagt, wenn Sie es nicht *wollen* –, dann verdienen Sie selbst genug Geld. In beiden Fällen geschieht im Grunde das Gleiche: Sobald Sie aufhören, von Ihrem Partner zu erwarten, dass er Ihnen einen bestimmten Lebensstil garantiert, werten Sie ihn auch nicht mehr dafür ab, dass er Ihren Wünschen nicht nachkommt.

11. Er/sie ist ein Workaholic. Wenn Ihr Freund oder Ehemann ein Workaholic ist, fragen Sie sich wahrscheinlich, ob es ihm dabei darum geht, nicht zu viel Zeit mit Ihnen zu verbringen – es sei denn, Sie gehören zur gleichen Gattung, in diesem Fall müssen Sie sich selbst die gleiche Frage stellen. In meinen Augen ist ein Workaholic jemand, der Nähe nicht zu schätzen weiß und daher meidet. Während zwei Workaholics ein paralleles Leben führen können (siehe Seite 108) und dabei wenig Ambivalenz hinsichtlich dieses Teils ihrer Beziehung empfinden, ist im häufigeren Fall einer der beiden Partner unglücklich über die Arbeitssucht des anderen. Wenn Sie sich in einer solchen Situation befinden, führt Jammern und Schimpfen höchstens dazu, dass sich der Workaholic noch öfter abends im Büro aufhält. Doch wenn Sie von ihm lernen und mit der gleichen Zielstrebigkeit und Hingabe an Ihre Arbeit gehen, dann merkt er irgendwann, dass Sie nicht mehr da sind, und kommt zurück zu Ihnen. Aber wie bereits vorhin erwähnt, riecht selbst der unaufmerksamste Partner ein solches Manöver schon aus meilenweiter Entfernung, sollte es nicht ehrlich gemeint sein. Es geht darum, dass Sie ernsthaft darum bemüht sind, mit Ihrem eigenen Bedürfnis in Kontakt zu treten, hart zu arbeiten oder sich hin und wieder in zwanghaftes Verhalten zu flüchten.

12. Er/sie hält sich körperlich nicht fit. Körperliche Anziehung ist wichtig, und es ist schwer, sich das einzugestehen, da wir nicht zugeben mögen, dass wir oberflächlich sind, und weil wir uns von unserem Körper nicht eingeschränkt fühlen wollen. Wie auch immer man »fit« definiert, ist es zuerst und vor allem wichtig, dafür zu sorgen, dass Sie selbst fit sind. Es sollte selbstverständlich sein, dass Sie von Ihrem Partner nichts erwarten, was Sie nicht auch sich selbst abverlangen, ist es aber leider nicht immer – so verlangen einige Männer von ihrer Partnerin körperliche Perfektion, obgleich sie selbst in diesem Bereich alles andere als perfekt sind. Angenommen, Sie sind tatsächlich gut in Form, Ihr Partner jedoch nicht, sollten Sie ihn trotzdem nicht unter Druck setzen, Sport zu treiben und abzunehmen, sondern stattdessen von ihm lernen, Ihrem eigenen Körper gegenüber eine etwas entspanntere Haltung einzunehmen. Akzeptieren Sie Ihre körperlichen Unvollkommenheiten und vertreten Sie weniger rigide die Bedeutung von Fitness und Attraktivität. Die Motivation, fit zu sein und gut auszusehen, muss von Ihrem Partner kommen, und wenn Sie ihm ein Vorbild an Entspannung und Spaß sind, passiert das viel eher, als wenn Sie sich aufführen wie ein Feldwebel beim Drill.

13. Seine/ihre Intelligenz lässt zu wünschen übrig. Manchmal ist das Intelligenzniveau zweier Partner und auch ihr jeweiliger Denkstil recht unterschiedlich – einer ist vielleicht eher konzeptuell, der andere mathematisch oder der eine ist stärker intellektuell orientiert als der andere. Wenn es Sie stört, dass Ihr Partner nicht so klug/belesen/redegewandt ist wie Sie, dann lernen Sie von der positiven Seite seiner Begrenztheit, wie Sie mit beiden Beinen fester auf dem Boden stehen und wie Sie kleine Dinge besser genießen können (alle universellen Wahrheiten sind letztlich simpel) oder wie Sie andere Teile Ihrer Persönlichkeit oder Ihren Körper entwickeln können. Seien Sie nicht so kopflastig, bringen Sie sich in Form oder lernen Sie die Kunst der Freund-

lichkeit. Dadurch wird Ihre Intellektualität liebenswerter und Ihr Partner wird sich leichter dazu bewogen fühlen, Ihnen nachzueifern. Wenn Sie mit Ihrem Partner auf einfache Art und Weise den Kontakt suchen, sieht er Ihre Intelligenz vielleicht nicht mehr als Waffe oder Trennmauer, sondern als Einladung, die Welt der Ideen zu erforschen. Wie bei allen bisherigen Beispielen gilt auch hier das Prinzip: Wenn Sie Ihren Partner als das schätzen, was er ist, lässt er sich viel eher positiv davon beeinflussen, wie Sie sind.

Das Kleingedruckte

Ein paar warnende Worte zur Kehrseitentechnik erscheinen mir wichtig: Die Kehrseitentechnik beruht auf der Annahme, dass eine Beziehung einer algebraischen Formel gleicht, in dem Sinne, dass sich, wenn Sie die eine Seite der Gleichung verändern, die andere Seite notgedrungen auch ändern muss. Selbst wenn wir die Tatsache beiseite lassen, dass Beziehungen keine exakte Wissenschaft sind und dass der Vergleich deshalb von Anfang an hinkt, birgt die Technik immer noch eine gewisse Gefahr in sich. In algebraischen Begriffen ausgedrückt: Wenn eine Seite der Gleichung sich ändert, die andere aber nicht, dann funktioniert die Gleichung nicht mehr. Psychologisch gesehen heißt das: Wenn Sie eine größere innere Balance erreichen, Ihr Partner aber keinen Millimeter von seiner ursprünglichen Position abweicht, sind die Tage Ihrer Beziehung, die bisher zwar ambivalent war, aber irgendwie funktionierte, höchstwahrscheinlich gezählt. Stellen wir uns zum Beispiel eine Patientin vor, erfolgreich, verheiratet, mit einer guten Stelle im Marketingbereich, Mutter zweier kleiner Kinder. Vor einigen Jahren hatte ihr Mann seinen Job an der Wall Street verloren, konnte seither keine neue Arbeitsstelle finden und kümmerte sich nun zu Hause um die Kinder. Obwohl meine Patientin einen großzügigen Lebensstil führte, eine anständige Beziehung und zwei gut geratene Kinder hatte, fühlte sie sich wie viele Frauen in ihrer Situation ständig hin und her gerissen. Sie liebte ihre Arbeit, hasste aber die vielen Überstunden und häufigen Geschäftsreisen, die ihr wenig Zeit mit den Kindern ließen. Obwohl ihr Partner ein großartiger Vater und Hausmann war, verlor die Patientin nach einiger Zeit den Respekt vor ihm, weil er so passiv war und keinerlei Motivation zeigte, eine neue Arbeitsstelle zu finden, und sie war auch wütend, weil er finanziell von ihr abhängig war.

Als ihre ältere Tochter fünf Jahre alt war, beschloss die Patientin, dass sich etwas ändern musste. Zuerst sprach sie mit ihrem Mann darüber, die »Rollen zu tauschen«, aber er weigerte sich, Jobs in Erwägung zu ziehen, die nicht seinem früheren Standard entsprachen, weshalb seine Suche nach jahrelanger Arbeitslosigkeit von vornherein zum Scheitern verurteilt war. Die Aussichtslosigkeit der Situation machte die Frau wütend und depriniert, und so kam sie zu mir in die Sprechstunde. Nach einiger Zeit in Behandlung wurde ihr klar, dass ihr Ehemann sich nicht ändern würde und dass sie nur sich selbst ändern konnte. So beschloss sie, sich einen Teilzeitjob als Beraterin zu suchen, in dem sie zwar nicht mehr ganz so viel verdiente, dafür aber mehr Zeit zu Hause verbringen konnte. Aber ihr Mann weigerte sich, auf ihre neuen Prioritäten einzugehen und nun mit einer realistischeren Einstellung nach einer neuen Arbeit zu suchen. Das hatte zur Folge, dass sie ihr Ferienhaus verkaufen mussten, keine teuren Urlaubsreisen mehr machen konnten und ihren Lebensstil insgesamt zurückschrauben mussten. Zu meinem Erstaunen hatte der Mann meiner Patientin, ohne es direkt auszudrücken, offenbar das Gefühl, dass ihm der frühere Lebensstil auch jetzt zustand, selbst wenn er finanziell nichts dazu beitrug. Daher setzte er alles daran, seine Frau von ihrem Entschluss abzubringen, und die erbitterten Auseinandersetzungen darüber führten letztendlich dazu, dass sie sich trennten und scheiden ließen.

Indem sie versuchte, mehr Ausgewogenheit in ihr Leben zu bringen (sozusagen ihrem Hausmann-Gatten ein bisschen ähnlicher zu werden), hatte meine Patientin einen Veränderungsprozess ins Rollen gebracht, der letztlich zum Scheitern ihrer Ehe führte. Sowohl aus der Perspektive der Kinder als auch der Patientin kann man behaupten, dass dies ein negatives Ergebnis war und dass die Patientin vielleicht besser daran getan hätte, ihre Seite der Gleichung nicht zu verändern. Aus Sicht der Kinder mochte das sogar zutreffen, aber andererseits weist die Trennung darauf hin, dass in der Beziehung schon vorher etwas nicht gestimmt hatte und die Patientin ohne ihren Mann oder möglicherweise mit einem anderen Partner glücklicher gewesen wäre. Doch ganz gleich, wie man das Ergebnis einschätzt, zeigt dieser Fall das Risiko für die Beziehung, wenn ein Partner anfängt, sich zu verändern.

Ehe Sie also Schritt 3 anwenden (Die Kehrseitentabelle), sollten Sie das Risiko bedenken. Zwar müssen sie letztlich Ihrem Instinkt vertrauen, ob Sie glauben, dass Ihr Partner nachzieht, aber es gibt auch einige allgemeine Hinweise, die Ihnen die Entscheidung erleichtern können. Erstens ist das Risiko umso größer, je rigider und polarisierter die Rollen in der Beziehung sind. In dem gerade beschriebenen Fall war die Patientin beruflich sehr ehrgeizig, während ihr Mann sich hinsichtlich seiner Karriere vollkommen passiv verhielt. Zweitens ist das Risiko größer, je größer der Unterschied in den Wertvorstellungen der Partner ist – für den oben beschriebenen Ehemann war ein hoher Lebensstandard viel wichtiger als für seine Frau. Drittens erhöht sich das Risiko, wenn die individuelle Veränderung einschneidende finanzielle oder geografische Veränderungen mit sich bringt. Viertens steigt das Risiko, wenn irgendeine Form von Suchtmittelabhängigkeit im Spiel ist – der Ehemann der obigen Patientin trank jeden Abend Alkohol. All diesen Faktoren zum Trotz sinkt das Risiko meiner Erfahrung nach beträchtlich, wenn die Partner sich in einem selbstverständlichen, konstanten

Kommunikationsprozess miteinander befinden und außerdem beide vom Wert einer festen Bindung überzeugt sind.

Dennoch ist immer ein Risiko dabei, deswegen kommen viele Paare über Schritt 2 (Sag einfach Ja) nicht hinaus. Sie sind sich der Ambivalenz bewusst und fühlen sich ein bisschen unglücklich, wollen jedoch lieber keine schlafenden Hunde wecken. So stellen sie weder sich selbst noch ihren Partner vor eine Herausforderung und schaffen es nie, ihre Ambivalenz wirklich zu überwinden. Jeder kennt solche Paare: Ihre Kräche in der Öffentlichkeit hinterlassen einen besonders bitteren Nachgeschmack, es herrscht fast ständig eine gewisse Spannung und vor allem ein Mangel an Humor und Selbstironie.

KAPITEL 5

DREIECKSLIEBE

Und sie spähte umher, wo ihr Gatte sei, kannte sie doch recht gut die Schliche des schon so oft ertappten Gemahles. Fand ihn im Himmel nicht und sprach: »Ich täusche mich, oder ich bin's, die hier man verletzt.«   OVID

In der Geschichte von Jupiter und Io traf sich Jupiter nur mit seiner Geliebten Io, wenn seine Frau Juno gerade schlief. Aber als zusätzlichen Schutz hüllte er den Platz seines Rendezvous auf der Erde in eine Wolke, damit sie vom Olymp aus nicht gesehen werden konnten. Eines Tages erwachte Juno nun von ihrem Mittagsschläfchen und freute sich über den schönen klaren Himmel. Auf einmal bemerkte sie eine dicke Wolke weiter unten über dem Land, die überhaupt nicht zum sonstigen Wetter passte. Sofort kam ihr der Verdacht, dass ihr Mann etwas im Schild führte, und sie stieg eilends vom Olymp herab, um nachzuschauen. Da er sie kommen spürte, schaffte Jupiter es, seine Aktivitäten im letzten Moment zu verbergen, indem er Io in eine Kuh verwandelte. Juno, der die Listen ihres Ehegatten nicht unbekannt waren, wollte wissen, was diese hübsche weiße Kuh bei ihm zu suchen hatte. Als Jupiter antwortete: »Sie ist einfach hergekommen«, bat ihn Juno, um seinen Trick aufzudecken, ihr die Kuh zu schenken. Hin und her gerissen zwischen dem Wunsch, seinen Seitensprung zu verheimlichen, und seiner Liebe zu der verwandelten jungen Frau, erklärte Jupiter sich schließlich bereit, ihr die Kuh zu geben. Aber das räumte Junos Verdacht natürlich nicht aus, und sie bat Argus, den hundertäugigen Riesen, die

Kuh zu bewachen. Unterdessen war die Lage für Io ganz und gar nicht angenehm, und Jupiter konnte es kaum ertragen, sie leiden zu sehen. Am Ende wurde Io in ein fernes Land verbannt, und erst als Juno ihr schließlich vergab, durfte sie wieder ihre ursprüngliche Gestalt annehmen. Darauf gebar sie Jupiter einen Sohn, der später den vergeblichen Kampf seiner Mutter um Legitimität weiterfocht.

Dass diese Geschichte universell und zeitlos ist, versteht sich von selbst, und sie ist ein häufiger Gast in der Praxis jedes Therapeuten. Doch nicht die Handlung ist das Großartige an der Legende, sondern eher die subtile psychologische Dynamik, die sie deutlich macht. Beispielsweise geben wir unserem Partner oft genau auf die Art und Weise, wie wir eine Affäre vertuschen – die Wolke am ansonsten klaren Himmel –, den Hinweis, durch den er uns letztlich entlarvt. Häufig geschieht dies aus Schuldgefühlen und dem Wunsch, erwischt zu werden, wodurch zum Ausdruck gebracht wird, dass es zumindest unbewusst bei der ganzen Affäre nur darum geht, ein Dreieck herzustellen. Wie wir noch sehen werden, handelt der betrogene Partner oft in heimlichem Einverständnis, weil die argwöhnischen Befragungen nicht nur dazu dienen, die Tatsachen zu etablieren, sondern durchaus auch – wiederum unbewusst – die dritte Person, die hübsche »Kuh«, in die Ehe zu integrieren.

Der Grund, aus dem Paare solche Dreiecksbeziehungen eingehen – das haben Sie inzwischen wahrscheinlich erraten – besteht darin, dass sie sich ihrer Ambivalenz nicht stellen wollen. So findet der Ehemann in seiner Geliebten beispielsweise das, was er von seiner Frau nicht bekommt, und in der Frau das, was er – und das weiß er genau – mit der Geliebten nicht haben kann. Und die Frau sagt sich, dass alles gut wäre, wenn er nur die Affäre nicht hätte, was bedeutet, dass sie sich nicht mit allen Facetten der Persönlichkeit ihres Mannes auseinander setzen muss – einem Menschen, der ganz offensichtlich dazu fähig ist, zu lügen und zu betrügen. Wegen der Rivalität mit der Geliebten wird der Mann für die Ehefrau begehrenswerter und wertvoller, und das unterdrückt endgültig ihre Ambivalenz.

Zum Dreieck gehört es nicht unbedingt, dass einer der Partner eine sexuelle Beziehung mit einer dritten Person hat. Es kann sich um einen engen Freund, eine Schwiegermutter oder irgendeine andere »außerplanmäßige« Aktivität handeln, die sich zwischen die Partner schiebt, irgendein beliebiger Sündenbock von außen, der die Aufmerksamkeit von der inneren Ambivalenz ablenkt.

Schritt 1: Mein Lieblingsdreieck

Aufgrund unserer Entwicklungsgeschichte können wir uns emotional nie von den Dreiecken lösen. Wie wir in Kapitel 1 gesehen haben, beginnt dies schon, bevor wir überhaupt unser erstes Dreieck erleben, das für gewöhnlich – vorausgesetzt, wir wachsen mit beiden Elternteilen auf – aus Vater, Mutter und Kind besteht. Im Kopf erschafft das Baby jedoch bereits ein Dreieck, wenn es nur eine Zweierbeziehung mit einer Bezugsperson hat, für gewöhnlich mit der Mutter. Wenn das Baby von ihr bekommt, was es braucht, dann ist sie die »gute Mutter«, wenn nicht, dann ist sie die »schlechte Mutter«. Weil das Kleinkind kognitiv nicht in der Lage ist, Komplexität wahrzunehmen, und weil es Angst hat, dass das Böse die Oberhand über das Gute gewinnt, trennt es die Mutter in Gedanken in zwei Teile und erlebt sie tatsächlich als zwei verschiedene Personen. Der modernen psychoanalytischen Theorie zufolge wird dieser Mechanismus Teil unserer psychischen Struktur, und ganz gleich, wie sehr wir wachsen und uns entwickeln, drängt uns dieser Mechanismus immer in Richtung Dreieck. Wenn wir von unserem Partner nicht bekommen, was wir wollen, dann wird er der »böse Liebhaber«, und jemand anderes, sei er real oder nur potenziell, übernimmt eine Weile die Rolle des »guten Liebhabers«.

Dazu kommt noch, dass es zwar zahlreiche Variationen und neue Spielarten der Familie gibt, die meisten von uns aber doch zumindest mit der Idee einer Mutter und eines Vaters die Welt der Liebe zum ersten Mal betreten. In diesem Dreieck wetteifert das Kind mit einem Elternteil um die Aufmerksamkeit des anderen. In der freudschen Theorie hat dies eine romantische Komponente und führt dazu, dass das Kind Wut, Schuld und Angst dem Rivalen gegenüber erlebt – bei kleinen Jungen für gewöhnlich der Vater, bei Mädchen die Mutter. Außerdem bietet das Dreieck noch die »Gelegenheit«, die Menschen noch weiter in Gut und Schlecht einzuteilen, oder – etwas harmloser – in das, was man von der Mutter und das, was man vom Vater bekommen kann. Ein Mädchen bekommt beispielsweise Empathie von der Mutter und Fußballtipps vom Vater – oder umgekehrt; oder sie lernt vielleicht den Spaß an Brettspielen von einem Elternteil und die Liebe zu Büchern vom anderen.

Wenn wir die entwicklungspsychologischen Ursprünge des Dreiecks verstehen, können wir uns die universelle Anziehungskraft der Dreiecksliebe leichter bewusst machen. Zwei grundlegende Eigenschaften charakterisieren alle menschlichen Dreiecksbeziehungen, nämlich Spaltung und Rivalität. Im ersten Fall teilen wir unsere eigene Liebe in zwei Teile, im zweiten Fall wetteifern wir mit einer dritten Partei um die Liebe unseres Partners. Innerhalb gewisser Grenzen können beide Aspekte eine durchaus positive Wirkung auf die Beziehung haben, aber sehr oft sind sie destruktiv, jeder auf seine eigene Art. Und obgleich beide Aspekte sich überlappen können und obwohl sie in jedem beliebigen Dreieck vorhanden sind, neigen die meisten Menschen dazu, prinzipiell den einen oder den anderen auszuleben. Das soll aber nicht heißen, dass Spaltung und Rivalität sich in einer Persönlichkeit gegenseitig ausschließen, und wie wir sehen werden, kann das eine das andere in Gang setzen. Doch von der Disposition her fühlt man sich meist zu einer der beiden Varianten stärker hingezogen. Wenn Sie also mit einem bestimmten

Verhalten aufhören oder verhindern wollen, dass es zu einem festgefahrenen Muster wird, dann besteht Ihre Hauptaufgabe in Schritt 1 (Mein Lieblingsdreieck) darin, die Dreiecksbildung zu identifizieren, zu der Sie am ehesten tendieren.

Für den neutralen Beobachter oder rückblickend ist unsere Rolle im Dreieck absolut offensichtlich. Aber wenn wir uns mitten in der Situation befinden, dann sind wir oft so sehr damit beschäftigt, zu leugnen, dass unsere Urteilskraft geschwächt ist. Wir sagen uns: »Das sieht mir doch gar nicht ähnlich – ich kann gar nicht glauben, dass ich das tatsächlich tue« oder: »Ich fasse es nicht, dass mir so etwas passiert.« Und oft nehmen wir nicht zur Kenntnis, dass es das Dreieck selbst ist und nicht etwa unsere Gefühle für das Liebesobjekt, das unsere Leidenschaft anfacht.

»Ich hätte nie gedacht, dass ich einer von diesen Männern sein könnte«, war der erste Satz meines Patienten Jeff, eines achtunddreißigjährigen Zahnarztes aus Manhattan, als er in meinem Sprechzimmer Platz nahm. »Wissen Sie«, fuhr er fort, »ich war glücklich verheiratet, oder zumindest habe ich das fünfzehn Jahre lang geglaubt. Ich habe zwei wunderbare Kinder, und meine Frau war meine beste Freundin, seit wir uns direkt nach dem College ineinander verliebt haben. Als ich Ellen kennen gelernt habe – meine Freundin oder meine Geliebte, sollte ich wohl sagen, obwohl ich dieses Wort hasse –, flirtete sie mit mir und ich hab mir nichts dabei gedacht – sie arbeitete als Zahnarzthelferin in der Gemeinschaftspraxis, in der ich tätig bin, hat sich aber vor einem Jahr einen anderen Job gesucht. Als wir uns intim miteinander einließen, habe ich mir zunächst eingeredet, dass es nur um Sex ging, und mir geschworen, dass es nicht noch einmal vorkommen und ich mich ganz bestimmt nicht emotional einlassen würde. Aber nach sechs Monaten verliebte ich mich in Ellen. Ich konnte einfach nicht aufhören, an sie zu denken, ich wollte ständig nur mit ihr zusammensein. Das bedeutete natürlich, dass ich oft nicht zu Hause war und deswegen Jenna – meine Frau – anlügen musste. Ich war an Jenna sexuell nicht mehr interessiert und fing an mir auszumalen, sie zu verlassen, was mir eine Höllenangst einjagte. Außerdem hatte ich ein unglaublich schlechtes Gewissen, machte mir ständig Sorgen darüber, was passieren würde, was Jenna tun würde, wenn sie mir auf die Schliche käme, und ich habe mich dauernd gefragt, ob sie nicht vielleicht schon längst Bescheid wusste. Jenna kennt mich sehr gut, sie stellte mir eine Menge Fragen, und ein paar Mal sprach sie mich sogar ganz direkt darauf an, ob ich eine Affäre hätte – als wollte sie einen Witz machen. Natürlich log ich und bestritt alles. Gleichzeitig versprach ich Ellen eine gemeinsame Zukunft, obwohl ich mir überhaupt nicht vorstellen konnte, meine Frau und meine Kinder zu verlassen.

Jedenfalls habe ich Jenna letzte Woche endlich alles erzählt, ungefähr anderthalb Jahre nachdem es angefangen hatte. Natürlich war sie am Boden zerstört, traurig, wütend, Sie können es sich ja denken. Und daraus kann ich ihr auch keinen Vorwurf machen – sie hat vollkommen Recht, ich hab mich verantwortungslos und unehrlich verhalten, ich hätte die Finger davon lassen sollen. Aber ich hab's getan, und meine Gefühle für Ellen sind da, die kann ich nicht ändern. Ich weiß nicht, ob das geht, aber Jenna und ich möchten unsere Ehe retten. Wir sind bei einem Eheberater gewesen und dachten, ich sollte auch allein noch Hilfe suchen. Deshalb bin ich jetzt hier.«

In der nächsten Sitzung erzählte mir Jeff, seine Frau bestehe darauf, dass er den Kontakt zu Ellen abbreche, und er habe ihr versprochen, sie nicht wiederzusehen. Aber er gestand mir offen, dass er nicht sicher war, ob er sein Versprechen würde halten können. »Ich will es schon versuchen, aber ich kann einfach nicht aufhören, an sie zu denken. Zweimal hatte ich schon das Telefon in der Hand, um sie anzurufen. Einmal habe ich ihre Nummer gewählt und dann schnell wieder aufgelegt.« In der nächsten Stunde sah Jeff ziemlich deprimiert aus – langes Gesicht, Ringe unter den Augen, unkonzentrierte, stockende Sprechweise. Er erzählte, dass er eines Morgens vor Ellens Haus gewartet hatte und ihr zu ihrer Arbeitsstelle gefolgt war. »Ich hab nicht mit ihr geredet, aber ich musste sie wenigstens sehen«, erklärte er. »Sie hat mich nicht bemerkt.«

Eine Woche später, also drei Wochen nach seiner Trennung von Ellen, befand sich Jeff mitten in einer tiefen Depression – er aß nicht, schlief nicht und hatte an nichts mehr Freude, nicht einmal an seinen Kindern. Diese Depression war für ihn ein Zeichen, dass seine Liebe zu Ellen stärker und echter war als sein Entschluss, bei seiner Frau zu bleiben. Ein paar Wochen später – inzwischen hatte er zwanzig Pfund abgenommen und war nur noch ein Schatten seiner selbst – sprach er mit Jenna und den Kindern, zog aus und nahm seine Treffen mit Ellen wieder auf.

Eine Zeit lang blieb die Beziehung vital und aufregend. Aber nach einer Weile untergrub die Realität der Situation die Romantik. Jeffs finanzielle Lage verschlechterte sich, er musste seine Zeit zwischen den Kindern – an denen er sehr hing – und Ellen aufteilen. Und vor allem wollte er keine zweite Familie gründen, so sehr Ellen sich eigene Kinder wünschte. Natürlich hatten eigentlich alle Beteiligten gewusst, dass es so kommen würde, aber ihre Gefühle füreinander waren so stark, dass sie dachten, die Liebe würde siegen. Es kam jedoch ganz anders. Sie begannen zu diskutieren, sich zu streiten, entwickelten immer mehr Groll aufeinander und stellten schließlich ihre gemeinsame Zukunft in Frage. Und dann plötzlich fühlte sich Jeff zu einer anderen Frau hingezogen.

Zu diesem Zeitpunkt begann sich Jeff in der Therapie ernsthaft mit dem Konzept der Dreiecksbildung zu beschäftigen. Davor hatte er gedacht, seine Ehe sei einfach deshalb zerbrochen, weil er sich in eine andere Frau verliebt habe. Aber inzwischen mussten noch ganz andere Faktoren in Erwägung gezogen werden. Als er seine Beziehungsgeschichte durchging, »erinnerte« er sich auf einmal an etwas, was er mir noch nicht erzählt hatte. Kurz nachdem er Jenna geheiratet hatte, verliebte er sich in eine andere Frau, eine gemeinsame Freundin. Zwar lebte er seine Gefühle damals nicht aus, aber er schleppte sie eine ganze Weile mit sich herum, und sie lösten sich erst auf, als die Frau wegzog. Zur gleichen Zeit gründete Jeff seine Familie, was all seine Energie in Anspruch nahm. Diese Erkenntnis zeigte mir und Jeff ganz deutlich, dass er mit dem Muster der Dreiecksliebe zu kämpfen hatte. Außerdem erkannten wir, dass sein »Lieblingsdreieck«, also seine bevorzugte Rolle im Dreieck, die des »Spalters« war – also der Person, die ihre Liebe in zwei Teile teilt.

Anders als Jeff fällt es manchen Menschen nie auf, dass sie Dreiecke bilden. Sie verlieben sich einfach in einen nach dem anderen. Dann beginnen sie zu rationalisieren: In meiner ersten Ehe war ich zu jung und wusste noch nicht, was ich wollte; in der zweiten hat meine Frau ihr Interesse am Sex mit mir verloren; in der dritten hab ich einfach die Nächstbeste geheiratet, aber dann bin ich der Richtigen begegnet – sie hat mich gerade verlassen... Vielleicht merken sie es auch nicht, weil es nur einmal passiert ist und weil sie es ganz einfach den äußeren Umständen und dem schlechten Timing anlasten können – sie sind eben zur falschen Zeit dem richtigen Menschen über den Weg gelaufen.

Falls das bei Ihnen so ist, müssen Sie sich umorientieren, nämlich indem Sie mehr über Ihre innere und weniger über die äußere Welt nachdenken. Überprüfen Sie, ob etwas in Ihrer Vergangenheit Sie für Dreiecksbeziehungen anfällig macht. Einer meiner Patienten, ein Mann Anfang fünfzig, eröffnete mir, dass er im Lauf seiner Ehe drei Affären gehabt hatte. Die erste begann, als er sechsundvierzig war, nach zwanzig Jahren, in denen er seiner Frau hundertprozentig treu gewesen war. Zwar hatte er damals das Gefühl, dass seine Ehe irgendwie langweilig geworden war, aber es war ihm auch bewusst, dass sein eigener Vater im gleichen Alter gewesen war, als die Affäre, die zu seiner Scheidung führte, ans Tageslicht kam – auf den Monat genau vor zweiunddreißig Jahren. Der Patient hatte das Datum noch genau im Kopf: Am Tag der Arbeit, als er vierzehn gewesen war, kurz nach Beginn des neuen Schuljahrs, war seine Welt – wie er es ausdrückte – in Stücke zerfallen. Aber wenn die Geschichte für ihn so traumatisch gewesen war, warum wiederholte er dann das Verhalten seines Vaters, das doch möglicherweise bei seinen Kindern das gleiche Scheidungstrauma auslösen würde wie bei ihm selbst?

Die Antworten kamen ans Licht, als der Patient mir erklärte, dass er seinem Vater immer die Schuld an der Scheidung gegeben hatte – wegen der Affäre –, ihm aber als Erwachsenem klar wurde, dass seine Mutter immer deprimiert, lustlos und deshalb völlig unzugänglich gewesen war. Mit anderen Worten: Als Kind war ihm seine Wut auf seine Mutter und die Liebe zu seinem Vater nie bewusst geworden. Er hatte seiner Mutter die Geschichte abgekauft, nach der sein Vater der Böse und sie selbst die Gute war. Als er jedoch in seiner eigenen Ehe die gleiche Starre fühlte, die sein Vater gefühlt haben musste, fing er eine Affäre an, das heißt, er handelte aus Verständnis, aus Liebe und aus der Identifikation mit seinem Vater heraus, indem er diese Gefühle indirekt durch seine Affären ausdrückte. Gleichzeitig machte sich auf diese Weise auch der unbewusste Ärger auf seine Mutter Luft, deren Apathie und Unzugänglichkeit natürlich auch nicht seine Wirkung auf ihn als Kind verfehlt hatten. Das Trauma der Vergangenheit – das dadurch deutlich wurde, dass er im gleichen Alter und im gleichen Monat wie sein Vater eine Affäre anfing – machte den Patienten also blind für ein mögliches Trauma in der Zukunft.

Für viele »Spalter«, vor allem für die verheirateten mit Kindern, sind die Konsequenzen eines Liebesdreiecks so schmerzhaft und destruktiv, dass sie an irgendeinem Punkt gezwungen sind, es zur Kenntnis zu nehmen, und schwören, sich zu ändern. Die Ehen oder Langzeitbeziehungen, die eine Affäre überleben, fallen in diese Kategorie. Aber während die »Spalter« es nach einer gescheiterten Dreiecksliebe manchmal schaffen, die nächste Versuchung rechtzeitig »abzuwürgen«, ist es im Allgemeinen für die »Rivalen« viel schwieriger, das Muster frühzeitig zu erkennen. Obwohl die Konsequenzen für die »Rivalen« genauso katastrophal sind, ist es für sie ungleich einfacher, ihre Rolle im Dreieck zu leugnen. Schließlich hat doch Ihr Partner die Affäre, Sie haben ihn doch nicht dazu gezwungen! Sie haben es sich nicht ausgesucht, Teil eines Dreiecks zu werden. Schlimmstenfalls waren Sie zu vertrauensselig und sind auf seine Lügen reingefallen, obwohl Sie im Hinterkopf immer den Verdacht hatten, dass irgendetwas nicht stimmt. Das ist alles richtig, und Sie sollen auch ganz bestimmt nicht die Verantwortung für die Handlungsweise Ihres Partners übernehmen. Trotzdem ist es nicht die ganze Wahrheit.

Die prototypische »Rivalin« – historisch gesehen handelt es sich in der überwiegenden Mehrheit um eine Frau – erzählt ihrem Therapeuten, ihrer Freundin, Mutter oder einem Briefkastenonkel in einer Zeitschrift, dass ihr Freund mit anderen Frauen flirte; dass er Anrufe von einer anderen Frau bekomme und sich in einem Geheimcode mit ihr unterhalte oder mit dem Telefon das Zimmer verlasse, wenn sie hereinkomme; dass ihr Mann kein Interesse an Sex habe und abends Überstunden mache; dass ihr Mann ihr gesagt habe, er hege gewisse Gefühle für eine neue gemeinsame Freundin; dass er darauf bestehe, sich weiterhin mit ihr zu treffen, und seltsam ausweichend antworte, wenn sie ihn fragt, was er eigentlich mit ihr macht; dass sie eine E-Mail ihres Mannes geöffnet und eine persönliche Korrespondenz mit einer anderen Frau entdeckt habe; dass sie auf seinem Handy mehrmals eine bestimmte Nummer gesehen und dass eine Frau geantwortet habe, als sie die Nummer anwählte; dass sie in seiner Brieftasche den Namen und die Telefonnummer einer Frau gefunden habe; dass ihr Mann nur mit einem »Nein« geantwortet habe, als sie ihn fragte, ob er eine Affäre hätte, und dann schnell das Thema wechselte, ohne irgendeine Reaktion auf ihre Verdächtigungen; dass sie darüber nachdenke, einen Detektiv einzustellen, um herauszufinden, ob ihr Mann sie betrügt . . .

Es gibt endlose Variationen dieser Geschichten, aber der gemeinsame Nenner ist, dass die große Mehrzahl der Leute nicht glauben will, was sie bereits wissen und was zumindest mir als ihrem Therapeuten ganz offensichtlich erscheint: Ihr Partner hat sich mit jemand anderem eingelassen. Auf einer Ebene dient das Leugnen dazu, dem Schmerz und den Folgen des Betrugs auszuweichen. Aber außerdem »hilft« es der Rivalin auch, ihre eigene Ambivalenz dem Partner gegenüber zu ignorieren – in zwei wichtigen Aspekten. Erstens, indem sie nicht zu dem Schluss kommt, dass er eine Affäre hat, muss sie auch nichts »Negatives« an ihm zur Kenntnis nehmen, sie muss sich nicht eingestehen, dass er lügt, ausweicht, manipuliert und betrügt.

Zweitens ruft der Verdacht, dass Ihr Partner Sie betrügt, heftige Gefühle von Eifersucht, Zurückweisung und Verlassenheit in Ihnen hervor, die Ihre Leidenschaft ihm gegenüber verstärken. Tatsächlich gehört es oft zu Dreiecksbeziehungen, dass die »Rivalinnen« – die beiden Frauen oder Männer, die mit der gleichen Person eine Beziehung haben – ihr Liebesobjekt festhalten, als wäre es die wertvollste Person auf Erden. Wenn er nur wieder Ihnen gehören würde, Ihnen ganz allein, dann wären Sie glücklich! Vergessen wir, dass Sie auch vor der Affäre nicht glücklich mit ihm waren – schließlich war gerade das einer der Gründe, warum es überhaupt passiert ist. Interessanterweise ist das Leugnen der Rivalin zwar ausgeprägt genug, um den Betrug nicht zu bemerken, aber es reicht trotzdem nicht, um ihr die Sicherheit zu geben, dass tatsächlich nichts los ist. Diese paradoxe Balance, die dem Leugnen übrigens recht häufig innewohnt, ist der psychologische Mechanismus, mit dem sich die »Rivalin« aktiv am Dreiecksgeschehen beteiligt.

Sollte die Rivalin nun erkennen, dass sie sich in einem Dreieck befindet, bricht das Gleichgewicht notgedrungen zusammen. Weil so viel davon abhängt, dauert es manchmal Monate oder sogar Jahre, bis das geschieht. Eine Patientin verdächtigte ihren Mann ein paar Jahre lang, eine Affäre mit einer Kollegin zu haben. Er blieb abends lange weg, vermied Sex mit ihr und führte an den Wochenenden lange »geschäftliche« Telefongespräche, lauter Aktivitäten, für die er ziemlich dünne Ausflüchte vorbrachte. Wenn sie ihn geradeheraus fragte, ob er ein Verhältnis hatte – was dreimal passierte –, verneinte er, ohne weiter darauf einzugehen. Sie akzeptierte seine Ausreden, ohne sich selbst zu fragen, wie es möglich war, dass er als liebender Ehemann sich keine Gedanken über die hinter dieser Frage steckenden Gefühle machte und sie einfach mit einem »Nein« vom Tisch fegte. Sie stellte auch keine Verbindung her zwischen dieser Tatsache und seinen ausweichenden Erklärungen für andere Aktivitäten. Erst als sie zufällig auf seinem Laptop eine verdächtige E-Mail entdeckte und auf einen Liebesbrief mit unverkennbar erotischen Anspielungen stieß, konnte sie die Wahrheit nicht mehr leugnen. Es kam zur Trennung und schließlich zur Scheidung, wobei sich herausstellte, dass der Ehemann im Lauf der zehnjährigen Ehe noch zwei weitere längere Affären gehabt hatte.

Wie zuvor erwähnt, schließen sich die Rollen von »Rivalin« und »Spalter« nicht wechselseitig aus. Es ist sogar recht häufig für eine »Rivalin«, dass sie als Reaktion auf die Erfahrungen, betrogen zu werden, zum »Spalter« wird. Beispielsweise war ein Mann Ende zwanzig so am Boden zerstört, weil seine Freundin ihn betrogen hatte, dass er in die Kneipe ging, sich betrank und mit einer anderen Frau Sex hatte. Er konnte seine Wut nicht im Zaum halten, obwohl seine Freundin »gestanden« und sich entschuldigt hatte. Er handelte also aus Rache, um der Freundin das anzutun, was sie ihm angetan hatte. Eine andere Patientin, eine Frau Ende vierzig, deren Ehemann ihr beichtete, dass er gerade eine zweijährige Affäre beendet habe, bekam schwere Depressionen. Obgleich der Mann große Reue zeigte und seine Liebe zu ihr glaubhaft beteuerte, kam sie einfach nicht darüber hinweg und spielte lange Zeit ernsthaft mit dem Gedanken, die Ehe zu beenden. Nach ungefähr einem Jahr lernte sie in einer Bar einen Mann kennen und tauschte mit ihm die E-Mail-

Adresse aus. Schließlich trafen sie sich zu einem Drink und dann führte »eins zum anderen«. Innerhalb weniger Monate verliebte sich die Frau – die einundzwanzig Jahre verheiratet und nie untreu gewesen war – unsterblich in diesen Mann. Anders als im obigen Beispiel beharrte diese Frau darauf, dass es sich nicht um einen Racheakt handelte, obwohl sie zugab, dass die Affäre ihres Mannes es für sie leichter machte, selbst mit einem anderen Partner zu schlafen. Nach einiger Zeit jedoch erkannte sie, dass es ihre Methode gewesen war, aus der Depression herauszukommen, und dass sie es unbewusst darauf angelegt hatte, den Spieß umzudrehen und am Ende als Siegerin dazustehen.

Von einer anderen Version der Dreiecksrache berichtete eine Patientin, die entdeckte, dass ihr Freund, den sie seit sechs Monaten kannte, lange, gefühlvolle Telefongespräche mit seiner Exfreundin führte. Als sie ihn darauf ansprach, gab er widerwillig zu, dass er tatsächlich noch Gefühle für seine Verflossene hegte. Die Patientin regte sich sehr darüber auf, aber der Freund beteuerte ihr, dass die Beziehung vorbei sei und er sich ganz auf die jetzige einlassen wolle. Die Patientin glaubte ihm, und die Krise war entschärft. Ein paar Wochen später erzählte mir die Patientin jedoch, dass sie beschlossen hatte, ihrem Freund nicht zu sagen, dass einer ihrer engen männlichen Freunde früher einmal ihr Geliebter gewesen war. Ihre – bewusste – Begründung lautete, sie wisse ja, wie besitzergreifend ihr Freund sei, deshalb wolle sie ihn nicht eifersüchtig machen. Unbewusst jedoch rief sie genau das hervor, was sie angeblich vermeiden wollte: Wenn sie ihren Exfreund traf oder wenn sein Name fiel, spürte ihr jetziger Freund ihr Unbehagen und ahnte natürlich, dass sie ihm etwas verheimlichte. In Wirklichkeit hatte sie gar nichts zu verbergen, denn ihre romantische Beziehung zu diesem Mann war schon mehrere Jahre her und hatte sich tatsächlich zu einer platonischen Freundschaft entwickelt. Aber aus unbewussten Rachegefühlen schuf sie ein Dreieck mit einer Person, die eigentlich gar keine Bedrohung darstellte. Erst als ihr Freund tatsächlich eifersüchtig wurde, begriff sie, dass sie ihre eigene Eifersucht nie überwunden hatte – und dass sie es ihm mit gleicher Münze heimzahlen wollte, um selbst besser darüber hinwegzukommen.

Unter anderem zeigt dieser Fall auch, dass die Dreiecksbildung nicht unbedingt eine sexuelle Romanze einschließt. In vielen Beziehungen taucht die Dreiecksliebe in Gestalt eines Konflikts wegen eines besten Freundes/einer besten Freundin auf. Womöglich hat Ihr Partner das Gefühl, dass Sie zu viel Zeit mit Ihrer besten Freundin verbringen und dass diese irgendwie zwischen Ihnen steht. Wenn in dieser Behauptung ein bisschen Wahrheit steckt, besteht die Wahrscheinlichkeit, dass Sie die dritte Partei benutzen, um ein Bedürfnis zu befriedigen, das von Ihrem Partner nicht befriedigt wird. Dagegen ist natürlich an sich nichts einzuwenden, es sei denn, es wird extrem: Beispielsweise, wenn Sie mit Ihrem Freund nur sexuell kommunizieren oder nur, um sachliche Informationen auszutauschen, während Sie alle emotionalen Interaktionen auf die Beziehung mit Ihrer Freundin beschränken, oder wenn Sie Ihrer Freundin Dinge über Ihre Beziehung anvertrauen, die Sie Ihrem Freund nie erzählen würden. In Ihrer eigenen Wahrnehmung tun Sie das vielleicht, weil Ihr Freund so wenig kommunikativ ist, aber meiner Ansicht nach verstärken Sie damit das Problem nur noch. Anstatt sich direkt mit der Unvollkommenheit Ihres Partners auseinander zu setzen, suchen Sie den perfekten Partner in zwei verschiedenen Menschen, und ehe Sie es sich versehen, befinden Sie sich in einem Dreieck.

Eine andere Spielart und vielleicht die am meisten verbreitete Form des Dreiecks entsteht, wenn Sie die Unvollkommenheiten Ihres Partners mit Ihrer Mutter durchdiskutieren. Im Kampf mit Ihrer Ambivalenz schaffen Sie am Ende nur eine Kluft zwischen Ihrem Partner und Ihrer Mutter. Diese Art der Dreiecksbildung ist oft das Ergebnis einer unvollständigen psychologischen Trennung von Ihren Eltern – in diesem speziellen Fall akzeptieren Sie nicht, dass Ihre wichtigste Beziehung diejenige zu Ihrem Partner ist und nicht die zu Ihrer Mutter. Sicher kann es sein, dass Ihr Partner ungern Zeit mit Ihren Eltern verbringt und die Dreiecksbildung auf diese Weise unabsichtlich unterstützt. Eine häufige, wenn auch wenig erforschte Dynamik besteht darin, dass Sie den Eltern Ihres Partners gegenüber Ärger oder Verachtung empfinden, ohne sich darüber im Klaren zu sein, dass es eigentlich um die Persönlichkeitsmerkmale Ihres Partners geht. Diese unbewusste Verschiebung dient genau diesem Zweck – Sie wollen nicht wahrhaben, dass Ihr Partner Eigenschaften hat, die Ihnen nicht gefallen.

Wie ich bereits früher erwähnt habe, kann die Dreiecksliebe auch eine »nichtmenschliche« dritte Partei umfassen. Wenn Ihr Partner Alkoholiker ist, teilt er seine Liebe wahrscheinlich zwischen Ihnen und dem Alkohol auf, und obwohl Sie sein Problem vielleicht leugnen, sind Sie wütend, weil Sie mit seinen Trinkgenossen oder seinen Kneipenabenden um seine Aufmerksamkeit buhlen müssen. Wenn Ihr Mann im Sommer jedes Wochenende Golf spielen muss, besteht die Wahrscheinlichkeit, dass er es vermeidet, sich damit auseinander zu setzen, dass er sich mit Ihnen langweilt. Wenn Sie nun an ihm herumnörgeln, dass er doch mehr zu Hause bleiben soll, haben Sie den »Vorteil«, dass Sie von sich denken können, Sie möchten bei ihm sein und Sie brauchen ihn – was womöglich völlig anders wäre, wenn er Ihnen ständig auf der Pelle sitzen würde.

Ein ähnliches Dreieck entsteht, wenn einer der Partner – für gewöhnlich der Mann – ein Interesse an Pornografie hat. Ein junges Paar brachte dieses Thema bei einer Eheberatung zur Sprache. Die Frau erklärte, dass sie nichts gegen Pornografie habe und sich nur Sorgen mache, ihr Mann könne zu viel Zeit mit Pornos im Internet verbringen und sich dadurch vielleicht zu wenig um seine Karriere kümmern. »Ich möchte nur darüber sprechen, weil ich ihm helfen will, es unter Kontrolle zu halten, denn er sieht selbst ein, dass er es manchmal übertreibt.« Die Frau war eine sehr angenehme, aufgeschlossene Person, der Mann ebenso liebenswert und ehrlich. Obwohl das Gespräch wirklich sehr offen verlief, gestand die Frau erst, nachdem ich etwas intensiver nachgehakt hatte, warum sie ihrem Mann eigentlich unbedingt helfen wollte, dass ihr sein ausgeprägtes Interesse an anderen Frauen doch etwas ausmachte. Sie fühlte sich bedroht und hatte Angst, nicht gut genug für ihn zu sein. Der Mann räumte daraufhin ein, er fühle sich schuldig wegen seiner pornographischen Neigungen und es sei schwierig für ihn, darüber zu sprechen. Mit anderen Worten: Auf einer tieferen Ebene erlebten sie die Situation beide so, als hätte er eine Affäre. In Kapitel 7 werde ich auf dieses Thema – die Sexualisierung der Ambivalenz – noch einmal zurückkommen.

Warnzeichen für eine Dreiecksbildung

Manchmal ist ein Dreieck einfach nur ein Dreieck, das sich eher aufgrund äußerer Umstände als aufgrund unbewusster Verhaltensmuster gebildet hat – drei Menschen, beziehungsweise zwei Menschen und eine Aktivität. In solchen Situationen gibt es keine nennenswerte Dreiecksliebe, früher oder später löst sich das Dreieck wieder auf und es entwickelt sich eine erfolgreiche Zweierbeziehung. Meistens jedoch ist es ein Hinweis auf den weiteren Verlauf der Beziehung, wenn sie als Dreieck anfängt. Versuchen Sie daher in der Kennenlernphase als Teil von Schritt 1 (Mein Lieblingsdreieck) die frühen Warnsignale für eine Dreiecksbildung zu erkennen, sodass Sie sich bewusst entscheiden können, erst gar nicht mit diesem Muster anzufangen. Im Folgenden nenne ich einige häufige Beispiele für solche Hinweise.

– Der Mann, mit dem Sie seit kurzem ausgehen, sagt Ihnen, dass er sich seit mehreren Monaten mit einer anderen Frau trifft, aber nicht glaubt, dass aus dieser Beziehung »etwas wird«, und sich deshalb gern weiterhin mit Ihnen verabreden möchte. Sie haben das Gefühl, einen außergewöhnlich guten Draht zu ihm zu haben, und seine Ehrlichkeit verstärkt das Gefühl nur noch. Sie sind stark in Versuchung, sich näher mit ihm einzulassen.
– Sie lernen einen etwas älteren Mann kennen, der Ihnen gleich erzählt, dass er verheiratet ist, seine Ehe aber nicht mehr läuft, dass er keinen Sex mehr mit seiner Frau hat und nur mit ihr zusammenbleiben will, bis die Kinder auf die Uni gehen.
– Ihr Freund ist ständig auf Geschäftsreise und Sie fühlen sich frustriert und traurig. Als er wieder einmal die ganze Woche unterwegs ist, treffen Sie in einer Bar einen Mann, zu dem Sie sich auf Anhieb hingezogen fühlen. Sie sagen sich: »Warum soll ich mich einsam fühlen und wie ein Einsiedler leben, wenn mein Freund dauernd weg ist«, und flirten mit ihm. Dabei überlegen Sie, ob Sie die Nacht, wenn nicht sogar die ganze Woche bei ihm verbringen sollen.
– Sie sind seit zwei Monaten mit Ihrem Freund zusammen, und er scheint jeden Abend Marihuana zu rauchen. Er plant lange Wochenenden mit seinen Freunden von der Uni, mit denen er zu Musikfestivals oder Sportevents fährt. Gerade hat er Ihnen »gebeichtet«, dass er neulich zu viel getrunken und sich in einem Striplokal mit einer der Damen eingelassen hat. Die einzelnen Dinge für sich genommen würden Sie nicht weiter stören, aber Ihr Bauchgefühl sagt Ihnen, dass das Ganze größer ist als die Summe seiner Einzelteile.
– Sie haben sich eine Weile mit einem Mann getroffen, den Sie ganz nett, aber nicht umwerfend finden. Dann lernen Sie seinen Bruder kennen und fangen an sich auszumalen, dass Sie sich von Ihrem jetzigen Freund trennen und lieber mit seinem Bruder zusammen sein wollen.

- Sie begegnen einem Mann, der früher schon einmal mit Ihnen ausgehen wollte, den Sie aber abgewimmelt haben. Er erzählt Ihnen, dass er inzwischen eine feste Freundin hat. Auf einmal finden Sie ihn cool, haben Lust, mit ihm zu flirten und ihn dazu zu bringen, dass er lieber mit Ihnen ausgehen möchte.
- Ihr Therapeut glaubt, dass Sie auf Ihre Mutter wütend sind. Sie erzählen ihr davon. Ihre Mutter meint, die Therapie ist auch nicht das Gelbe vom Ei. Ihr Therapeut ist der Ansicht, dass Ihre Mutter sich Ihnen in den Weg stellt.

Das letzte Beispiel soll nicht etwa heißen, dass Sie den Therapeuten abschaffen sollten – oder Ihre Mutter. Aber es heißt, dass Sie ein Dreieck bilden und versuchen sollten herauszufinden, warum Sie das tun. Die wahrscheinlichste Erklärung: Sie projizieren Ihre Ambivalenz gegenüber Ihrer Mutter und Ihrem Therapeuten nach außen und lassen die beiden den Kampf an Ihrer Stelle ausfechten. Um dieses Dreieck aufzulösen, sollten Sie aufhören, Ihrem Ärger über Ihre Mutter bei Ihrem Therapeuten Luft zu machen und dem Ärger über Ihren Therapeuten bei Ihrer Mutter. Was uns direkt zu Schritt 2 führt.

Schritt 2: Die kürzeste Entfernung

Die kürzeste Entfernung zwischen zwei Punkten ist eine Gerade, kein Dreieck. Ihr emotionaler Dialog mit Ihrem Partner – all Ihre beiderseitigen Gefühle, gute wie schlechte – gehört in die Beziehung. Wenn Sie Ihrer Freundin »schlechte« Dinge über Ihren Partner erzählen, die Sie ihm verschweigen, und wenn diese ihn schließlich für einen Trottel hält, während Sie daran festhalten, dass Sie ihn lieben und nicht ohne ihn leben können, dann sollten Sie dringend die Augen öffnen – Ihre Beziehung ist nämlich in Gefahr. Um es allgemeiner auszudrücken: Ein Dreieck bedeutet fast immer, dass die Beziehung Probleme hat. Wenn Sie Ihr »Lieblingsdreieck« gefunden haben und beschließen, Ihr Muster der Dreiecksliebe zu durchbrechen, dann brauchen Sie das Dreieck nur wieder in eine gerade Linie zurückzuverwandeln. Das heißt, Sie müssen Ihre Ambivalenz in Ihre Hauptbeziehung zurückholen und dort auch austragen.

Um dies konstruktiv bewerkstelligen zu können, müssen Sie Ihre Ambivalenz besser kennen und verstehen lernen. Meiner Erfahrung nach gibt es bestimmte Arten der Ambivalenz, die einen Menschen dem Risiko der Dreiecksliebe aussetzen. Dabei handelt es sich nicht um die tatsächlichen Gründe der Dreiecksbildung, sondern um das, was Sie als Grund wahrnehmen und erleben. Denken Sie daran – der Grund liegt darin, dass Sie sich Ihrer Ambivalenz nicht stellen wollen, nicht im spezifischen Inhalt Ihrer Ambivalenz. Aber wenn Sie sich mit den spezifischen Spielarten vertraut machen, hilft Ihnen dies zu erkennen, welche Gefühle und Gedanken innerhalb der Grenzen Ihrer Beziehung bleiben müssen.

Typ 1: Mangelndes oder nicht vorhandenes Interesse an Sex

David, ein sechsunddreißigjähriger Rechtsanwalt, war seit zehn Jahren verheiratet, als er zu mir in die Praxis kam. Er suchte Rat in der Therapie, weil er merkte, dass er dabei war, sich in eine Kollegin – eine Anwaltsassistentin seiner Kanzlei – zu verlieben. Er war fest entschlossen, seine Ehe nicht aufs Spiel zu setzen und, obwohl die Kollegin sich auch zu ihm hingezogen fühlte, keine Affäre mit ihr anzufangen. Aber er hatte ständig Fantasien über sie, verbrachte Zeit mit ihr und redete mit ihr darüber, wie sehr sie einander am Herzen lagen. Kurz gesagt, er befand sich in den Klauen der Dreiecksliebe. Als wir seine Beziehung zu seiner

Frau erforschten, fanden wir heraus, dass er nach den ersten Jahren viel von seinem sexuellen Interesse an ihr verloren hatte. Seine Frau schien das nicht zu bemerken oder hatte jedenfalls nichts dagegen einzuwenden. Wie zu erwarten nahm ihr Sexualleben nach der Geburt der beiden Kinder, die inzwischen sechs und vier Jahre alt waren, eine weitere Wendung zum Schlechten. Inzwischen hatten sie so gut wie kein Sexleben mehr und David fühlte sich in der Ehe leblos und abgestumpft. Davids Kollegin hatte nun seine unterdrückte, schlummernde Sexualität geweckt und ihm endlich wieder das Gefühl gegeben, lebendig und begehrenswert zu sein und selbst begehren zu können.

Nach ein paar Therapiesitzungen erzählte David seiner Frau von mir und von seinen Gefühlen für seine Kollegin. Seine Frau war entsetzt und forderte von ihm, jeden weiteren Kontakt mit seiner Kollegin einzustellen. In der Illusion, dass er mit der Kollegin »einfach nur gut befreundet« sein könnte, bestand David anfangs darauf, sich wenigstens gelegentlich mit ihr zu unterhalten. Aber schon nach ein paar Wochen wurde ihm klar, dass er das gar nicht wollte und seine sexuellen Gefühle gegenüber dieser Frau eine platonische Freundschaft unmöglichen machten. So brach er den Kontakt zu ihr doch ab und konzentrierte seine Energie darauf, seine Ehe zu verbessern. Er begann an Schritt 2 zu arbeiten (Die geringste Entfernung), was sich als sehr schmerzhaft herausstellte, weil er sich nun mit seinen verkümmerten sexuellen Gefühlen zu seiner Frau auseinander setzen musste.

Davids Eltern hatten sich scheiden lassen, als er zehn Jahre alt gewesen war. Das Untypische daran war, dass es seine Mutter gewesen war, die die Familie verlassen hatte. Sein Vater hatte die Sache damals mit einem »Schade, aber die Kinder werden sich wohl oder übel damit abfinden müssen« hingenommen. So konnte David seine Trauer über den Verlust nicht ausdrücken und übernahm stattdessen die nüchterne, bodenständige Einstellung seines Vaters – »Augen zu und durch«. In der Therapie konnten David und ich erkennen, dass er seine verletzten und wütenden Gefühle gegenüber seiner Mutter unterdrückt hatte, dass sie aber später in verschobener Form in seiner Beziehung zu Frauen wieder aufgetaucht waren. In zwei kurzen Beziehungen vor der Ehe hatte er den gleichen Zyklus durchgemacht, sich verliebt und dann rasch das sexuelle Interesse verloren. Wie in seiner jetzigen Ehe bestand die Dynamik darin, dass er einer Frau nahe kam, befürchtete, von ihr verletzt zu werden, über diese Möglichkeit wütend wurde und sich durch den Verlust des sexuellen Interesses von ihr distanzierte.

Aber es ging uns nicht nur darum, diese Geschichte zu verstehen, sondern wir konzentrierten uns auch darauf, das Zu- und Abnehmen seines sexuellen Interesses genauer in Augenschein zu nehmen. Bald fanden wir heraus, dass sein sexuelles Interesse immer schwächer wurde, je mehr seine Frau wie eine Mutter und je weniger sie wie ein Sexualobjekt aussah und sich auch entsprechend verhielt, und je mehr sie sich um die Kinder, das Haus und ihre eigene Mutter statt um ihn kümmerte. Als ihm das klar geworden war, fing David an, sich anders zu verhalten, das heißt, er vollzog Schritt 2 (Die kürzeste Entfernung), sagte seiner Frau, dass er das Gefühl habe, die Mutterschaft hätte ihre Sexualität überdeckt, und drückte seinen Ärger darüber, dass sie ihm nicht genug Aufmerksamkeit widmete, direkter aus. Erwartungsgemäß reagierte Davids Frau ziemlich verletzt und wütend, was zu einer Menge Konflikt in der Ehe führte. Falls sich das unangenehm anhört – das war es auch. Aber jetzt fand der Konflikt *innerhalb* der Ehe statt, statt *außerhalb* mit Hilfe einer jungen, attraktiven nichtmütterlichen Frau als dritter Partei. Doch hören Sie, was dann passierte. Als David seine Wut seiner Frau gegenüber ausdrückte – durch Streitgespräche, Schmollen und sogar Wutausbrüche –, spürte er plötzlich, wie seine sexuellen Gefühle für sie wieder erwachten. Kein Wunder, denn jetzt musste er sich nicht mehr von ihr distanzieren, um seinem Ärger Ausdruck zu verleihen. Im Lauf der Zeit drang das, was David an seiner Frau auszusetzen hatte, auch tatsächlich zu ihr durch, und sie beschloss, ihrerseits aktiv zu werden. Sie begann Sport zu treiben, kleidete sich weiblicher und engagierte für den Samstagabend regelmäßig einen Babysitter, um etwas mit ihrem Mann unternehmen zu können. All das verstärkte ihre Anziehungskraft auf David und half, ihr Sexleben wieder zu erwecken, wodurch eine potenzielle sexuelle Dreiecksbildung immer unwahrscheinlicher wurde.

Typ 2: Das Mittagsschlaf-Syndrom

Einmal beklagte sich einer meiner Patienten bei mir, wenn ein Patient eine andere Meinung als sein Therapeut habe, sei das eine genauso aussichtslose Situation, wie er es in seiner Kindheit erlebt hatte, wenn er sich mit seiner Mutter über das Mittagsschläfchen stritt. »Zeit für den Mittagsschlaf!«, sagte seine Mutter. »Ich bin aber nicht müde«, entgegnete er. »Ich glaube aber, du bist doch müde, Schätzchen, du weißt es nur nicht.« »Nein, ich bin nicht müde, Mama!«, widersprach er wütend, woraufhin seine Mutter meinte: »Siehst du, du bist schon ganz schlecht gelaunt – ein sicheres Zeichen, dass du müde bist!« Aus meiner Perspektive war es mein Patient, nicht ich, der diese Dynamik in unsere Beziehung brachte, nämlich indem er mich in seine Mutter »verwandelte« und mir Grund gab, eine Beobachtung anzubringen, die er dann abstritt und dabei unabsichtlich – oder unbewusst – einen weiteren Beweis für sein Vorurteil sammelte.

Aber nicht nur mir hängte der Patient unbewusst dieses Mittagsschlaf-Syndrom an. Auch seine Freundinnen bekamen es zu spüren, und so geriet er in Gefahr, ein Dreieck zu bilden. Bei dieser Dynamik übernahm die Partnerin die Rolle der nörgelnden, kontrollierenden und übergriffigen Mutter, während er den unverantwortlichen, passiven und ahnungslosen Jungen spielte.

Ein anderes Beispiel: Ein Mann kam zu mir in Behandlung, weil er dabei war, nach neunjähriger Ehe eine Affäre anzufangen. »Neun Jahre lang beklagt sie sich jetzt schon, weil ich dies nicht tue und jenes nicht hinkriege, weil ich nicht anrufe, nicht kommunikationsfähig bin, ständig irgendwas vergesse, zu viel Fußball gucke, mich mit meinen Freunden treffe ... die Liste ist endlos. Wahrscheinlich hat sie mit manchem Recht, aber ich habe wirklich die Nase voll, und sie tötet damit meine Gefühle für sie buchstäblich ab. Aber jetzt habe ich eine Frau kennen gelernt, die echt nett zu mir ist und die mir wieder das Gefühl gibt, ein Mann zu sein. Ich glaube, ich kann ihr nicht widerstehen.«

»Wollen Sie Ihre Frau also verlassen?«, fragte ich. »Nein«, antwortete er. »Ich habe nicht vor, meine Ehe kaputtzumachen und meine Familie im Stich zu lassen. Ich glaube nur, dass ich nicht gegen meine Gefühle ankämpfen kann. Ich weiß, ich sollte meiner Frau davon erzählen, aber ich denke, das wäre nicht gut, weil sie sich furchtbar aufregen würde und nicht damit umgehen könnte.«

Weil dieser Mann seiner Frau gegenüber nie wirklich Stellung bezog, schuf er die Bedingungen dafür, seine Wut irgendwann mit Hilfe eines Dreiecks auszuagieren. Leicht einzusehen, warum er seiner Frau nichts davon verraten wollte – das hätte ja nur bewiesen, dass sie die ganze Zeit über Recht gehabt hatte. Ebenso einleuchtend war es, dass er sich von der anderen Frau nicht trennen konnte, denn er war ja nicht bereit, »wie ein Mann zu handeln«. Deshalb konnte er auch nicht an Schritt 2 (Die kürzeste Entfernung) arbeiten, sondern stieg stattdessen nach wenigen Terminen aus der Therapie aus. Sein Widerstand zeigt uns das Risiko dieser Dynamik und gleichzeitig auch, wie wir es reduzieren können.

Wenn Sie der Mann in einer solchen Art von Beziehung sind, dann machen Sie ruhig Ihren Mittagsschlaf, wenn Sie müde sind, das heißt, übernehmen Sie die Verantwortung für das, was Sie tun. Dann können Sie, wenn Ihre Partnerin weiter an Ihnen herummäkelt, einfach wütend werden. Wenn Sie die Frau sind, dann hören Sie auf, Ihrem Partner vorzuschreiben, wann er seinen Mittagsschlaf halten soll, damit er die Chance bekommt, selbst zu entscheiden, wann er müde ist. Mit anderen Worten: Wenn Sie wollen, dass Ihr Partner sich wie ein Mann verhält, hören Sie auf, ihn wie einen kleinen Jungen zu behandeln. Und brechen Sie nicht zusammen, wenn er sich über Sie ärgert. Sie können doch auch ärgerlich auf ihn werden. Wenn Sie kein Dreieck wollen, müssen Sie Konflikte innerhalb der Beziehung aushalten können.

Typ 3: Die Mann-Frau-Kluft

In der traditionellen, vorfeministischen Welt wurden Beziehungen zwischen den Geschlechtern von konventionellen, rigiden Rollen bestimmt. Im Extremfall war der Mann ausschließlich kühl, ruhig und logisch und interessierte sich nur für Sport, Autos, Politik, Actionfilme und Kneipenabende mit seinen Kumpels. Die Frau dagegen hatte warmherzig, emotional und irrational zu sein und sich für Klamotten, romantische Komödien, Bücher und Kaffeeklatsch mit ihren Freundinnen zu erwärmen. Selbstverständlich gibt es solche Paare auch heute noch, aber oft haben Männer und Frauen auch mit einer gegensätzlichen Dynamik zu kämpfen: Die Frau verhält sich selbstbewusst, aktiv und übernimmt gern Verantwortung, während der Mann sensibel, unterstützend und emotional ist. Wenn diese Unterschiede polarisiert werden, ist diese neue Version der Mann-Frau-Kluft genauso unhaltbar wie die alte: Die Frau hat das Gefühl, statt eines Partners mit einem passiven, unterwürfigen Fußabstreifer zusammen zu sein, der Mann sieht in seiner Partnerin eine aggressive Kampfmaschine oder einen kalten Fisch.

Ironischer- wenn auch ganz logischerweise bringen alte und

neue Version die gleichen Probleme mit sich. Erstens gibt es keine Überschneidung in den Interessen der Partner und deshalb kaum eine gemeinsame Basis, auf der ein konstanter Dialog stattfinden kann. Zweitens kommt es ständig zu Diskussionen und Auseinandersetzungen darüber, was man wie tun möchte. Solche Streitereien bereiten häufig den Boden dafür, dass einer der Partner sich außerhalb der Beziehung nach einem passenderen Gegenüber umschaut. Eine eher traditionelle Frau sucht vielleicht einen Liebhaber, der ihrer Freundin ähnlicher ist – verständnisvoll, emotional und verletzbar. Oder ein Mann, der mehr der Rollenumkehrung entspricht, eine sanftere, fürsorglichere und unterwürfigere Geliebte.

Meiner Erfahrung nach ist die Mann-Frau-Kluft in romantischen Beziehungen ein großes und universelles Problem, das ich in meinem Buch *Wenn Männer reden könnten* ausführlich besprochen habe. In Kapitel 8 werde ich noch einmal darauf eingehen.

Typ 4: Der bisexuelle Partner

Alle Männer und Frauen sind emotional bisexuell, das heißt, sie brauchen in ihrem Partner eine Balance femininer und maskuliner Eigenschaften. Aber während Ihr Partner, wenn er sich an der »Mann-Frau-Kluft« orientiert, wahrscheinlich nach einer Frau sucht, die femininer (oder maskuliner) ist als Sie, sucht der bisexuelle Partner nach jemandem seines eigenen Geschlechts. Der bisexuelle Mann und die bisexuelle Frau fühlen sich zu Männern und Frauen hingezogen und brauchen beide. Obwohl diese Art der Dreiecksbildung nicht so häufig vorkommt wie die anderen, die wir hier besprochen haben, ist sie doch öfter anzutreffen, als wir manchmal meinen. In einigen Fällen handelt es sich um schwule Männer oder Frauen, die aus ihrer wahren Sexualität in eine heterosexuelle Beziehung geflohen sind. Diese kann natürlich letztlich nicht funktionieren, weil die homosexuellen Gefühle einen authentischeren Teil der Persönlichkeit des oder der Betreffenden ausmachen. Manche Menschen fühlen den Drang zur Bisexualität und zur Dreiecksbildung noch stärker, weil sie das Bedürfnis haben, mit beiden Geschlechtern zusammen zu sein.

In beiden Szenarien hat auch der andere Partner Gründe, ein Dreieck zu formen – Gründe, die auf seine eigene Bisexualität hinweisen können oder auch nicht. Um das Dreieck aufzulösen, müssen Sie sich in beiden Fällen zuerst mit Ihrer eigenen Ambivalenz dem Partner gegenüber auseinander setzen. Oft wird Bisexualität als sehr quälend angesehen, weil es unmöglich ist, eine Liebesbeziehung mit beiden Geschlechtern zu führen, dieser Wunsch jedoch weiter besteht. Andererseits hat man natürlich den Vorteil, dass man sich eine von zwei Möglichkeiten aussuchen kann.

Typ 5: Der erstarrte Partner

Manche Leute fühlen sich zu einem anderen Liebesobjekt hingezogen, weil ihr Hauptpartner »erstarrt« ist – ein Wort, das ich hier in zwei Bedeutungen benutze, nämlich *versteinert* und *verängstigt*. Ein psychisch unterentwickelter Partner ist in einem jüngeren emotionalen Alter stecken geblieben. Er hat kaum persönliche Interessen und Konflikte und wenig Antriebskraft. Es kann sich um einen Menschen handeln, der jeden Tag stundenlang vor dem Fernseher sitzt – entweder wie weggetreten oder erfüllt von nahezu hysterischer Begeisterung. Er fürchtet jede Veränderung und weiß nicht, dass er wachsen kann.

Da Veränderungen, Herausforderungen und sogar Krisen in unserem Leben unvermeidlich sind, ist persönliches Wachstum für jede langfristige Beziehung lebenswichtig. In erfolgreichen

Beziehungen stellen sich beide Partner der Herausforderung und entwickeln sich weiter, jeder für sich und deshalb auch beide gemeinsam. Aber wenn einer von beiden neue Interessen, Freundschaften oder berufliche Ziele entwickelt, während der andere reglos in seiner öden Routine verharrt, gerät die Ehe durch eine Bedrohung von außen leicht in Gefahr. Wenn Sie der »Spalter« sind, müssen Sie auch hier zuerst zu Ihrem Partner zurückkehren und ihn zum Wachsen herausfordern – ihn direkt mit Ihrer Ambivalenz konfrontieren, sodass Sie beide eine Chance haben, einen Ausweg zu finden. Wenn Sie selbst der »Erstarrte« sind, müssen Sie von Ihrem Partner verlangen, dass er Sie so akzeptiert, wie Sie sind. Schließlich ist es in einer vorurteilsfreien, nährenden und unterstützenden Umgebung viel leichter zu wachsen.

Nichtromantische Dreiecke

Wie wir gesehen haben, kann ein Paar auch mit einem Freund, einer Freundin, einer Mutter, mit Drogen, Alkohol, Glücksspiel oder einer Sportart ein Dreieck bilden, um nur einige der häufigsten nichtromantischen Möglichkeiten zu nennen. Zwar kann ich nicht alle Konstellationen ansprechen – Suchtmittelabhängigkeit hat beispielsweise eine ganz eigene selbstzerstörerische Dynamik –, doch letztlich ist das Prinzip zur Auflösung eines Dreiecks in allen Fällen das gleiche. Um den Weg zur »Geraden« wiederzufinden, muss sich der »Spalter« in diesen Szenarien (sagen wir beispielsweise der Alkoholiker) vom externen Objekt seiner Aufmerksamkeit lossagen und sich mit seiner gesamten Persönlichkeit in die Beziehung einbringen. Wenn er zu trinken aufhört, entdeckt er womöglich, dass sein Partner oder er selbst unter Depressionen, Angstzuständen oder sexuellen Konflikten leidet. Wenn der Ausweg über die dritte Partei blockiert ist, hat er nun keine andere Wahl mehr, als sich diesen Themen innerhalb der Beziehung zu stellen.

Unterdessen befindet sich der andere Partner – die »Rivalin«, die sich immer über das Sucht- und Zwangsverhalten des Partners beschwert, aber es diesem gleichzeitig auch ermöglicht hat, weil sie sich selbst nicht der eigenen Ambivalenz stellen will – in einer ähnlich schwierigen neuen Dynamik. Nun wird sie mit der Wut ihres Partners konfrontiert und muss wohl oder übel seine Probleme mit der Monogamie oder der Heterosexualität, seine Lügen und womöglich sein Doppelleben zur Kenntnis nehmen. Und da der »Spalter« jetzt in der Beziehung viel präsenter ist, kann es passieren, dass sie auch mit ihren eigenen negativen Gefühlen ihm gegenüber in Kontakt gerät. Vielleicht war er für sie sexuell nie wirklich attraktiv, vielleicht hält sie ihn für einen Versager, vielleicht denkt sie, er ist eigentlich überhaupt nicht nett oder zu klein oder was auch immer. Und auch sie wird ihre Gefühle und Gedanken zu diesen Themen innerhalb der Beziehung aussprechen müssen.

Es kann immer eine neue Art von Konflikt und auch Tumult ins Leben eines Paares bringen, wenn ein Dreieck aufgelöst wird, ganz gleich, ob es nun romantisch oder nicht romantisch ist. Einige Beziehungen, die zu rigide auf einem unhaltbaren, aber unveränderlichen Status quo basieren, überleben eine solche Erschütterung nicht, und das ist vielleicht auch ganz gut so. Diejenigen jedoch, die den Sturm überdauern, wagen sich mutig ins Territorium von Schritt 3 vor.

Schritt 3: Eine klare Linie

Tolstoi hat einmal geschrieben, dass alle glücklichen Familien einander ähneln, während alle unglücklichen auf ihre eigene Art unglücklich sind. Womöglich trifft dies auch auf Paare zu, jedenfalls ist es nicht immer leicht, zwischen einer glücklichen und einer unglücklichen Beziehung zu unterscheiden. Der Grund dafür besteht darin, dass zwischen ungelöster Ambivalenz, dem Kennzeichen einer unglücklichen Beziehung, und gelöster Ambivalenz, die eine glücklichere Beziehung charakterisiert, ein sehr, sehr schmaler Grat verläuft.

Dennoch müssen wir – um meine geometrische Metapher noch etwas weiterzuspinnen – unsere Ambivalenz lösen, um die Dreiecksliebe zu überwinden, und zwar auf der direkten Linie, die uns mit unserem Partner verbindet. Demzufolge besteht bei Schritt 3 (Eine klare Linie) die Arbeit darin, die Verbindungslinie so zu stärken, bis sie klar – gut – genug ist, um die Beziehung vor den Bedrohungen einer dritten Partei zu schützen.

Hier stehen »Spalter« und »Rivalin«, wie bei der »Kehrseitentabelle« beschrieben, vor der gleichen Herausforderung, die allerdings jeder für sich alleine bewältigen muss:

– Wenn Sie ein »Spalter« sind, der sein sexuelles Interesse an seiner Partnerin »verloren« und es ihr verbal auch mitgeteilt hat (wie Schritt 2 es verlangt – nicht dadurch, dass Sie sich sexuell distanzieren), müssen Sie sich jetzt so umorientieren, dass Sie sich auf das konzentrieren, was an ihr attraktiv ist, anstatt auf das, was Sie weniger anziehend finden. Aber gehen Sie nicht in die Falle der Artefakte. Wenn Sie Ihrer Partnerin sexy Unterwäsche kaufen, würde das beispielsweise die Attribute betonen, die Sie *nicht* erregend finden. Lassen Sie Ihre Gedanken stattdessen zu dem wandern, was Sie ganz natürlich anmacht, wenn Sie zusammen sind.
– Wenn Sie eine »Rivalin« sind, die ihre eigene Sexualität und sexuelle Anziehungskraft vernachlässigt, sollten Sie sich jetzt, da Sie Ihren Partner nicht mehr bei seinen außerehelichen Aktivitäten »unterstützen«, auf das Körperliche, Sinnliche und Sexuelle konzentrieren. Aber tun Sie es *für sich selbst, damit Sie sich mit Ihrem Körper wohler fühlen.*

- Wenn Sie nicht in der Lage waren, Ihrer Partnerin entgegenzutreten und ihr zu sagen, dass sie aufhören soll, zu nörgeln, Sie zu nerven und zu kontrollieren (bis Sie der Versuchung nicht mehr widerstehen konnten, sich in eine dritte Partei zu »verlieben«), dann ist jetzt der Zeitpunkt gekommen, dass Sie sich sagen: »Ich glaube, ich kann es. Ich glaube, ich kann es. Ich glaube, ich kann es«, bis Sie es wirklich können. Wenn Sie eine Affäre hatten, benehmen Sie sich nicht wie ein kleiner Junge, der bei etwas Schlimmen erwischt worden ist und bestraft werden muss, und geben Sie auch keinem anderen die Schuld an Ihrem Fehlverhalten. Verhalten Sie sich wie ein Mann, der einen Fehler gemacht hat, es aber immer noch verdient, dass man ihn wie einen Mann behandelt. Konfrontieren Sie Ihre Partnerin damit, wenn diese Sie klein machen will, aber übernehmen Sie die Verantwortung dafür, wenn Sie gelegentlich in Ihr kindisches Verhalten zurückfallen.
- Statt zu denken, dass Ihr Mann »bloß noch ein Kind ist, um das ich mich kümmern muss«, wie es viele Frauen über ihre Männer sagen, fragen Sie sich, warum Sie Ihr Leben auf diese Art einrichten – dass Sie für jemanden sorgen, der gut für sich selbst sorgen könnte. Genau deshalb, weil er kein Kind ist, sollten Sie ihm Ihre Wut, Ihren Frust, Ihr Genörgel, Ihre Nerverei und Ihre Kontrolle zumuten. Wenn Sie nicht wollen, dass er die Rolle des kleinen Jungen spielt, dann spielen Sie auch nicht die Rolle der Mutter.
- Wenn in Ihrem Dreiecksverhalten bisher die polarisierte Mann-Frau-Kluft vorherrschte, dann arbeiten Sie daran, Ihr eigenes, auf den Geschlechtsstereotypen beruhendes Ungleichgewicht zu korrigieren, statt an dem Ihres Partners herumzudoktern. In Kapitel 8 finden Sie mehr darüber.
- Wenn Ihr Dreieck bisher dadurch entstanden ist, dass Sie das Gefühl hatten, über Ihren Partner »hinausgewachsen« zu sein, dann überlegen Sie einmal, ob Sie Ihren Partner vielleicht gar nicht richtig kennen. Wenn er »erstarrt« ist, besteht die

Chance, dass er der Welt nicht zeigt, was in ihm steckt. Arbeiten Sie daran, mehr Akzeptanz zu entwickeln und weniger kritisch zu sein, denn so können Sie mehr über seine innere Welt herausfinden.

- Wenn Sie selbst der »erstarrte« Partner sind, dann ermutigen Sie sich selbst zum Wachsen, damit Ihr Widerstand gegen das Leben die Dreiecksabenteuer Ihres Partners nicht länger unterstützt.
- Bei nichtromantischen Dreiecken sollten Sie sich, nachdem Sie gegenseitig Ihre ambivalenten Gefühle angesichts der Unvollkommenheiten und der Probleme des anderen zur Kenntnis genommen haben, beide nach innen wenden und an Ihren eigenen Themen arbeiten – nicht an denen des anderen. In den meisten Fällen, in denen es um Sucht- und Zwangsverhalten geht, ist professionelle Hilfe wahrscheinlich der beste Ausweg.

Besser spät als nie: In fünfunddreißig Jahren von Schritt 1 zu Schritt 3

Um zu verdeutlichen, wie hartnäckig sich die Dreiecksliebe halten kann, wie die drei Schritte im wirklichen Leben integriert sind, und vielleicht auch als Ermutigung, Ihre eigenen Muster früher anzugehen, möchte ich Ihnen kurz die Geschichte eines Patienten erzählen, der mit einundsechzig Jahren nach achtundzwanzig Ehejahren in meine Praxis kam. Arthur war ein sehr erfolgreicher Anwalt, Teilhaber einer großen Kanzlei in New York. Hoch gewachsen, gut aussehend, extrem praktisch veranlagt und immer freundlich, verheiratet mit einer Altphilologie-Professorin, die an einer renommierten Universität lehrte. Zusammen hatten die beiden drei Kinder großgezogen, die inzwischen alle mit dem College fertig waren und ihre eigenen Wege gingen. Arthur reiste gern, seine Frau war eine wunderbare Köchin und eine gute Unterhalterin. Sie hatten immer viel Spaß zusammen gehabt. Doch alle paar Jahre fiel für einige Zeit ein dunkler Schatten auf ihr aktives, fröhliches und scheinbar so angenehmes Leben: Plötzlich überfiel Arthur eine unerklärliche miese Stimmung, seine Frau hatte nur noch ihren Arbeitsstress im Kopf und die pubertierenden Kinder machten Probleme.

An Arthurs sechzigstem Geburtstag – einer wunderschönen Feier in einem New Yorker Nobelrestaurant – brach alles zusammen. Als das Licht gelöscht wurde und der Kuchen mit den Geburtstagskerzen hereingetragen wurde, kam in Arthur plötzlich ein Verdacht hinsichtlich der Beziehung zwischen seiner Frau und einem seiner Partner auf. Erinnerungen wurden wach, beispielsweise an die Party anlässlich der ersten wissenschaftlichen Buchveröffentlichung seiner Frau vor etwa fünfzehn Jahren. Damals war seine zwölfjährige Tochter zu ihm gekommen und hatte gesagt: »Mommy küsst im Bad einen anderen Mann.« Arthur hatte sich mit einem Drink beruhigt und die Sache abgetan: Bestimmt hatte die Kleine nur eine freundschaftliche Gratulation falsch interpretiert.

Nach seinem sechzigsten Geburtstag wuchs sein Verdacht immer mehr. Als er seine Frau zur Rede stellte, reagierte sie, als wäre seine Frage vollkommen lächerlich und eigentlich eine Unverschämtheit. Doch Arthur wurde den Gedanken einfach nicht mehr los und kam schließlich zu mir, um sich wegen seiner Sorgen beraten zu lassen. In den ersten Sitzungen saß ich nur da, hörte ihm zu und versuchte zu entscheiden, was real und was Fantasie war. Aber allein durch mein Zuhören fühlte er sich in seinem Misstrauen schon so bestätigt, dass er beschloss, seine Frau noch einmal zu konfrontieren. Allerdings wollte er einen günstigen Zeitpunkt abwarten, damit er das Thema konstruktiv zur Sprache bringen konnte. Dann erwähnte ein Kollege bei der Arbeit eines Tages, dass der Partner, den Arthur im Verdacht hatte, gerade aus Santa Barbara in Kalifornien angerufen hatte –

aus der gleichen Stadt, in der Arthurs Frau gerade an einer Konferenz teilnahm! Diesen Zufall konnte nun selbst Arthur nicht ignorieren, obwohl er, wie ich langsam begriff, ein wahrer Meister der Verdrängung war. Kurz entschlossen rief er das Hotel in Santa Barbara an und fragte nach seinem Partner. Und natürlich wohnte er im selben Hotel wie Arthurs Frau, sogar auf dem gleichen Stockwerk . . .

Als sie ein paar Tage später aus Kalifornien zurückkam (und auch der Partner wieder in New York auftauchte), konfrontierte Arthur seine Frau mit seiner Entdeckung. Sie brach zusammen und gab zu, seit anderthalb Jahren eine Affäre mit Arthurs Partner zu haben. Arthur war erschüttert, am Boden zerstört und wütend. Aber er war bereit, zu vergeben und die Sache zu vergessen, wenn seine Frau ihren Geliebten nicht wiedersah. Was sie ihm auch versprach.

Selbst jetzt funktionierte Arthurs Abwehr noch – bis er einige Monate später herausfand, dass seine Frau sich weiterhin mit seinem Partner traf. Wieder konfrontierte er sie, und dieses Mal stellte er ihr ein Ultimatum. Für Arthur war Schritt 1 (Mein Lieblingsdreieck) damit erfüllt. Er sah seinem eigenen Leugnen ins Gesicht und nahm zur Kenntnis, was er immer gewusst, aber niemals näher bedacht hatte, aus Angst davor, sich mit den Konsequenzen auseinander setzen zu müssen: Den größten Teil seiner Ehe hatte er tief im Verhaltensmuster der Dreiecksliebe gesteckt. Später stellte sich tatsächlich heraus, dass seine Frau noch zwei weitere langfristige Affären hatte, eine ganz zu Anfang der Ehe mit ihrem Doktorvater, eine mit einem allein stehenden Freund der Familie, den Arthur immer für schwul gehalten hatte. Die Affären hatten sich über mehrere Jahre hingezogen, und wichtige Ereignisse in ihrer Entwicklung stimmten zeitlich genau mit Arthurs Stimmungsschwankungen und dem problematischen Verhalten seiner Kinder überein. In beiden Fällen war Arthur zwar aufgefallen, was für eine »ungewöhnlich enge Beziehung« seine Frau mit diesen Männern gehabt hatte, hatte dies jedoch mit Hilfe irgendwelcher Rationalisierungen abgetan, damit er sein Leugnen aufrechterhalten konnte.

Für Arthur und seine Frau ging mit dem Ende des Dreiecks das Ende ihrer Beziehung einher – jedenfalls in ihrer bisherigen Form. Arthurs Frau traf tatsächlich eine Entscheidung, indem sie Arthur sitzen ließ und zu seinem Partner zog. Jetzt spürte Arthur das ganze Gewicht des Betrugs, und es dauerte viele Monate regelmäßiger Therapie, bis seine Wunden allmählich zu heilen begannen. In dieser Zeit stürzte er sich auch in seine Arbeit an Schritt 2 (Die kürzteste Entfernung) und stellte die zentrale Frage, warum er die Affären seiner Frau so heftig verdrängt hatte, die doch direkt unter seiner Nase stattgefunden hatten.

Die Antwort erfolgte laut und klar, als Arthur offenbarte, dass auch er sich im Lauf der Jahre hier und dort ein paar »Fehltritte« geleistet hatte, auf Reisen, mit einer Anwaltsassistentin, mit einer Sekretärin. »Aber es war nie eine dauerhafte Sache, ich hab mir immer nur schnell einen blasen lassen oder so, nie eine Beziehung, und ich habe meine Ehe nie in Frage gestellt oder mit der Idee gespielt, meine Frau zu verlassen«, erklärte Arthur. Eine Weile beharrte er darauf, dass das zwar falsch gewesen sei, aber überhaupt nicht zu vergleichen mit dem emotionalen Betrug, den seine Frau begangen habe, oder gar damit, dass sie sich tatsächlich für einen anderen Mann entschieden habe.

Ich sagte Arthur, dass ich nicht an der Frage interessiert sei, wer sich moralisch mehr ins Unrecht gesetzt hatte, sondern daran, ob seine eigene Dreiecksbildung eine Rolle bei der Verdrängung des Dreiecksverhaltens seiner Frau gespielt hatte, und an diesem Punkt nahm er zur Kenntnis, dass er sie in der Vergangenheit nicht konfrontiert hatte, weil er wegen seiner eigenen sexuellen Begegnungen ein schlechtes Gewissen hatte. »Damals hatte ich nur das Gefühl, dass ich mich nicht damit auseinander setzen wollte – es kam mir hässlich und unwichtig vor. Aber jetzt weiß ich, dass ich sie nicht wegen ihrer Untreue zur Rede stellen konnte, ohne auch über das zu reden, was ich selbst so trieb.« An diesem Punkt war Arthur mit seinem feinen Juristenverstand auch klar, dass sein Argument, die beiden Fälle seien moralisch nicht vergleichbar, nicht ganz stimmte, denn selbst wenn seine Verfehlungen weniger ernst waren, bildeten sie doch das Zentrum seines billigenden In-Kauf-Nehmens der schwerer wiegenden Fehltritte seiner Frau.

Arthurs Therapie ging weiter, einige Monate verstrichen, und er begann sich mit einer anderen Frau zu treffen. Sie war eine jüngere, geschiedene Schauspielerin, die eine ganz neue Art von Beziehung in Arthurs Leben brachte. Arthurs Frau war eine Intellektuelle, seine neue Freundin eine Künstlerin, die sich gern produzierte. Sie lebte weniger »im Kopf«, war sinnlicher, und sie beide experimentierten sexuell viel freizügiger, als Arthur es in seiner Ehe je getan hatte. Außerdem blickte die Freundin, ganz anders als Arthurs Frau, intellektuell zu ihm auf. Die Verbindung zwischen den beiden entwickelte sich zu einer offenen, liebevollen und intimen Beziehung, aber Arthur dachte immer noch sehr oft an seine Frau. Wenn er die Beziehungen miteinander verglich, wurde ihm klar, dass er oft das Gefühl gehabt hatte, von seiner Frau nicht als intellektuell gleichwertig behandelt zu werden. Sie hatte ihm immer das Gefühl vermittelt, dass sie sich für einen wesentlich ernsthafteren Menschen hielt und dass sein Beruf im Vergleich zu ihrem irgendwie minderwertig sei. Mit meiner Hilfe begann Arthur zu erkennen, dass seine außerehelichen sexuellen Begegnungen mit Frauen stattgefunden hatten, die er als »unterlegen« wahrgenommen hatte, und dass dies seine Art gewesen war, sich unbewusst in seiner Männlichkeit zu bestärken (1) und seinen Ärger darüber auszudrücken, dass seine Frau ihm das Gefühl gab, kein richtiger Mann zu sein (2). Mit anderen Worten: Um keine schmerzlichen, wütenden Gefühle in die Beziehung einzubringen, hatte er diese gelegentlich mit Hilfe einer dritten Partei sexuell »exportiert«. Mit diesen Erkenntnissen vertiefte Arthur seine Arbeit an Schritt 2 (Die kürzeste Entfernung), die zu diesem Zeitpunkt nicht in der Beziehung, sondern nur in Gedanken stattfand. Doch diese Arbeit wies auch darauf hin, dass er seine Frau nicht ganz losgelassen hatte und in gewisser Hinsicht immer noch ein Dreieck erschuf, oder vielleicht, falls seine Frau ebenfalls noch an ihn dachte, sogar ein Viereck ...

Nach einer Weile zeigte sich, dass es genauso war. Gerade als Arthur sich anschickte, mit seiner Freundin zusammenzuziehen, meldete sich seine Frau bei ihm. Auch sie hatte eine Therapie angefangen, die sie zu Schritt 2 (Die kürzeste Entfernung) und zu der Erkenntnis geführt hatte, dass ihre außerehelichen Affären die Neuinszenierung eines verbotenen sexuellen Kindheitserlebnisses – genau genommen eines Missbrauchs – mit ihrem großen Bruder waren. Als die beiden auf einem ausgedehnten Spaziergang durch den Central Park über all das sprachen, offenbarte Arthur ihr auch seine eigenen sexuellen Geheimnisse und seine neuen Einsichten in ihre Beziehung. Bei Sonnenuntergang war beiden klar, dass ihre Beziehung keineswegs vorüber war. Sie beschlossen, sich von ihren Geliebten zu trennen und gemeinsam eine Eheberatung aufzusuchen. Sie wollten zwar weiterhin getrennt wohnen, aber an ihrer Beziehung arbeiten. Das taten sie und sprachen in den folgenden sechs Monaten mit Hilfe eines Paartherapeuten über all das, was sie in den achtundzwanzig Jahren ihrer Ehe unter den Teppich gekehrt hatten: Wut, Sex, Schuldgefühle, Unsicherheit ... Alles kam auf den Tisch.

Jetzt arbeiteten sie zusammen an Schritt 2 (Die kürzeste Entfernung), aber sie kommunizierten anders miteinander, das heißt, es gab zum ersten Mal auch Streitgespräche, Kämpfe, deprimierende Sackgassen und schmerzliche Enthüllungen. Aber es traten keine unerklärlichen Stimmungsschwankungen mehr auf, es existierten keine Geheimnisse, keine Lügen und keine Verdrängung mehr. Und außerdem hatten sie immens viel Freude an der neu gefundenen, tieferen Intimität und ihrer sich entwickelnden Fähigkeit, sich selbst und den anderen zu akzeptieren. Nie zuvor hatte ich in einer Beziehung eine solche Wandlung erlebt: Von Schritt 1 zu Schritt 2 schien sie vollkommen anders zu werden.

Vielleicht verlief Schritt 3 (Eine klare Linie) deshalb weniger dramatisch, weil die vorangegangene Veränderung so enorm war. Arthur und seine Frau arbeiteten in der Einzeltherapie weiter an ihren jeweiligen Themen und konnten ihre neuen Einsichten dafür einsetzen, sich auf die positiven Kehrseiten der störenden Eigenschaften ihres Partners einzulassen. Nachdem Arthur seine Frau beispielsweise wiederholt mit ihrer intellektuellen Arroganz konfrontiert hatte, konnte er sehen, dass seine Wut teilweise auf seiner eigenen intellektuellen Unsicherheit basierte – nicht nur auf der Arroganz seiner Frau. Um seine Unsicherheit zu überwinden, machte er sich ein Stück ihrer Welt zu eigen, schrieb sich für einen Internetkurs über Joyce ein und verfasste schließlich einen hervorragenden Artikel über »Porträt des Künstlers als junger Mann«, den er sogar bei einem renommierten Literaturmagazin einreichte. Außerdem begann er philosophische Kurzgeschichten zu verfassen und entwickelte sein Interesse an Literatur und der Natur des Denkens.

Gleichzeitig schien Arthurs Frau allmählich besser zu begreifen, warum sie das Bedürfnis hatte, den Intellekt ihres Mannes abzuwerten und sich außerhalb der Ehe aufregenden Sex zu suchen. Als Konsequenz lernte sie von Arthurs bodenständigerem, praktischem Umgang mit der Welt – einschließlich Sex. Daher fühlte sie sich sexuell mit ihm viel wohler und experimentierfreudiger. Schritt für Schritt führte die individuelle und doch beiderseitige Arbeit dazu, dass die beiden sich weniger oft und weniger heftig stritten, ihre gegenseitige Akzeptanz und das Gefühl der Zusammengehörigkeit wuchsen, was die Drohung der Dreiecksliebe weiter aus ihrem Leben verbannte.

Es war wirklich bemerkenswert mitzuerleben, wie dieses Paar sich nach so vielen gemeinsamen Jahren regelrecht neu erfand. Nachdem sie so lange in Dreiecksverhältnissen mit allen dazugehörigen Lügen und Verdrängungen gelebt hatten, traten sie nun in eine mutige neue Dynamik frontaler, ambivalenter Konfrontation ein, um im fortgeschrittenen Alter noch die Kommunikationskunst zu erlernen, in der negative Gefühle nicht nur ausgedrückt, sondern in die Beziehung integriert werden.

KAPITEL 6

VERBOTENE LIEBE

Sprachen sie: »Neidische Wand, was stehst du den
Liebenden feindlich?«   OVID

Die Geschichte von Pyramus und Thisbe bildete die Vorlage zu Shakespeares *Romeo und Julia*. In der griechischen Sage verbieten die Eltern die Liebe zwischen den beiden jungen Menschen, die Tür an Tür leben. Aber wie Ovid es ausdrückt: ». . . je mehr es versteckt, desto heißer brannte das Feuer« . . . »denn was entginge der Liebe?« So finden die beiden Liebenden Mittel und Wege, miteinander Kontakt aufzunehmen – durch einen Riss in der Mauer. Sehnsucht und Frustration werden dadurch natürlich nur noch größer, und so beschließen sie, die ihrer Liebe auferlegten Schranken zu durchbrechen und von zu Hause wegzulaufen. Doch ihr Plan, sich in der Nacht beim Maulbeerbaum zu treffen, wird von einer ironischen Wendung des Schicksals zunichte gemacht, die letztlich zu ihrem tragischen Tod führt.

Zwar ist die verbotene Liebe, um die es in diesem Kapitel geht, bei weitem nicht so dramatisch, kann sich aber ebenso wenig verwirklichen wie die hier beschriebene. Wenn die Liebenden versuchen, ihre heimliche Beziehung ans Tageslicht zu bringen, stirbt die Liebe – wenn auch nicht unbedingt die Liebenden. Dramatisch und auch tragisch können oft die Folgen für ihr weiteres Leben sein, in dem Sinne, dass sie, nachdem sich ihre hochfliegenden Träume zerschlagen haben, nun mit weniger dastehen als zuvor und sich auf der Suche nach Freiheit am Ende nur noch mehr Fesseln eingehandelt haben. Historisch gesehen gilt als verbotene Liebe diejenige, die den kulturellen Normen trotzt. Da die westliche Zivilisation auf dem Weg sozialer Freiheit immer weiter voranschreitet, sind viele Arten der Liebe, die gestern noch als verboten galten, heute schon kein Stein des Anstoßes mehr. Andere – wie zum Beispiel die Liebe zwischen den Rassen – ist vielleicht, außer in einigen kulturellen Randgruppen, nicht ausdrücklich verboten, wird aber weiterhin stillschweigend zensiert.

Ganz gleich, wie liberal wir sind, können wir dem Problem insofern nicht entfliehen, als romantische Liebe leicht ein intrinsisch verbotenes Element hervorruft. Extreme Fälle – wie der einer Lehrerin, die sich in ihren dreizehnjährigen Schüler verliebt und sich trotz aller Warnungen, trotz strafrechtlicher Maßnahmen und Gefängnisandrohungen weiter mit ihm trifft – geraten immer mal wieder in die Schlagzeilen. Weniger dramatische Fälle wie die Studentin und ihr Professor oder der verheiratete Mann und das Au-pair-Mädchen sind natürlich häufiger. In all diesen Fällen überschneidet sich die verbotene Liebe mit den anderen Mustern, die ich hier besprochen habe, beispielsweise mit der Dreiecksliebe. Dennoch ist der verbotene Aspekt der Liebe samt der spezifischen Rolle, die er in vielen Beziehungen spielt, wichtig genug, dass er es verdient, getrennt behandelt zu werden.

Für einen psychoanalytisch orientierten Therapeuten ist die Idee, dass Liebe als solche verboten ist, durchaus nicht neu. Freudianer sind der Ansicht, dass alles auf das erste erotische Liebesobjekt zurückgeht – den gegengeschlechtlichen Elternteil –, das gefährlich und verboten ist. Aber Sie müssen kein Freudianer sein, um zu sehen, dass romantische Liebe tatsächlich eine Gefahr für das Leben einer Familie darstellen kann. Daran, dass Eltern und Kinder sich ineinander verlieben können, besteht kaum ein Zweifel, allerdings mit der fast universellen Einschränkung, dass in diesem Kontext Liebe und Sexualität getrennt werden. Aber liegen die beiden von Natur aus nicht schrecklich eng beieinander, rufen sich gegenseitig auf den Plan und überschneiden sich in großen Teilen? Ist es beispielsweise nicht für Bruder und Schwester ganz normal, dass sie sich zueinander hingezogen fühlen, wenn sie in die Pubertät kommen? Und ist nicht ganz allgemein zu erwarten, dass die zwischenmenschliche Nähe innerhalb der Familie sexuelle Gefühle hervorrufen kann? Nun, Inzest ist eine Tatsache, deshalb wird er so heftig tabuisiert.

Trotz aller Sexualerziehung und selbst im progressivsten Umfeld, in dem Sexualität in der Liebe von Erwachsenen als »schön und gesund« gilt, bekommt man Nacktheit und Sex in der Familie meist weder zu Gesicht noch wird darüber gesprochen. Gleichzeitig sind sexuelle Anspielungen in unserer Kultur allgegenwärtig, was die Neugier und Fantasie eines Kindes natürlich anstachelt. Mit anderen Worten: Man braucht kein Psychologe zu sein, um zu sehen, dass Kinder in unserer Gesellschaft in der Vorstellung aufwachsen, sexuelle Liebe sei aufregend und wunderbar und gleichzeitig verboten – zumindest bis man alt genug ist.

Schritt 1: Der innere Teenager

Kim kam zu mir in die Therapie, als sie mit dreiunddreißig merkte, dass in ihrer Beziehung etwas nicht stimmte. Sie war vier Jahre lang mit einem Mann namens Christopher zusammen gewesen und beschrieb die Beziehung tränenreich und bewegend als offen, reif, liebevoll und einfach wunderbar. Seit sie sich vor etwa drei Jahren getrennt hatten, war ihr kein wirklich interessanter und liebevoller Mann mehr über den Weg gelaufen, der Interesse an ihr gezeigt habe. Zwischendurch hatte sie ein paar kurze Beziehungen gehabt, die jedoch nie das Niveau der Verbindung erreichten, die sie mit Christopher gehabt hatte, und deshalb zu nichts führten. Als ich sie fragte, warum es denn mit ihr und Christopher nicht geklappt habe, begann sie wieder zu weinen und antwortete: »Er war kein Jude.«

Nun war Kim keineswegs eine aktiv religiöse Frau, aber sie war in einer traditionellen, konservativ jüdischen Gemeinschaft aufgewachsen, und es war für sie immer selbstverständlich gewesen, dass sie später einen jüdischen Mann heiraten würde. Als sie Christopher kennen lernte, war sie sechsundzwanzig, und zunächst dachte sie nicht, dass sich etwas Ernstes anbahnte. Ihre Gefühle füreinander wuchsen, trotzdem erklärte sie ihm – und sich selbst –, dass sie ihn nie heiraten könne. Eine Weile überlegte sie, ob er vielleicht konvertieren würde, aber obwohl er kein voll praktizierender Katholik war, hing er doch an seinem Glauben und ein Übertreten zum jüdischen Glauben kam für ihn nicht in Frage.

Deshalb beschlossen die beiden nach ein paar Monaten, sich lieber nicht mehr zu treffen. Aber das hielten sie nicht aus, sie telefonierten viel und trafen sich schließlich zum Lunch, dann zum Dinner . . . und so weiter. Bald waren sie wieder zusammen, und nach Kims Beschreibung führten sie eine Beziehung voller Leidenschaft und Mitgefühl. Dabei wussten sie natürlich die ganze Zeit, dass sie sich »irgendwann« trennen mussten. Kim war nicht nur überzeugt, dass sie ein jüdisches Leben wollte, sondern hatte auch ein sehr enges Verhältnis zu ihrer Mutter und glaubte fest daran, dass diese es nicht überleben würde, wenn ihre Tochter einen Nichtjuden heiratete.

In Kims Wahrnehmung war Christopher sehr einfühlsam und zeigte viel Verständnis für ihre Herkunft; er setzte sie nicht unter Druck. »Wir waren so verliebt und so glücklich miteinander, dass wir uns nicht trennen wollten. Wir haben es noch zweimal versucht, aber beide Male haben wir angefangen zu weinen, weil wir es einfach nicht übers Herz brachten, und nach ein paar Tagen oder Wochen waren wir dann wieder zusammen.«

Als Kim neunundzwanzig wurde, stellte ihre Mutter sie dem

Sohn eines Freundes vor, einem jüdischen Buchhalter, der sich sofort für sie interessierte. Kim erzählte Christopher davon, und er war entsetzt, weil er dachte, sie würde diesen Mann bestimmt heiraten. Auch Kim glaubte das, also trennte sie sich ein weiteres Mal von Christopher und begann, sich mit dem Buchhalter zu treffen. Doch nach einigen Monaten wurde Kim klar, dass sie keine Gefühle für diesen Mann entwickeln konnte. Also brach sie die ganze Sache ab und versuchte, wieder mit Christopher in Kontakt zu treten. Aber sie erreichte ihn nicht und fand wenig später heraus, dass er das Land verlassen hatte und eine Weltreise machte. Kim war bestürzt und verletzt, und es begann ihr zu dämmern, dass dieses Kapitel ihres Lebens zu Ende ging. Aber erst als sie die Wunde in der Therapie von neuem öffnete, konnte sie die Beziehung besser verstehen und endlich loslassen. Während sie bisher geglaubt hatte, dass sie Christopher ganz bestimmt geheiratet hätte, wenn er nur Jude gewesen wäre, erkannte sie in der Therapie, dass sie in einem solchen Fall wahrscheinlich nicht einmal mit ihm zusammen gewesen wäre, und ganz sicher nicht so lange. Nicht nur wurde ihre Liebe durch das Element des Verbotenen süßer und intensiver, sondern zusätzlich durch ein weiteres verbotenes Thema in Kims Vergangenheit angefacht.

Kims Vater war gestorben, als sie noch ein kleines Mädchen war, und ihre Mutter hatte nie wieder geheiratet. Kim war ihr einziges Kind. Sie und ihre Mutter hatten ein extrem enges Verhältnis zueinander, so intensiv, dass sie nie das Gefühl hatte, ihren Vater zu vermissen – sie fühlte sich von ihrer Mutter geliebt und versorgt. Doch wie sie in der Therapie rasch herausfand, war die enge Beziehung zu ihrer Mutter davon abhängig, dass sie schon sehr früh ein braves, vernünftiges und verantwortungsbewusstes Mädchen wurde. Damit einher ging eine enorme Bewunderung, Dankbarkeit und ein starkes Gefühl der Verpflichtung ihrer Mutter gegenüber, die ihre Erziehung ganz allein so hervorragend meisterte. Als Teenager interessierte sich Kim zwar für Jungen, verabredete sich aber kaum, weil sie ihrer Mutter so nahe war und eigentlich kein Bedürfnis hatte auszugehen. »Vermutlich dachte ich auch, dass es sie stören würde, wenn ich einen Freund hätte, wo sie doch allein und unverheiratet war.« Je näher wir Kims Beziehung zu ihrer Mutter unter die Lupe nahmen, desto mehr verstärkte sich der Eindruck, dass ihr gutes Verhältnis zu einem großen Teil auf der – recht häufigen – Umkehrung der Rollen von Mutter und Kind beruhte: Unbewusst kümmerte sich Kim um die emotionalen Bedürfnisse ihrer Mutter.

Als Teil dieser Rollenumkehrung unterdrückte Kim alle Gefühle der Eigenständigkeit, selbst im Teenageralter, in dem das Streben nach Autonomie oft eine rebellische, aufsässige Form annimmt. Für Kim hätte offenes Rebellieren viel zu viele Schuldgefühle heraufbeschworen, also blieb sie lieber ein gutes Mädchen, bis sie sich dem Bedürfnis nach einem eigenen Leben nicht länger widersetzen konnte. Doch als sie mit sechsundzwanzig Jahren ihre emotionale Anhängigkeit von ihrer Mutter auf ihren Freund Christopher zu übertragen versuchte, konnte Kim das nicht offen und als natürlichen Entwicklungsschritt tun. Deshalb suchte sie sich einen »verbotenen« Mann, der eigentlich keine Chance hatte und sie letztlich ihrer Mutter niemals wegnehmen würde. So gesehen hätte Christopher irgendein x-beliebiger unerreichbarer Mann sein können. Aber indem Kim ein nicht nur für sich selbst, sondern vor allem aus Sicht ihrer Mutter verbotenes Liebesobjekt auswählte, konnte sie endlich rebellieren.

Kim war mit ihrer Mutter so verstrickt, dass sie sich nur von ihr lösen konnte, indem sie die Regeln brach – in diesem Fall die kulturellen, religiösen Regeln, mit denen sie erzogen worden war. Natürlich ging ihre Rebellin nicht so weit, dass sie ihrer Mutter – und der von ihr verinnerlichten Mutterfigur – trotzte und tatsächlich einen nichtjüdischen Mann heiratete. Das war immer noch zu gefährlich. Stattdessen sammelte der Teenager in ihr all die verdrängten und unterdrückten emotionalen Bedürfnisse und kanalisierte sie in die heftigen Sehnsüchte und das geheime Prickeln der verbotenen Liebe. Sicher spielte es auch eine Rolle, dass sie mit Christopher die Intimität mit einem Mann kennen lernte und unbewusst auf der Suche nach ihrem Vater war. Aber mehr als alles andere war es der Drang nach Freiheit und Individualität in der unbewussten pubertären Rebellion gegen ihre Mutter, der sie dazu brachte, sich ausgerechnet in Christopher zu verlieben.

Interessanterweise gehört zu der überwältigenden Anziehungskraft der verbotenen Liebe fast immer eine Teenagerrebellion. Der Grund dafür besteht darin, dass wir in der Pubertät in die erwachsene Sexualität eintreten und dass dabei immer die Gefahr mitschwingt, wir könnten uns von unserer Kindheit und unseren Eltern trennen, obwohl wir noch nicht vollständig dazu bereit sind. Genau genommen fühlen sich Eltern (und die Gesellschaft als solche) genau deshalb von der pubertären Sexualität bedroht, weil sie signalisiert, dass der Teenager dabei ist, aus der elterlichen Kontrolle auszubrechen. Wenn Sie sich also in einer verbotenen Liebesbeziehung befinden, verlangt Schritt 1 (Der innere Teenager) von Ihnen, zu erkennen, dass Ihre Leidenschaft mehr durch Ihre eigene – bewusste oder unbewusste – Rebellion als von Ihrer Verbindung zu der anderen Person angefacht wird.

Nun ist Rebellion gegen soziale Konventionen nicht unbedingt etwas Schlechtes. Sollten Sie etwa, wenn Sie homosexuell sind, religiöse und kulturelle Verbote akzeptieren, die Sie daran hindern, Ihrer Liebe nachzugehen? Natürlich nicht. Wenn Sie als weiße Frau eine Beziehung mit einem schwarzen Partner aufbauen, sollten Sie das als verbotene Liebe ansehen, wenn beispielsweise Ihre Familie oder die Gesellschaft Ihre Verbindung nicht gutheißt? Wiederum ist die Antwort ein deutliches Nein. Und ist es verbotene Liebe, wenn eine junge Frau eine Beziehung mit einem wesentlich älteren Mann anfängt? Wieder würde ich verneinen, auch wenn die Entscheidung in allen Beispielen von Ihrer eigenen intellektuellen und emotionalen Einstellung diesen sozialen Konventionen gegenüber abhängt. Wenn Sie unabhängig denken, sich Ihrer Rebellion bewusst sind und sich auf Ihre Liebe einlassen, dann ist es natürlich keine verbotene Liebe mehr. Wenn Sie andererseits behaupten, frei zu sein, sich aber wie ein Teenager mit Hausarrest benehmen, der sich insgeheim und subversiv darüber freut, die Regeln brechen zu können, dann besteht eine gewisse Wahrscheinlichkeit, dass Sie unter dem Einfluss der verbotenen Liebe stehen.

Wie man an Kims Fall sieht, kann es bei der verbotenen Liebe ziemlich schwierig sein, zu Schritt 1 (Der innere Teenager) vorzudringen. Erstens werden in eine solche Beziehung oft außergewöhnlich tiefe und umfassende Gefühle eingebracht, was von einem unbeteiligten Beobachter, der zu sehr damit beschäftigt ist, die Beziehung zu verdammen, weil sie nicht den sozialen Normen entspricht, meist nicht erkannt wird. Doch wie jeder Literaturliebhaber bestätigen kann, sind wir oft besonders bewegt, wenn uns ein Schriftsteller in die innere Welt der verbotenen Liebe führt, wir identifizieren uns oder sympathisieren zumindest stark mit den Protagonisten. Wenn wir *Romeo und Julia* lesen oder im Theater sehen, sagen wir nicht etwa: »Ach, so sind Teenager eben.« Mein Lieblingsbeispiel dieser Art von künstlerischer Katharsis stammt aus der Welt der Oper. Was immer wir von Inzest zwischen Bruder und Schwester halten mögen – und ungeachtet des psychischen Schadens, den er in der wirklichen Welt anrichtet –, zieht uns Richard Wagners musikalische Beschreibung einer solchen Liebe in *Die Walküre* hundertprozentig auf die Seite der Liebenden. Ihr berühmtes Liebesduett, das mit »du bist der Lenz, nach dem ich verlangte in frostigen Winters Frist« seinen Höhepunkt erreicht, gehört zu den zärtlichsten, harmonischsten und leidenschaftlichsten Musikstücken, die jemals komponiert wurden.

Genau dasselbe fühlte Kim gegenüber Christopher, und genau deshalb brauchte sie vier Jahre, um die Beziehung zu beenden. Aber nicht nur aufgrund dieser emotionalen Tiefe und Schönheit ist es schwierig, Schritt 1 (Der innere Teenager) zu bewältigen, sondern auch deshalb, weil wir die Realität des Hindernisses (zum Beispiel die falsche Religion, das falsche Geschlecht, das falsche Alter, der falsche Familienstand) als äußerlich und objektiv ansehen statt als etwas, was zum Teil durch unsere eigene Wahrnehmung und unseren Widerwillen, unsere Liebe zu legitimieren, geschaffen worden ist. Woher soll man nun also wissen, ob man vom »inneren Teenager« motiviert wird – und schleunigst aus diesem Alter herauswachsen sollte – oder von wahrer Liebe? Nun, wie in den anderen Mustern gescheiterter Liebe muss man sich manchmal tiefer hineinbegeben, um das herauszufinden. Mit anderen Worten, die einzige Möglichkeit besteht darin, dass man die äußeren Hindernisse überwindet und sich ganz seiner Liebe widmet. Wenn die Liebe dann stirbt, weiß man, dass sie von Rebellion angefacht wurde. Sollte man sich dazu entschließen, sie nicht auf die Probe zu stellen – das heißt, wenn man eine Beziehung fortsetzt, obwohl man weiß, dass sie letztlich für einen selbst oder für den Partner inakzeptabel ist –, dann handelt man nach dem Muster der verbotenen Liebe. Das Gleiche trifft zu, wenn man die Beziehung insgeheim fortführt, um sozialer oder familiärer Ablehnung aus dem Wege zu gehen. Diese Diskussion spricht ein wichtiges Thema an, das im Leben vieler, vor allem junger homosexueller Männer und Frauen eine Rolle spielt, die glauben ihr Liebesleben verbergen zu müssen, um sich selbst oder ihre Partner vor externen Gefahren wie sozialer Ächtung, Diskriminierung und sogar Gewalt zu schützen. Wo irgend möglich sollten sich Homosexuelle in dieser Situation zu ihrer Sexualität bekennen, zumindest im Freundeskreis. Hoffentlich finden sie eine Umgebung oder Gruppe, in der sie ihr Geheimnis offenbaren können, oder haben sonst die Möglichkeit, sich eine aufgeschlossenere Gemeinschaft zu suchen. Obgleich dies ein schwerer Kampf sein kann – ein Kampf, den einige meiner homosexuellen Patienten schon seit Jahren ausfechten –, ist er doch die Mühe wert. Denn so verständlich die Entscheidung, diesen Kampf zu meiden, auch sein mag – ohne ihn sind sie dazu verurteilt, sich illegitim zu fühlen und somit in die Dynamik der verbotenen Liebe zu geraten.

Diese Logik macht es zumindest theoretisch sehr einfach, zu erkennen, welchen Beziehungen man möglichst bald aus dem Weg gehen sollte, wenn man die verbotene Liebe meiden will. Zum Beispiel:

– Wenn Sie wissen, dass Sie niemals einen Partner von einer anderen Konfession heiraten würden, fangen Sie lieber erst gar keine Beziehung mit einem solchen an.
– Wenn Sie wissen, dass Sie niemals eine Beziehung mit einem verheirateten Mann haben würden, lassen Sie sich lieber nicht von einem in die Kneipe einladen. Das Gleiche gilt für Ihren Chef.

Diese Beispiele können zu einer Gleichung verallgemeinert werden, die auf alle Szenarien passt:

– Wenn Sie wissen, dass Sie Ihre (eigene) Regel X niemals brechen würden, übertreten Sie sie nicht, indem Sie mit Y eine Beziehung eingehen, wenn Sie dafür Ihre Regel X übertreten müssen.

Diese Formel verlangt also von Ihnen, dass Sie wissen, was Sie »niemals« tun würden – und kann irgendjemand das wirklich von sich behaupten? Trotzdem: Je besser Sie sich selbst kennen, desto wahrscheinlicher ist es, dass Sie den Kontakt mit jemandem vermeiden, der für Sie in die Kategorie »verboten« fällt. Wenn Sie nicht sicher sind, ob eine bestimmte Person für Sie verboten ist, hilft Ihnen vielleicht folgendes hypothetische Gedankenspiel weiter. Stellen Sie sich vor, Sie sind mit diesem

Menschen verheiratet und haben mit ihm eine Familie gegründet. Wie sähe die Beziehung mit Ihrer Ursprungsfamilie, mit seiner Familie, mit Ihren Freunden und seinen Freunden aus? Sie können diese Übung durchführen, ganz gleich, wie alt Sie sind, in welcher Lebenssituation Sie sich befinden und ob Sie überhaupt jemals heiraten wollen. Ihr Zweck besteht darin, dass Sie sich ein Bild davon machen, mit welcher öffentlichen Verpflichtung Sie leben könnten. Würden Sie in diesem Szenarium, ganz gleich, ob andere wichtige Menschen in Ihrem Leben positiv oder negativ auf Ihre Entscheidung reagieren, trotzdem zu ihr stehen? Wenn Ihre Antwort »Ja« lautet, dann fällt der betreffende Mensch wahrscheinlich nicht in die nach Ihren eigenen Maßstäben definierte Kategorie »verboten«.

Doch was ist mit der Möglichkeit, dass die Liebe über Ignoranz und Vorurteile triumphiert und Sie, nachdem Sie Ihren Partner besser kennen und merken, wie viel Ihnen an ihm liegt, die sozialen Normen über Bord werfen, die ihn ursprünglich »verboten« erscheinen ließen? Diese Möglichkeit besteht natürlich und bildet eine wichtige Ausnahme von der obigen allgemeinen Regel. Wie gesagt: Manchmal können wir die Natur unserer Muster nur herausfinden, indem wir uns noch weiter auf sie einlassen.

Schritt 2: Der innere Schutzwall

Wenn Sie an Ihre Studienzeit denken oder daran, wie Sie mit Mitte zwanzig waren, können Sie sich vielleicht an einen bestimmten Moment erinnern, in dem Ihnen plötzlich klar wurde, dass Sie nicht nur der elterlichen Überwachung entronnen waren, sondern nun eigentlich auch Ihren eigenen inneren Wächter erschaffen müssten. Vielleicht haben sie in diesem Augenblick begriffen, dass Sie mit Ihrem Geld haushalten oder sich selbst etwas versagen müssen, was bisher immer Ihre Eltern für Sie erledigt haben. Solche Momente verkörpern die Freiheit. Nicht die Freiheit *von* irgendetwas – wie etwa von der elterlichen Kontrolle –, sondern die Freiheit *zu* etwas – beispielsweise die Freiheit zur eigenen Entscheidung, die ganz von unserer Fähigkeit zur Selbstkontrolle abhängt.

Dieses Konzept bildet das Herzstück von Schritt 2 (Der innere Schutzwall), bei dem Sie eine Wahl treffen und die Folgen akzeptieren. Nachdem Sie Ihr Muster der verbotenen Liebe identifiziert haben, besteht Ihre Aufgabe jetzt darin, eine Grenze zu entwickeln, einen inneren Schutzwall, der Sie vor dem Verbotenen schützt. »Kein Eintritt« steht auf dem Schild, das an dieser Mauer angebracht ist, und damit ist das gemeint, was *Sie* als verboten ansehen, und nicht etwa das, was die Gesellschaft als verboten deklariert. Das Territorium des »nicht Verbotenen« oder Akzeptablen, das durch diese Grenze bestimmt wird, kann kleiner oder größer sein als das Terrain, das Sie bisher in Anspruch genommen haben. Beispielsweise ist eine Beziehung mit einem verheirateten Mann vielleicht ausgeschlossen, während eine Beziehung zu einem Mann einer anderen Rasse akzeptiert wird. Der innere Schutzwall besteht nicht einfach nur aus einer Reihe von Regeln, sondern er ist eher eine sich entwickelnde psychologische Struktur, deren Zweck darin besteht, den Teenager in Ihnen im Zaum zu halten und gelegentlich vielleicht sogar an seinen Platz zu treten. Wie nicht anders zu erwarten, transportiert Sie diese sich herauskristallisierende Funktion direkt ins Land der Ambivalenz. Lassen Sie mich dies näher erläutern.

Einer meiner Patienten begann seine Therapie in Einklang mit den Wertvorstellungen, mit denen er aufgewachsen war, als religiöser, moderner orthodoxer Jude. Er kam zu mir mit Ende zwanzig, nachdem eine längere Beziehung mit einer ähnlich gesinnten, absolut »koscheren« Frau zu Ende gegangen war, weil er noch nicht zum Heiraten bereit gewesen war. Er hatte kaum andere Beziehungen gehabt und meinte deshalb, dass er sich nicht

»binden« könne, ehe er ein bisschen herumprobiert habe. Aber wie sich herausstellte, verabredete er sich in der Folge durchweg mit »verbotenen« Frauen. Zuerst war es eine Frau, mit der er aufgrund eines höchst ausgefallenen biblischen Gesetzes, das mit seiner und ihrer Familie zu tun hatte, nicht zusammen sein durfte. Eine Weile rationalisierte er das, indem er keinen Sex mit ihr hatte, was sie natürlich umso begehrenswerter machte. Nachdem er sich mit seinem Rabbi beraten hatte, kam er zu dem Schluss, dass er eigentlich auf die erwähnte Regel keine Rücksicht nehmen musste, da sie anscheinend nur für ultraorthodoxe Juden galt. Also schlief er mit ihr, verlor aber wenig später das Interesse und brach die Beziehung ab.

Dann verabredete er sich eine Weile nicht mehr, sondern stürzte sich in eine sexuelle Beziehung mit einer Frau, die »keine feste Beziehung« wollte. Zwischen den beiden herrschte die klare Übereinkunft, dass es nur um ein oberflächliches Verhältnis ohne jede Verpflichtung ging. Diese Nichtbeziehung lief parallel zu einer Veränderung in der religiösen Orientierung des Patienten. Obgleich er sich weiterhin stark mit dem Judentum identifizierte, begann er seinen Glauben in Frage zu stellen und trug beispielsweise sein Gebetskäppchen, die Jarmulke, nicht mehr. Dennoch hatte er das Gefühl, dass er eigentlich eine verbotene Beziehung führte, weil seine Partnerin für ihn nur ein Lustobjekt war und er sie in Gedanken eher als sexuelles Spielzeug denn als menschliches Wesen sah – wenn auch mit ihrem ausdrücklichen Einverständnis. Nach einem Jahr, in dem er ständig mit seinem Gewissen kämpfte, brach er die Beziehung schließlich ab.

In den nächsten Jahren unternahm er immer wieder Versuche, eine Frau kennen zu lernen, aber keine weckte wirklich sein Interesse. Doch dann fühlte er sich zu einer jüngeren, nichtjüdischen Frau hingezogen. An diesem Punkt erkannten er und ich endlich, dass er das Territorium des für ihn Akzeptablen zwar ständig erweiterte, aber immer noch eine Beziehung außerhalb seiner Grenzen suchte. Er praktizierte seine Religion nicht mehr, ging jedoch noch immer fest davon aus, dass er irgendwann eine Jüdin heiraten würde. Warum also bemühte er sich um diese Frauen, die doch für ihn gar nicht in Frage kamen? War er immer noch nicht bereit, sich zu binden, obwohl er inzwischen Mitte dreißig war? Nein, dazu war er inzwischen mehr als bereit. Aber die Frauen, die in seiner Vorstellung zum Heiraten geeignet waren – das heißt, jüdisch, berufstätig, Ende zwanzig bis Anfang dreißig – waren einfach nicht sexy, oder sie waren zu bedürftig, zu kontrollbesessen, zu . . . mütterlich.

Um es einfach auszudrücken (wozu einige andere wichtige Variablen außer Acht gelassen werden müssen): Die Frauen, die in Frage kamen, erinnerten den Patienten an seine Mutter, die er in seiner Kindheit als überbehütend (das heißt bedürftig und kontrollierend) wahrgenommen hatte und von der er sich immer hatte trennen wollen. Indem er also der verbotenen Liebe nachgegangen war, hatte er sich hauptsächlich angestrengt, seiner Ambivalenz aus dem Weg zu gehen, die darin bestand, dass er fürsorgliche, verantwortungsbewusste und reife Frauen – deren Qualitäten er ansonsten durchaus zu schätzen wusste – als nichtsexuell, bedürftig und kontrollierend wahrnahm. Tatsächlich bestand bei jungen, sexuell attraktiven, nicht akzeptablen und ansonsten verbotenen Frauen diese Gefahr auch nur in einem sehr geringen Ausmaß.

Als wir das alles herausgefunden hatten, konnte der Patient Schritt 1 (Der innere Teenager) bewältigen und seinem pubertären Selbst Einhalt gebieten. Danach war er in der Lage, eine Beziehung mit einer jüdischen Frau aufzubauen, die etwa in seinem Alter und nach seiner eigenen Definition koscher war. Zum ersten Mal, seit er seine Therapie begonnen hatte, befand er sich in einer Beziehung mit einer gleichgestellten Person, die er liebte und respektierte, mit der er einen offenen Dialog führte und die kulturell, in ihren Wertvorstellungen und Empfindungen mit ihm übereinstimmte. Das war für ihn höchst zufrieden stellend, aber gleichzeitig auch eine große Herausforderung, weil er mit Verhaltensweisen seiner Freundin kämpfen musste, die er als Abhängigkeit wahrnahm. Es störte ihn, dass sie mehr Zeit mit ihm verbringen wollte als er mit ihr, dass sie öfter telefonieren und »über die Beziehung sprechen« wollte und dass sie sexuell nicht so aufregend war wie manche der anderen Frauen, mit denen er zusammen gewesen war. Schließlich zerbrach die Beziehung, weil beide Partner unfähig waren, diese Dynamik zu überwinden. Doch zumindest hatte der Patient die Erfahrung von Schritt 2 (Der innere Schutzwall) gemacht und sich mit den ambivalenten Gefühlen in einer Beziehung auseinander gesetzt, die sich auf von ihm selbst als akzeptabel abgestecktem Territorium abspielte.

Ein weiteres, vielleicht noch erfolgreicheres Beispiel war ein schwarzer homosexueller Patient, der in einer festen Beziehung mit einem Weißen lebte. Lange Zeit war diese Beziehung für meinen Patienten verboten gewesen, interessanter-, aber nicht unbedingt überraschenderweise nicht deshalb, weil es sich um eine homosexuelle Beziehung handelte, sondern weil es in seinen sozialen Kreisen als inakzeptabel galt, mit einem Weißen zusammen zu sein. Er war im schwarzen Ghetto aufgewachsen und hatte ein enges Netzwerk schwarzer Freunde, von denen die meisten der Meinung waren, dass er sich »verkauft« und »mit dem Feind geschlafen« hatte. In dieser Zeit stritt sich mein Patient entweder mit seinen Freunden über dieses Thema, oder er spielte die Bedeutung seiner Beziehung gezielt herunter. Das führte in seinen Freundschaften zwar zu gewissen Spannungen, hatte aber einen psychologischen »Vorteil«: Der Patient brauchte sich seiner eigenen Unsicherheit nicht zu stellen. Wenn jemand zu einem Thema, bei dem man selbst ambivalent ist oder sich in einem Konflikt befindet, die eine Seite vertritt, übernimmt man selbst die andere. Mit anderen Worten: Da die Freunde die ganzen negativen Gefühle zum Ausdruck brachten, war es für meinen Patienten eine ganz natürliche Reaktion, die entgegengesetzte Position einzunehmen. Dazu kam – wie so oft bei öffentlich als verboten wahrgenommenen Beziehungen – der Umstand, dass der Aspekt des Verbotenen die private Leidenschaft nur steigerte. Dank dieser Dynamik musste der Patient seine Ambivalenz nicht zur Kenntnis nehmen.

Nach einer Weile jedoch kam er zu dem Schluss, dass er nicht mehr mit der verbotenen Liebe leben wollte. Für ihn bedeutete Schritt 2 (Der innere Schutzwall), dass er sich mehr auf die Beziehung einließ und seine Freunde dazu herausforderte, dies zu akzeptieren. Er beschloss also, mit seinem Freund zusammenzuziehen, und die beiden kauften sich eine Wohnung in einer gut situierten Nachbarschaft, was, wie nicht anders zu erwarten, noch mehr Kritik von seinen Freunden heraufbeschwor. Jetzt war er endgültig ein Onkel Tom. Aber sein neues Engagement für die Beziehung legitimierte diese in seinen eigenen Augen und zwang seine Freunde, sich damit auseinander zu setzen. Er sagte ihnen, dass er ihre Unterstützung brauche, aber keinen Wert auf ihre Intoleranz lege, was den verbotenen Aspekt der Beziehung weiter verminderte. Die meisten seiner Freunde akzeptierten seine Beziehung, nur wenige blieben bei ihrer sturen Weigerung und sorgten damit für einen baldigen Abbruch der Freundschaft.

Jetzt, da er nicht mehr in einer verbotenen Beziehung lebte, musste sich der Patient mit seiner eigenen Ambivalenz auseinander setzen – das haben Sie inzwischen sicher schon erraten. Da er sich nicht mehr vor der Gegenseite versteckte und sie auch nicht mehr bekämpfte, blieb ihm nichts anderes übrig, als sich seinem Verlustgefühl und seinem Bedauern darüber zu stellen, dass er mit einem Partner zusammen war, der die Erfahrung, in der schwarzen Innenstadt aufgewachsen zu sein, nie wirklich würde nachvollziehen können – wahrscheinlich nicht einmal das Gefühl, schwarz und ständiger, wenn auch subtiler Diskriminierung ausgesetzt zu sein. Als Folge davon gab es jetzt mehr Konflikte in der Beziehung. Zum Beispiel brach ein Streit aus, als der

Patient seinem Partner sagte, er habe das Gefühl, er würde nicht so schnell befördert wie andere Leute in seiner Firma und das wahrscheinlich aufgrund seiner Rassenzugehörigkeit. Instinktiv stellte sein Partner diesen Grund in Frage, wodurch in meinem Patienten wieder Zweifel darüber erwachten, ob seine Freunde im Ghetto nicht doch Recht gehabt hatten. Aber er stellte sich der Situation samt ihren Konflikten und setzte sich mit seiner Ambivalenz auseinander.

Allgemein ausgedrückt müssen wir, wenn wir bei Schritt 2 (Der innere Schutzwall) Nein zu uns selbst sagen, dazu in der Lage sein, mit einem Verlust fertig zu werden – entweder mit dem Verlust der Pubertät – hier definiert als das Ende der Freiheit, subversiv rebellisch zu sein – oder dem Verlustgefühl, das aus der Erkenntnis resultiert, mit einem Partner zusammen zu sein, der ganz anders ist als man selbst. Letzteres trifft wohlgemerkt in einem gewissen Grad auf jede menschliche Beziehung zu.

Schritt 3: Endlich frei

Wenn Sie in einem wohlhabenden amerikanischen Vorort spazieren gehen, werden Sie früher oder später auf einer der manikürten Rasenflächen vor den Häusern einem gepflegten Hund begegnen, der Sie wie wild anbellt. Er rennt auf Sie zu und bettelt Sie voller Sehnsucht an, mit ihm zu spielen, aber dann bleibt er plötzlich stehen (das Gebell geht allerdings munter weiter), als hielte ihn eine unsichtbare Barriere zurück. Tatsächlich wird der Hund von einem so genannten unsichtbaren Zaun gebremst, einem Gerät an seinem Halsband, das ihm einen Elektroschock verpasst, wenn er die Grundstücksgrenzen überschreitet.

In vielen Beziehungen ist einer oder sind beide Partner auf ähnliche Weise an die Beziehung oder Ehe gebunden. Mehr aus

Angst vor den Folgen als aus freiem Willen kommen die beiden nicht oder zumindest sehr selten vom Weg ab und erscheinen demzufolge für die Verlockungen der verbotenen Liebe nicht anfällig zu sein. Aber wie im Beispiel des Hundes, der darauf brennt, mit dem Fremden auf der Straße zu spielen, dient die Androhung böser Folgen nur dazu, die verbotenen Wünsche zu verstärken. Solche Beziehungen sind in gewissem Sinne bei Schritt 2 (Der innere Schutzwall) stecken geblieben. Zwar sind die Partner keine Teenager mehr, aber sie leben nun in einem selbst geschaffenen Gefängnis.

Der Zweck von Schritt 3 (Endlich frei) besteht darin, uns von dieser auf sozialen Regeln basierenden Hunde-Dynamik zu befreien. Während wir bei Schritt 2 (Der innere Schutzwall) Nein zur verbotenen Liebe gesagt haben, weil wir wirklich überzeugt sind, dass sie für uns verboten ist, sagen wir bei Schritt 3 (Endlich frei) Ja zu unserer Beziehung, weil wir verstehen, dass *die verbotene Liebe* doch nicht verboten ist. Wir akzeptieren unsere Beziehung als das, was sie ist, und hören auf, uns danach zu sehnen, über einen nicht nur unsichtbaren, sondern nicht einmal existierenden Zaun zu springen. Das ist zugegebenermaßen ziemlich schwierig. Aber es ist eine grundlegende Voraussetzung für eine glückliche monogame Beziehung.

Donald, einer meiner Patienten, glaubte ehrlich an das Ideal von Bindung und Monogamie und wäre nie in die Therapie gekommen, wenn er nicht in eine Krise geraten wäre, die seine Überzeugungen in Frage stellte. Donald war fast zwanzig Jahre verheiratet und hatte vier Kinder. Er kam zu mir, weil er sich in eine andere Frau verliebt hatte, eine Immobilienmaklerin, die in seiner Firma arbeitete. Er beschrieb seine Gefühle für diese Frau in höchst fürsorglicher und respektvoller Weise und wiederholte dabei immer wieder, dass sie mehr als alles andere einfach eine wundervolle Freundin war. Auch sie war verheiratet, und obwohl sie einander eingestanden hatten, dass sie sich zueinander hingezogen fühlten, hatten sie keine sexuelle Beziehung. Trotzdem war Donald in Panik, weil er spürte, dass er bereit war, seine Frau zu verlassen und seine Familie auseinander zu reißen, falls seine Freundin sich von ihrem Mann trennen würde.

Doch während die Panik ihm erkennen half, dass er Hilfe brauchte, sah er am Horizont eine Patentlösung winken. Zum einen bewirkten seine Gefühle für Alice, dass er sich wieder lebendig, inspiriert und motiviert fühlte. Jeden Tag freute er sich schon darauf, zur Arbeit zu gehen, weil er sich auf die langen Mittagspausen und den gelegentlichen Spaziergang durch die Stadt freute. In dieser Zeit brachten weder Donald noch Alice die Frage nach einer gemeinsamen Zukunft auf den Tisch. Für Donald war die Sache an sich schon unglaublich aufregend und spannend: Täglich hoffte und fürchtete er zugleich, dass Alice das Thema aufbringen und ihm womöglich mitteilen würde, dass sie vorhatte, ihren Mann seinetwegen zu verlassen. Diese bittersüße Qual, zusammen mit der ganzen Geheimnistuerei und den kleinen Notlügen – Donald musste sich ziemlich anstrengen, seiner Frau zu erklären, wo er sich in seiner Arbeitszeit aufhielt – sind typisch für die verbotene Liebe.

Nach einiger Zeit in der Therapie konfrontierte ich Donald mit der Beobachtung, dass seine Sehnsucht nach Freiheit, die er sorgfältig vor einer nahe stehenden Autoritätsperson verbarg – diese Rolle schob er ganz eindeutig seiner Frau zu –, das Markenzeichen einer pubertären Rebellion war. Da Donald sich als verantwortungsbewussten, reifen Menschen sehen wollte, hörte er das natürlich gar nicht gern. Aber er wusste, dass es die Wahrheit war, und beschloss, diese zu akzeptieren, wodurch er Schritt 1 vollzog (Der innere Teenager). Für sein weiteres Verhalten bedeutete das, dass er bei Alice das Thema ihrer gemeinsamen Zukunft auf den Tisch brachte. Wohl wissend, dass er damit die psychische Spannung löste, die seine Sehnsucht anfachte, fragte er Alice, ob sie es in Erwägung zog, ihre Ehe zu beenden. Alice verneinte, das könne sie sich wirklich nicht vorstellen, obgleich sie jeden Tag daran dachte. Mit einem Gefühl der

Erleichterung erkannte Donald daraufhin, dass auch er, wenn es hart auf hart ging, seine Frau nicht verlassen würde. Natürlich wurde sein Entschluss nicht wirklich auf die Probe gestellt, denn Alice hatte bereits Nein gesagt, aber im Gegensatz zu vielen Leuten in seiner Situation war er auch vorher nie so weit gegangen, Sex mit seiner neuen Liebe zu haben.

Als Nächstes machte Donald Schluss mit der Geheimnistuerei, die fester Bestandteil der verbotenen Liebe ist. Er erzählte seiner Frau Elena, er habe für eine Arbeitskollegin »Gefühle entwickelt«, und er sagte Alice, dass er gern weiterhin mit ihr befreundet sein wolle – ihm schwebte eine gute Freundschaft vor, in der man sich gelegentlich gut miteinander unterhält. Elena reagierte klug und erklärte ihrem Mann, er müsse selbst zusehen, wie er die Sache regele, Alice verhielt sich ebenso besonnen und akzeptierte seine Entscheidung. Erstaunlicherweise stimmten alle drei darin überein, dass es von Donald nicht richtig wäre, Alice zu kündigen – was er ohne weiteres hätte tun können –, obwohl es die Sache für alle Beteiligten weniger schmerzhaft gemacht hätte. Selbstverständlich lief alles nicht so reibungslos, wie es sich vielleicht anhört, aber es kam ein unwiderruflicher Prozess in Gang, in dessen Verlauf Donald sich von seiner verbotenen Liebe trennte. Anfangs musste er seinen Arbeitskontakt mit Alice gezielt auf ein Minimum reduzieren, doch nach einiger Zeit verflogen ihre Gefühle füreinander völlig und sie verloren sogar beide das Interesse an ihren Gesprächen. Schließlich kündigte Alice ihre Stelle und verschwand völlig aus Donalds Blickfeld.

Doch das war noch lange nicht das Ende von Donalds Problemen. Er musste sich nicht nur darum bemühen, Elenas Vertrauen zurückzugewinnen und die Wunde zu heilen, die er ihr zugefügt hatte, er musste sich auch um die Probleme in seiner Ehe kümmern, durch die seine verbotene Liebe überhaupt erst möglich geworden war. Und da sind wir wieder einmal an dem Punkt, den wir inzwischen alle kennen: Wir können versuchen, was wir wollen, vor der Ambivalenz gibt es kein Entrinnen. Nun stand Donald seiner Frau zwar sehr nahe und hatte einen guten Kontakt mit ihr, aber es störte ihn, dass sie körperlich nicht gut in Form war, dass sie keinen Beruf und keine Interessen »außerhalb« hatte und dass sie nicht so stark und unabhängig wirkte wie manche andere Frauen. Bei Schritt 2 (Der innere Schutzwall) musste Donald das alles akzeptieren. Mit meiner Unterstützung schaffte er dies, indem er sich jeden Tag sagte »Es gibt keine andere Möglichkeit, es gibt keinen anderen Weg« und sich ins Gedächtnis rief, dass er, der Erwachsene – und nicht der Teenager in ihm – sich für die Erhaltung der Ehe entschieden hatte (1), und indem er herauszufinden suchte, warum ihn Elenas spezielle Unvollkommenheiten so sehr störten (2).

Dieser zweite Punkt führte uns zurück in seine Kindheit – wohin auch sonst? Wie sich herausstellte, war seine Mutter – die in einer ländlichen Gegend aufgewachsen war und sich nie richtig an das Leben in der Großstadt hatte gewöhnen können – »emotional schwach«, wie er es ausdrückte. Sie litt unter zahlreichen Ängsten, fuhr deshalb nicht selbst Auto, ging nicht schwimmen und trieb überhaupt keinen Sport, war ziemlich leicht verletzt, bedürftig und abhängig, nicht nur ihrem Ehemann, sondern auch ihrem ältesten und einzigen Sohn Donald gegenüber. Nachdem er als Kind dieser bedrückenden Fürsorge ausgesetzt gewesen war, ertrug Donald es nun überhaupt nicht, wenn seine Frau ihn auch nur ansatzweise an seine Mutter erinnerte. Dass Elena obendrein ein wenig übergewichtig war und dadurch noch »mütterlicher« wirkte, machte die Sache nicht besser. Als er nun jedoch seine heftige Ambivalenz dorthin zurücksteuerte, wo sie hingehörte – nämlich in Richtung seiner Mutter –, konnte Donald seine unvollkommene Ehe besser akzeptieren und mit ihr leben, ohne Zuflucht bei der verbotenen Liebe nehmen zu müssen.

Natürlich fällt einem an einem solchen Punkt – an dem man eine »erträgliche« Ehe akzeptiert – unwillkürlich Freuds Ausspruch ein, der Zweck der Psychotherapie oder Psychoanalyse bestehe schlicht und einfach darin, neurotische Symptome in ganz gewöhnliches, alltägliches Unglück umzuwandeln. Wenn Sie darauf nicht begeistert reagieren und finden, dass dieses Ziel die ganze Mühe nicht wert war, gebe ich Ihnen hundertprozentig Recht. Wäre Donald auf diesem Niveau stecken geblieben, hätte er sehr leicht wieder dort landen können, wo er angefangen hatte – nämlich bei dem Versuch, dem alltäglichen Eheelend mit einem Abstecher zur außerehelichen Liebe zu entrinnen. Deshalb reichte es nicht aus, die Ambivalenz zu akzeptieren, er musste sich auch direkt mit ihr auseinander setzen. In der Vergangenheit hatte er diese Konfrontation vermieden, weil er die Gefühle seiner Frau nicht verletzen wollte, und seine Vorbehalte nie zur Sprache gebracht. Aber jetzt, da er den Wunsch nach einer *anderen* Frau aufgab, war er in der Lage, seine Gefühle *seiner* Frau gegenüber zuzulassen und auszudrücken, vor allem, wie sehr ihr Übergewicht und ihr starkes Abhängigkeitsbedürfnis ihn störten.

Natürlich war das für Elena ziemlich schmerzhaft, insbesondere so kurz nachdem ihr Mann sie betrogen hatte, aber es gab ihr auch die Chance, sich über ihre eigenen Gefühle ihrer Unvollkommenheit gegenüber klar zu werden. Sie hätte sagen können: »Das ist dein Problem, ich bin glücklich so, wie ich bin.« Das wäre eine absolut legitime Reaktion gewesen, aber sie hätte nicht der Wahrheit entsprochen, denn sie selbst war mit ihrer Figur nicht zufrieden und wünschte sich im Grunde auch, ihrem Leben eine eigene, unabhängige Richtung zu verleihen. So war sie zwar verletzt und ärgerlich, nahm sich diese Gefühle aber zu Herzen und begann Sport zu treiben und sich um verschiedene Jobangebote zu kümmern. Schließlich ging sie zurück an die Universität und wurde erfolgreich in einer Online-Ausbildungsberatung tätig.

Indem er seiner Wut und Frustration Ausdruck verlieh – ob diese Gefühle nun gerechtfertigt sein mochten oder nicht –, versuchte Donald, mit seiner Ambivalenz zurechtzukommen. Zwar liegt in dieser Strategie ein gewisses Risiko, aber ebenso Tatsache ist, dass viele Langzeitbeziehungen in einer unterschwelligen chronischen Unzufriedenheit feststecken, weil die Partner Angst vor Konflikten haben. Vielleicht akzeptieren sie intellektuell die Unvollkommenheit ihres Partners, in dem Sinne, dass sie Versuchungen von außen aus dem Weg gehen, aber sie vermeiden die Intimität der Ehrlichkeit und verspielen dadurch die Gelegenheit, einen Konflikt durchzustehen und danach den Partner tiefer und vor allem auch auf emotionaler Ebene zu akzeptieren. Dies rührt an das grundlegende psychoanalytische (wenn auch nicht traditionell Freudianische) Verständnis der verbotenen Liebe: Weil wir Angst haben, unsere Wut könnte unsere Liebe zu dem »Objekt« unserer Liebe (ursprünglich zur Mutter oder einer anderen primären Bezugsperson) zerstören, vermeiden wir es, sie offen auszudrücken und machen ihr stattdessen in subversiver Rebellion Luft. In der verbotenen Liebe wird diese Entscheidung zum Selbstläufer, denn sie lässt uns unseren Partner noch mehr hassen, weil er unserer neuen Liebe im Wege steht und uns ein schlechtes Gewissen aufbürdet und uns immer wütender macht. Auf der anderen Seite wird der verbotene Partner als unschuldiges Opfer widriger Umstände gesehen, und so erreichen wir unser psychologisches Ziel, Liebe und Wut voneinander zu trennen, und entfernen uns selbst immer mehr von unserem Beziehungsziel, das darin besteht, mit unserem Partner echte und beständige Intimität zu erleben.

Wenn es nun eine notwendige Bedingung für eine erfolgreiche Beziehung ist, dass negative Gefühle geäußert werden, reicht dies noch lange nicht aus, was uns in Donalds Therapie zu Schritt 3 führt (Endlich frei). Hier musste Donald verstehen, dass er nicht der Gefangene seiner Ehe oder Beziehung, sondern der seiner eigenen Psychologie in Vergangenheit und Gegenwart war. Als Donald dreizehn Jahre alt gewesen war, hatte sein Vater die Familie verlassen, und plötzlich war Donald der »Herr im

Haus« gewesen. Er musste seine verzweifelte, besorgte Mutter nicht nur emotional unterstützen, sondern ihr zudem dabei helfen, seine beiden jüngeren Schwestern großzuziehen. Er überwachte ihre Hausaufgaben und spielte den Babysitter für sie, damit seine Mutter ein paar Abende pro Woche arbeiten und ein bisschen dringend benötigtes Bargeld verdienen konnte. Donald war ein gewissenhafter und verantwortungsbewusster Teenager, und bis zu einem gewissen Grad genoss er durchaus seine neue wichtige Rolle in der Familie. Aber natürlich hasste er die Situation auch und schwor sich, die Fehler seiner Eltern nicht zu wiederholen, weder finanziell noch emotional.

Wild entschlossen, Geld zu verdienen und zu sparen, jobbte Donald schon zu Schulzeiten und später auch auf der Uni. Er studierte Betriebswirtschaft und gründete als Immobilienmakler sein eigenes Unternehmen, das rasch sehr erfolgreich wurde. Gleichzeitig sehnte er sich nach einem stabilen, intakten Familienleben und heiratete direkt nach dem Examen seine Uni-Freundin Elena. Als wir diese Geschichte in der Therapie näher unter die Lupe nahmen, wurde deutlich, dass Donalds Problem kein anderes war als sein Erfolg: Er hatte alle seine Ziele erreicht – und zwar viel zu früh. Mit anderen Worten: Er litt darunter, dass er seine Pubertät nie richtig hatte ausleben können. Schon sehr jung hatte er nach Stabilität und Sicherheit gestrebt und deshalb nie die Gelegenheit gehabt, zu forschen, zu spielen und zu experimentieren. Demzufolge fühlte er sich später im Leben als Gefängnisinsasse seiner – wie ihm schien – unwiderruflichen Erwachsenenentscheidungen.

Während Donalds anfängliche Krise aus dem Konflikt zwischen seinem Entschluss, die Fehler seiner Eltern zu vermeiden, und seinem von ihm selbst so wahrgenommenen Bedürfnis entstanden war, sich aus den Fesseln seiner Ehe zu befreien, erkannte er nun, dass dies nur ein Teil eines weit größeren Problems war. Da er an seiner Ehe nichts ändern konnte – er hatte sich gegen eine Scheidung entschieden –, beschloss er, das größere Problem anzugehen. Dank seiner finanziellen Absicherung konnte er nicht nur einer großen Zahl von Hobbys nachgehen, sondern auch einen Berufswechsel ausprobieren. Von diesem Zeitpunkt an spielte Donald in der Therapie verschiedene Interessen und Berufsmöglichkeiten durch, statt wie bisher Eheprobleme zu erforschen.

Nach vielen anderen Ideen und Veränderungen führte dieser Prozess Donald Stück für Stück in die Politik – die ihn schon immer leidenschaftlich interessiert hatte. Schließlich wurde er ins Stadtparlament gewählt und spezialisierte sich auf lokale Wohlfahrts- und Gesundheitsthemen. Er war glücklich, nicht nur weil er seine neue Arbeit liebte, sondern vor allem, weil er die Fähigkeit bewiesen hatte, eine echte Veränderung herbeizuführen – und das gab ihm ein sehr gutes Gefühl. Zum ersten Mal in seinem Leben fühlte er sich frei – frei von seinem eigenen Getriebensein und frei von seiner Angst vor Unsicherheit. Und wie nicht anders zu erwarten, entspannte sich seine kritische, verurteilende Haltung seiner Frau gegenüber. Elena ihrerseits fühlte sich von ihrem Mann mehr akzeptiert und reagierte mit gestärktem Selbstvertrauen und größerer Unabhängigkeit – also genau so, wie Donald es sich immer gewünscht hatte.

KAPITEL 7

SEXUELLE LIEBE

Gut vertragen sich nicht und hausen nicht gerne beisammen
Herrscherwürde und Liebe.   OVID

Jupiter, Herrscher über alle Götter, nutzte seine Macht oft aus, um sexuelle Beziehungen mit sterblichen Frauen einzugehen. Als er Europa begehrte, die Tochter des Königs von Tyrus, nahm er die Gestalt eines Stiers an und riss sie nach einer kunstvollen, spielerischen Verführung buchstäblich mit sich fort. Mit dem Mädchen auf dem Rücken galoppierte er dann über den Ozean in ein neues Land, das er nach ihr benannte. Dort nahm er wieder seine übliche Gestalt an, erklärte ihr, warum er sie entführt hatte, und überredete sie, mit ihm zu schlafen. Nachdem sie Sex miteinander gehabt hatten, kehrte Jupiter in die Sicherheit seines Heims und zu seiner Ehefrau zurück und überließ Europa ihrem Schicksal – sie konnte zusehen, wie sie in dem neuen Land allein zurechtkam.

In dieser Geschichte geht es um rohe, ungehemmte männliche Sexualität, symbolisiert von dem wenig göttlichen Stier. Bemerkenswert ist, dass die Frau sich keineswegs so passiv verhält, wie es anfangs erscheint; wir kommen später noch auf die Rolle der weiblichen Sexualität im Zusammenhang mit der sexuellen Liebe zu sprechen. Im Moment interessiert mich an dieser Sage, dass der allmächtige Gott, Jupiter, der sich Europa auf jede erdenkliche Art hätte zu eigen machen können, seine Herrscherhaltung ablegen und das männliche Tier schlechthin werden musste, um sie zu erobern. Um die Bedeutung dieser Transformation zu würdigen, brauchen wir uns nur in unserer modernen Kultur umzusehen – zum Beispiel bei einem ehemaligen US-Präsidenten, der die äußerlichen Insignien seines Status – einen überlegenen Intellekt und die Sorge um andere Menschen – ablegen musste, um eine junge Praktikantin für sich zu gewinnen und in einen sexuellen Dialog zu verwickeln, bestehend aus schnellen Blowjobs, Zigarren, die nicht zum Rauchen benutzt wurden, und so weiter.

Obgleich wir ein solches Verhalten bei anderen womöglich leicht verurteilen, finden wir ähnliche Tendenzen, wenn wir uns ein wenig bemühen, vielleicht auch in uns selbst wieder. Tatsache ist, dass wir alle Sex gelegentlich auf diese Art von unserem sonstigen Leben abspalten – egal ob wir danach handeln oder nicht. Wenn wir nicht Bill Clinton sind, sind wir Jimmy Carter, und obwohl natürlich psychologische und praktische Unterschiede zwischen sexuellen Fantasien und sexuellen Handlungen bestehen, können beide gleichermaßen verlockend und zwanghaft sein. Und beide können eine berauschende Illusion von Liebe erschaffen.

Schritt 1: Sag einfach Nein

Aaron kam zu mir in die Praxis, nachdem seine Frau, mit der er zwei Jahre verheiratet war, ihn aus dem Haus geworfen hatte, weil sie Hinweise darauf entdeckt hatte, dass er in ihrem gemeinsamen Heim Sex mit einer anderen Frau gehabt hatte. Aaron gab alles freimütig zu und erzählte, dass er seit einigen Monaten in diese Frau verliebt sei, sich anfangs dagegen gewehrt, letztlich aber doch nachgegeben habe. Er erklärte mir, dass ihm seine Frau Anne sehr am Herzen liege und er sie auch respektiere, aber dass er das Gefühl habe, die andere Frau – Judy – sei seine Seelenverwandte. Während Anne »blitzsauber« sei – eine loyale Freundin, eine gute Hausfrau und eine großartige zukünftige Mutter –, sei Judy ihm wesentlich ähnlicher, ein »Stadttyp« eben. Sie möge schwarze Lederklamotten, tanze aufreizend und ihre Lebenseinstellung sei nicht so bieder.

Einige Zeit nach der Trennung von Anne sah es wirklich so aus, als würde sich zwischen Aaron und Judy eine ganz besondere und sogar tiefe Beziehung entwickeln. Sie waren absolut offen und ehrlich miteinander, verbrachten viele Tage mit Reden, verreisten zusammen und hatten wundervollen Sex. Ich war ein wenig argwöhnisch, als Aaron diese stundenlangen Vergnügungen beschrieb. Es kam regelmäßig zu multiplen Orgasmen, wonach beide in einen Zustand vereinter Glückseligkeit verfielen, und außerdem passte alles hundertprozentig zu Aarons bevorzugter sexueller Fantasie, die darin bestand, dass er mit dem Kopf in eine Frau eindrang und in ihr Inneres hineinschwamm. Zuerst schrieb ich meine Zweifel schlicht als Neid ab...

Doch mein Argwohn kehrte rasch zurück, als Aaron mir von seinen früheren sexuellen Erfahrungen erzählte. Beispielsweise hatte er einmal Sex mit einer Frau in einem Aufzug im Empire State Building gehabt, ein andermal am Grand Canyon, kaum einen Meter von der Klippe entfernt. Außerdem begann es in Aarons Beziehung zu seiner »Seelenverwandten« Judy zu kriseln. Nach zahlreichen Streitereien, gegenseitigen Vorwürfen und Missverständnissen beschloss Judy, zu ihrem Ehemann zurückzukehren, den sie, ein paar Monate bevor sie Aaron kennen lernte, verlassen hatte. Aaron war am Boden zerstört, aber auch erleichtert, und kurze Zeit später lernte er auch schon eine andere Frau kennen. Nachdem er sich ein paar Mal mit ihr getroffen hatte, begann er sie mir gegenüber selbstkritisch als »Fickpartnerin« zu bezeichnen. Sie trafen sich jeden Dienstagnachmittag zum Sex, verbrachten noch ein bisschen Zeit zusammen, dann ging jeder seiner Wege. Nach einigen Monaten erwähnte Aaron in der Therapie, dass er seiner »Fickpartnerin« nichts von seinem Herpes erzählt habe und es jetzt ganz danach aussehe, als habe sie sich angesteckt.

Inzwischen hätte ich blind (oder eigentlich taub) sein müssen, um bei Aaron das Muster der sexuellen Liebe nicht zu erkennen. Ja, er »liebte die Frauen«, ja, er glaubte, dass er in Judy verliebt war, aber letztlich nahm seine Liebe in erster Linie sexuelle Form an. Zwar hatten wir dieses Territorium in der Therapie schon zum Teil beackert, aber jetzt sagte ich Aaron geradeheraus, ich sei der Überzeugung, dass er unter einer Sexualneurose litt – umgangssprachlich ausgedrückt, dass er sexsüchtig war. Wie bei einer Sucht kaum anders zu erwarten, legte Aaron zunächst heftigen Widerspruch ein. Aber nachdem ich wiederholt zwei und zwei für ihn zusammengezählt hatte, akzeptierte er seinen Zustand schließlich und erklärte sich bereit, an einem Zwölf-Punkte-Programm für Sexsüchtige teilzunehmen. Als er der Gruppe beigetreten war, konnte er sehr schnell zu der Tatsache stehen, dass er süchtig war, und begann ein umfassendes Unterstützungssystem für »nüchternes« Sexualverhalten auszuarbeiten. Obgleich innerhalb der Gruppe sexuelle Nüchternheit so definiert wurde, dass man nur in einer festen Beziehung sexuell aktiv war, ging Aaron noch einen Schritt weiter und beschloss, auch nicht mehr zu masturbieren, was eigentlich nicht zum Programm gehörte. Dieser Entschluss und seine darauf folgenden täglichen Kämpfe mit schmerzhaften Erektionen, die er nur mit intensiven Gebeten unter Kontrolle bekam, bestätigten endgültig das Ausmaß seiner Sucht.

Dennoch blieb Aaron zwei Jahre lang seiner eigenen Definition sexueller Enthaltsamkeit treu; in dieser Zeit hatte er keine sexuellen Kontakte, nur ein einziges Mal küsste er eine Frau, mit der er eine Beziehung in Erwägung zog. Zwar entwickelte sich diese Bekanntschaft nicht wunschgemäß weiter, aber wenig später verliebte sich Aaron in eine andere Frau und begann mit ihr eine ernsthafte und hingebungsvolle Beziehung, die nach einer Weile auch Sex mit einschloss.

So dauerte Schritt 1 (Sag einfach Nein) bei Aaron also ungefähr zwei Jahre, was einmal mehr illustriert, dass kognitive oder intellektuelle Einsicht allein nicht ausreichen, um ein Verhaltensmuster endgültig zu durchbrechen. Letztlich muss eine solche Einsicht von einer emotionalen Erkenntnis und einem hartnäckigen Übungsprozess begleitet werden. Spezifischer ausgedrückt zeigt Aarons langwieriger Kampf mit Schritt 1 (Sag einfach Nein), wie stark das menschliche Verhalten von sexuellen Faktoren beeinflusst werden kann.

Als Nancy Reagan ihre Anti-Drogen-Kampagne mit dem Slogan »Sag einfach Nein« startete, verhöhnten sie sowohl Kliniker als auch Drogenabhängige wegen ihrer Naivität. Wie viele Male haben die Betroffenen diesen Spruch schon gehört und wie wenig Einfluss hatte es auf die Sucht gehabt! Aber ironischerweise ist das Neinsagen – auch wenn es vom öffentlichen Standpunkt aus gesehen ineffektiv erscheint – das Einzige, was wir tun können. Und selbst wenn es sich wie in Aarons Fall um einen langwierigen Prozess handelt und nicht um eine klar eingrenzbare Entscheidung, ist es dennoch eine Entscheidung. Außerdem sollte man nicht vergessen, dass Sexsucht anders als Drogensucht keine physiologische Abhängigkeit von einer Substanz mit einschließt und in dieser Hinsicht möglicherweise leichter zu überwinden ist. Andererseits ist sie psychologisch ebenso ernst zu nehmen, denn Sex wirkt genau wie eine Droge gegen Depression, Einsamkeit, niedriges Selbstwertgefühl und existentielle Leere. Sexsüchtige kommen häufig aus Familien mit Alkohol- und Drogenmissbrauch oder einer anderen Suchtform, was im Übrigen stark auf eine allgemeine genetische Veranlagung hinweist.

Doch trotz allem sind die meisten Menschen, die in den Bann der sexuellen Liebe geraten, durchaus in der Lage, einfach Nein zu sagen. Wenn wir sexuelle Straftäter ausschließen – die eine eigene Kategorie darstellen, da bei solchen Menschen u.a. sexuelles Zwangsverhalten mit einer antisozialen Persönlichkeit einhergeht –, ist Aarons Fall zwar nicht ungewöhnlich, aber wahrscheinlich eher am extremen Pol zwischen gesundem sexuellen Ausdruck und sexueller Liebe anzusiedeln. Anders gesagt, es gibt viele Menschen – Männer ebenso wie Frauen –, die mit dem Muster der sexuellen Liebe zu kämpfen haben, ohne im engeren Sinne sexsüchtig zu sein. Ein einfaches Beispiel ist eine Patientin, der ein Mann, in den sie sich gerade verliebt hatte, mitteilte, dass er für eine feste Beziehung noch nicht bereit sei. Daraufhin brach die Frau die Beziehung zu ihm sofort ab und setzte sich, um dem Schmerz der Zurückweisung zu entgehen, in eine Bar, wo sie mit einem anderen Mann zu flirten begann. Als ihr Freund einen Monat später zu ihr zurückkehrte und meinte, er habe es sich überlegt und sei jetzt bereit, sich zu binden, akzeptierte sie sein Angebot und verlobte sich wenig später mit ihm. Irgendwann erzählte sie ihm von dem Mann in der Bar. Zwar konnte ihr Verlobter ihr eigentlich keinen Vorwurf machen, aber ihr Verhalten stellte dennoch eine Bedrohung für die Beziehung dar, weil sich beide Partner nun Gedanken darüber machen mussten, ob sie nicht dazu neigten, emotionalen Schmerz sexuell auszuagieren. Die potenzielle Krise in der Beziehung brachte die Patientin zu Schritt 1 (Sag einfach Nein). Als sie erkannte, dass sie für dieses Verhalten anfällig war, fasste sie den Entschluss, nie wieder dem Weg der sexuellen Liebe zu folgen, eine Erkenntnis und eine Entscheidung, die sie ihrem Verlobten mitteilte, obwohl ihr alles andere als wohl dabei war. Doch es half ihm, den Vorfall zu überwinden.

Die modernen Geschlechterrollen entwickeln sich ständig weiter und entfernen sich immer mehr von den traditionellen Definitionen, sodass das Sexualverhalten von Männern und Frauen sich immer mehr überschneidet. Doch wie ich bereits in meinem ersten Buch *(Wenn Männer reden könnten)* ausgeführt habe, erleben viele, wenn nicht sogar die meisten Männer und Frauen ihre Sexualität ohne Zweifel unterschiedlich. Vom Standpunkt der Evolution her gesehen ist es eine Tatsache, dass Männer mehr Nachkommenschaft zeugen können, indem sie mehr Sex haben, während Frauen immer nur eine Schwangerschaft auf einmal austragen können. Aus kultureller Perspektive ist es offensichtlich, dass die Gesellschaft von Jungen weit eher als von Mädchen erwartet, dass sie sexuell ein bisschen über die Stränge schlagen. Biologisch betrachtet gibt es sowohl hormonelle als auch genitale Unterschiede. Beispielsweise benötigen Männer für gewöhnlich weniger Zeit und weniger direkte Stimulierung, um erregt zu werden. Das trifft vor allem im jüngeren Alter und bei relativ unerfahrenen jungen Männern zu, die gerade die Gewohnheit entwickeln, mentale Inhalte zu sexualisieren. Mit anderen Worten: Die Einfachheit der sexuellen Reaktionen von Jungen macht es – zusätzlich zu schwerwiegenden evolutionären, kulturellen und hormonellen Faktoren – wahrscheinlicher, dass sie die Freuden sexueller Erregung und des Orgasmus suchen, um emotionalen Konflikten zu entfliehen oder mit ihnen besser umgehen zu können.

Frauen andererseits werden dazu sozialisiert und sind in einem gewissen Grad von ihrer Biologie auch dazu prädestiniert, ihre Gefühle direkter zu erleben und auszudrücken und sich gleichzeitig denen der Männer anzupassen. Gewiss sind auch in diesem Bereich Veränderungen am Werk, aber wenn es zur Ausübung von Macht und Herrschaft kommt, neigen viele Frauen noch immer dazu, sich den Männern unterzuordnen, wenn nicht gar, sich ihnen zu unterwerfen. Natürlich steckt in der Idee von der »Frau hinter dem Mann« – einer Nancy Reagan oder Hillary Clinton beispielsweise, die eigentlich das Weiße Haus regierten – ein Körnchen Wahrheit, das sogar darauf hinweist, dass die Emanzipation weiter fortgeschritten ist, als es manchmal den Anschein hat. Auf ähnliche Weise sieht es auf den ersten Blick so aus, als würden Männer bestimmen, was sexuell »läuft« – indem sie eher die Initiative ergreifen und im wörtlichen ebenso wie im übertragenen Sinne obenauf sind –, andererseits haben Frauen oft das Sagen, indem sie beides können: sich zurückhalten *und* gelegentlich den ersten Schritt tun. Trotzdem kann man generell davon ausgehen, dass Frauen Schwierigkeiten haben, Nein zu sagen. Und auch der paradoxe Witz, dass Männer reden, um Sex zu kriegen, während Frauen Sex haben, um reden zu können, hat seine Berechtigung. Ich nenne diesen Witz »paradox«, weil in gewisser Hinsicht für Männer der Sex das Reden ersetzt und für Frauen das Reden an die Stelle des Sex tritt oder zumindest sexuell gefärbt ist – was heißen soll, dass es am Ende auf das Gleiche hinausläuft, weil wir ohnehin alle das gleiche Ziel vor Augen haben: Liebe und menschliche Nähe.

In der sexuellen Liebe polarisieren sich diese Geschlechterunterschiede und werden deutlicher. Beispielsweise ist es ganz gewiss kein Zufall, dass Aarons Selbsthilfegruppe für Sexsüchtige ausschließlich aus Männern bestand. Diese Männer waren sexsüchtig, nicht masturbationssüchtig, das heißt, sie hatten Partnerinnen, von denen die meisten nicht sexsüchtig waren, sondern wahrscheinlich eher liebessüchtig (was in gewisser Weise auf uns alle zutrifft). Anders gesagt: Viele Frauen, die dem Muster der sexuellen Liebe anheim fallen, zeigen ein anderes klinisches Bild als ihre männlichen Partner. Zum einen verdrängen Frauen häufig die Tatsache, dass ihr Freund oder Ehemann (bewusst oder unbewusst) eigentlich nur an Sex interessiert ist. Sie glauben ihm entweder, wenn er sagt: »Daraus kann eine Beziehung werden«, oder sie reden es sich selbst ein. Meiner eigenen klinischen Erfahrung nach haben sogar Frauen, die sich bewusst auf eine oberflächliche Affäre einlassen, rückblickend häufig das Gefühl, benutzt worden zu sein. Männer andererseits bekommen oft ein schlechtes Gewissen, dass sie die Frauen benutzt haben, auch wenn diese sich ganz offensichtlich aus freiem Willen mit ihnen eingelassen haben. Das ist nicht gerecht und vielleicht nicht einmal logisch, und doch trifft es oft zu.

Zweifellos haben Geschlechterunterschiede Auswirkungen auf das Erreichen von Schritt 1 (Sag einfach Nein). Zwar müssen beide Geschlechter die Anzeichen der sexuellen Liebe erkennen lernen, um Nein zu ihr sagen zu können, aber Frauen sollten bei sich selbst stärker auf die Anzeichen von »Liebessucht« achten, während sie bei ihrem Partner das Augenmerk auf sexuelles Zwangsverhalten richten müssen. Bei Männern verhält es sich genau umgekehrt.

Wenn Sie die unten angegebenen Warnzeichen durchlesen, werden Sie rasch merken, was davon auf Sie selbst zutrifft und was auf Ihr Gegenüber. Aus praktischen Erwägungen richte ich mich mit den diagnostischen Anzeichen für Sexsucht an die Leserinnen, die mit einer höheren Wahrscheinlichkeit die traditionell weibliche Rolle in der sexuellen Liebe einnehmen. Selbstverständlich gibt es jede Menge Ausnahmen, und wenn Sie selbst dazugehören, verzeihen Sie mir bitte meine mangelnde politische Korrektheit und passen Sie das betreffende Warnzeichen einfach entsprechend auf Ihre Situation an.

Wie man Warnzeichen für Sexsucht erkennt

– Ihr Freund hat kein Interesse daran, mit Ihnen zusammen zu sein, wenn Zeit oder/und Ort keinen Sex zulässt. Oft bedeutet dies, dass er Ihre Familie und Ihre Freunde nicht kennen lernen will und dass es ihm auch keinen Spaß macht, einfach gemütlich mit Ihnen beim Brunch, im Park oder im Café zu sitzen.
– Der Mann, mit dem Sie ein Date haben, ist extrem redegewandt. Er verströmt Herzlichkeit und überschüttet Sie mit Komplimenten. Aber was er sagt, erscheint irgendwie allzu perfekt, und er zeigt keinerlei Anzeichen von Nervosität und Unsicherheit. Er kommt viel zu schnell zur Sache und macht

auf Sie tendenziell den Eindruck eines talentierten Massenverführers.
- Sie haben das Gefühl, zum Sex gedrängt und manipuliert zu werden. Statt Ihnen zu sagen: »Ich möchte wirklich gern mit dir schlafen, aber ich warte, bis du auch möchtest, ganz egal, wie lange du brauchst«, scheint der Typ, mit dem Sie sich treffen, Ihnen zu vermitteln: »Entweder schläfst du jetzt mit mir, oder du siehst mich nicht wieder.«
- Ihr Freund reagiert oft ausweichend auf Fragen, wo er gewesen sei, und Sie erwischen ihn beim Lügen. Das kann auch auf andere, nichtsexuelle Geheimnisse hindeuten, aber überlegen Sie, welches Gesamtbild sich zusammen mit Ihren sonstigen Informationen ergibt. Beispielsweise teilt Ihnen Ihr Gynäkologe mit, dass Sie Vaginalwarzen (oder Herpes etc.) haben, aber Sie hatten in den letzten Jahren außer mit Ihrem Freund mit niemandem Sex.
- Nachdem Sie eine Weile ungeschützten Sex miteinander hatten, gesteht Ihnen Ihr Freund, dass er Herpes hat.
- Sie antworten auf ein Partnerprofil im Internet und führen eine Zeit lang eine E-Mail-Korrespondenz mit einem Mann. Sie geben ihm Ihre Telefonnummer, und er ruft sie an. Sie unterhalten sich eine Weile, worauf er Sie zum Telefonsex verführt.
- Ihr Freund oder Ehemann findet Sie »anbetungswürdig«, vor allem im Bett, er idealisiert Ihren Körper und Ihre Schönheit, aber Sie spüren, dass er sich eigentlich nicht für Sie in Ihrer Gesamtheit als Mensch interessiert.
- Ihr Freund oder Ehemann besteht darauf, nur unter bestimmten Bedingungen Sex mit Ihnen zu haben, obwohl Sie sich dabei unbehaglich fühlen. Beispielsweise braucht er, um zum Orgasmus zu gelangen, ein ganz spezielles Rollenspiel, bei dem Sie etwa seine Sekretärin mimen. Oder er besteht darauf, dass Sie Ihr Sexleben damit aufpolieren, dass Sie eine dritte Person einladen. Natürlich ist es etwas ganz anderes,

wenn Sie beide experimentieren wollen, sei es mit einer gemeinsamen Fantasie, mit Rollenspielen oder auch einer dritten Person.
- Sie finden heraus, dass der Mann, mit dem Sie Sex hatten, Ihr Liebesspiel auf Video aufgenommen hat.
- Ihr Freund oder Ehemann interessiert sich nicht für Sex mit Ihnen. Das kann ein Zeichen dafür sein, dass er ein geheimes Sexleben hat (in Wirklichkeit oder in seiner Fantasie).
- Ihr Freund oder Ehemann ist nur daran interessiert, Sie zu befriedigen. Er bekommt keine Erektion und möchte auch nicht von Ihnen stimuliert werden (siehe oben).
- Ihr Freund erzählt Ihnen, dass er oft in Stripteasebars gehe. Sie sagen ihm, dass Sie das stört, aber er meint, das sei allein Ihr Problem.
- Der Mann, mit dem Sie sich seit einer Weile treffen, erzählt Ihnen, dass er seine Freundinnen schon des Öfteren betrogen hat, und zeigt dabei keinerlei Anzeichen von Bedauern und auch nicht die geringste Einsicht in die Ernsthaftigkeit des Problems. Beispielsweise sagt er: »Ja, ich hab schon ein paar Frauen hintergangen, was vermutlich nicht richtig war, aber die waren auch nicht grade das Gelbe vom Ei.«
- Der Mann, mit dem Sie sich treffen, erwähnt beiläufig, dass er sexsüchtig ist, und zwar ohne Hinweis darauf, dass er an einem Selbsthilfeprogramm teilnimmt. Vielleicht erscheint Ihnen das zu offensichtlich, aber andererseits sind Liebessüchtige in ihrer Suche nach Liebe oft reichlich blind.

Nun, wahrscheinlich können Sie sich vorstellen, dass man diese Liste endlos verlängern könnte . . . aber ich denke, Sie wissen inzwischen, worum es geht.

Wie man Warnzeichen für Liebessucht und Verdrängung erkennt

– In einer Bar lernen Sie einen charmanten Mann kennen, der Sie gleich zu sich einlädt. Sie fühlen sich eigentlich nicht danach – Sie sind müde und haben am nächsten Tag ein Vorstellungsgespräch –, aber er ist sehr überzeugend, und am Ende tun Sie es doch, wobei Sie sich einreden, dass Sie schließlich Männerbekanntschaften machen müssen, wenn Sie jemals heiraten wollen.
– Sie hören von einer Freundin, dass der coole Typ, mit dem Sie sich ein paarmal getroffen haben, ein »Spieler« sei. Eine Kollegin, die ihn zufällig auch kennt, erzählt Ihnen, dass er viel trinke und sie einmal gefragt habe, ob sie ihm zweitausend Dollar leihen würde, obwohl sie sich kaum kannten. Der Mann selbst vertraut Ihnen an, dass er vor kurzem mit einem Mädchen Schluss gemacht habe, weil sie eine feste Bindung wollte, er aber noch nicht dazu bereit sei. Sie sagen sich: »Ich sollte ihn nicht wegen irgendwelcher Gerüchte abschreiben, man weiß doch nie, wie sich eine Beziehung entwickelt – vielleicht war seine letzte Freundin einfach nicht die Richtige für ihn.«
– Sie lernen über die Internet-Partnervermittlung einen Mann kennen, und nach ein paar E-Mails gibt er Ihnen seine Telefonnummer. Sie rufen an, unterhalten sich großartig mit ihm und haben das Gefühl, dass die Sache Potenzial hat. Gegen Ende des Gesprächs erwähnt er ganz beiläufig, dass er »auch für härtere Sexpraktiken zu haben« sei. Das gefällt Ihnen nicht, aber Sie sagen sich: »Wahrscheinlich möchte er nur ein bisschen experimentieren und versuchen, maskuliner und selbstbewusster zu sein – warum nicht? Ich mag starke Männer.«
– Nach einigen kurzen Beziehungen, in denen der Mann mit Ihnen Schluss gemacht hat, nachdem Sie ein paarmal mit ihm

geschlafen haben, schwören Sie sich, dass Sie es bei der nächsten Gelegenheit langsamer angehen lassen. Aber jetzt haben Sie die zweite Verabredung mit einem Mann, der all die richtigen Dinge sagt – unter anderem auch: »Ich nehme Sex nicht auf die leichte Schulter« –, und am Ende schlafen Sie doch mit ihm.

– Während Sie sich mit einem Mann über Sex oder Pornografie unterhalten, meint der Mann, mit dem Sie verabredet sind, beiläufig: »Ich bin wahrscheinlich auch sexsüchtig«; zuerst finden Sie die Bemerkung zwar seltsam, aber dann tun Sie es schnell als Witz ab, vergessen die Sache und sprechen das Thema nicht mehr an.

– Ihr Freund möchte mit Ihnen Sexpraktiken ausprobieren, die Sie für pervers halten und bei denen Sie sich unbehaglich fühlen, aber Sie machen mit und reden sich ein, dass Sie für diesen Mann doch auch mal was ganz Besonderes tun können.

– Ihr Freund und Sie haben wundervollen, leidenschaftlichen Sex und tiefe philosophische Gespräche über das Leben. Aber er möchte Ihre Freunde nicht kennen lernen und sagt, dass er sich noch nicht auf eine feste Beziehung einlassen möchte. Sie unterhalten sich mit Ihrer besten Freundin darüber – die früher mal mit ihm zusammen gearbeitet hat –, und diese erinnert Sie daran, dass sie Ihnen gleich gesagt hat, Ihr Freund sei nicht beziehungstauglich. Jetzt fällt es Ihnen wieder ein, dass Sie damals gedacht haben, Ihre Freundin wäre nur eifersüchtig. Sie fangen an, sich Sorgen zu machen, dass Ihre Freundin vielleicht doch Recht hatte, beschließen aber, der Beziehung noch eine Chance zu geben und erst mal abzuwarten.

– Sie und Ihr Freund haben sich gestritten und reden ein paar Tage lang nicht miteinander. Dann ruft er Sie an, entschuldigt sich, und Sie vertragen sich wieder. Später hören Sie von einer Freundin, dass er in der Nacht nach Ihrem Krach mit einer anderen Frau in einem Club eng umschlungen getanzt hat. Sie fragen ihn danach. Er antwortet vage und ausweichend, aber irgendwann gesteht er, dass er auch mit ihr geschlafen habe. Jetzt vergießt er Tränen der Reue und bittet Sie um Vergebung. Er tut Ihnen Leid, und Sie sagen sich: »So sind die Männer nun mal.«

Auch diese Liste ist unendlich, aber es handelt sich eigentlich immer um Variationen desselben Themas, nämlich, dass Sie Nein sagen sollten, wenn Sie merken, dass Sie ständig das Sexualverhalten Ihres Freunds oder Ehemanns rationalisieren und erklären und analysieren, sich aber nicht wehren, obwohl Sie ein ungutes Gefühl haben. Natürlich bedeutet Neinsagen nicht nur, dass Sie anderer Meinung sind, diskutieren oder streiten – diese Dinge können selbst im Dienst der Verdrängung arbeiten. Beispielsweise fragte sich eine Patientin jeden Monat, wenn sie die Telefonrechnung bezahlte, warum in aller Welt für Anrufe bei einer bestimmten Nummer fast hundert Dollar anfielen. Als die Frau die Nummer schließlich überprüfte, war es ein Telefonsexunternehmen. Daraufhin stellte sie ihren Mann zur Rede, aber er behauptete dreist, dass er für eine neue Geschäftsidee recherchiere. »Das glaube ich dir nicht!«, schrie sie ihn an. »Wie kannst du mich so anlügen? Hältst du mich für eine Vollidiotin?« Ein fürchterlicher Krach schloss sich an, und die Patientin sprach mehrere Tage lang nicht mit ihrem Mann. Nach und nach wuchs jedoch Gras über die Sache und der Vorfall geriet in Vergessenheit. Epilog: Die Anrufe hörten für ein paar Monate auf, aber dann waren sie wieder da, und zwar noch häufiger als zuvor. Die Moral der Geschichte: Beim Neinsagen geht es um Taten, nicht um Worte.

Schritt 2: Manchmal ist ein Penis nur eine Zigarre

Freud vermutete zwar überall sexuelle Symbole, aber von ihm stammt auch der berühmte Ausspruch, dass eine Zigarre manchmal wirklich nur eine Zigarre ist. Um Freud etwas freier wiederzugeben, könnte man auch sagen, dass manchmal ein Penis einfach nur eine Zigarre ist, das heißt, dass es beim Sex nicht nur um Sex geht, sondern um unsere Psyche, unsere Seele. Und während Männer eher als Frauen dazu neigen, emotionale Konflikte zu sexualisieren, nutzen beide Geschlechter die sexuelle Arena auch für nichtsexuelle Themen. Das bedeutet: Wenn wir uns von Beziehungen verabschieden, in der Liebe gleich Sex ist, und uns stattdessen für Beziehungen entscheiden, in denen Liebe mehr bedeutet als Sex, müssen wir zuerst einmal unsere emotionalen Konflikte entsexualisieren.

Ein Paar Ende zwanzig kam wegen eines »sexuellen Problems«, das ihre ansonsten fruchtbare und engagierte Beziehung bedrohte, zu mir in die Sprechstunde. Aus der Perspektive der Frau stellte sich die Situation so dar, dass ihr Freund nicht daran interessiert sei, mit ihr zu schlafen, und für seine Weigerung alle erdenklichen Ausreden auffahre. Der Freund – ein sehr angenehmer Zeitgenosse und nach den Worten der Freundin der liebevollste und einfühlsamste Mann, den sie jemals kennen gelernt hatte – bestritt das nicht, meinte aber, er wisse selbst nicht, was mit ihm los sei. Nachdem wir beschlossen hatten, dass er und ich versuchen würden, der Sache in einer Einzeltherapie auf den Grund zu gehen, gestand er mir, dass er eigentlich ganz genau wisse, was nicht stimmte, und dann erklärte mir dieser nette Mann, dass er nur dann sexuell erregt werde, wenn er darüber fantasiere, Frauen zu vergewaltigen und zu erschießen. Obwohl er nichts davon je in die Tat umgesetzt hatte und auch genau wusste, dass es nur Fantasien waren, fühlte er sich grässlich. Wenn er masturbierte, kam er ganz gut mit ihnen zurecht, doch wenn er mit seiner Freundin schlief, die er doch so sehr liebte, wollte er sie nicht benutzen, weshalb er Sex mit ihr so weit wie möglich vermied.

Nun hatte dieser Patient zwar ein sexuelles Problem, das sein Sexleben stark beeinträchtigte, aber in der Therapie stellte sich heraus, dass die Schwierigkeiten nicht im sexuellen, sondern im emotionalen und im zwischenmenschlichen Bereich lagen. Kurz gesagt, er war von seiner Mutter als Kind körperlich missbraucht und gedemütigt woren. Er hatte immer Angst vor ihr gehabt und sich in gewalttätige Rachefantasien zurückgezogen, die sich in der Pubertät mit dem sexuellen Impuls allen Frauen gegenüber verbanden. In diesen Fantasien drehte er die Machtverhältnisse um – jetzt war er Herr der Lage und ließ seiner Wut freien Lauf. (Der Psychiater Robert Stollar beschreibt diesen Prozess als »Umwandlung von Trauma in Triumph«.) Natürlich war es kein Zufall, dass der Patient in seinem Alltagsverhalten extrem rücksichtsvoll und liebevoll wirkte. Als Kind hatte ihm seine Wut zu viel Angst gemacht, deshalb hatte er alle Spuren von Feindseligkeit und Aggression aus seinen bewussten Interaktionen mit anderen Menschen verdrängt. Man könnte auch sagen, dass der Patient aufgrund der Erfahrung mit seiner Mutter auf Frauen allgemein wütend war, diese Wut aber nur durch den dissoziierten Kanal sexueller Fantasien spüren konnte.

Bei diesem Patienten bestand die Therapie darin, seine Fantasien zu »desexualisieren«, das heißt, ihm zu helfen, mit seiner Wut auf Frauen und letztlich auf seine Mutter in Kontakt zu kommen. Dies wiederum würde ihn weniger angenehm und liebevoll machen, weil er jetzt von seiner Frau oder seiner Mutter leichter genervt und auf sie ärgerlich werden würde. Anderseits würde er nicht mehr die Gewaltfantasien benötigten, um seinem Ärger Luft zu machen, und so wahrscheinlich ein besseres Sexualleben haben. Anders ausgedrückt: Während seine Liebe bisher scheinbar nicht vom geringsten bisschen Ambivalenz getrübt worden war – abgesehen davon, dass er Sex vermieden hatte –, würde die Ambivalenz nun an die Oberfläche kommen. Es würde einige Zeit und viel Arbeit auf Schritt 3 in Anspruch nehmen, um die Gewaltfantasien zu neutralisieren. Doch die Erkenntnis, dass diese Fantasien relational und nicht sexuell sind, liegt im Zentrum von Schritt 2 (Manchmal ist ein Penis nur eine Zigarre).

Zwar handelte es sich hierbei um ein recht extremes Beispiel, aber weniger gewaltsame Versionen dieser Grundkonstellation sind recht häufig – eben dass Sex oder sexuelle Fantasien benutzt werden, um nicht akzeptable aggressive Regungen zum Ausdruck zu bringen, die wir unserem Liebesobjekt gegenüber verspüren. In vielen Langzeitbeziehungen und selbst in der Kennenlernphase entwickelt ein Partner (oder manchmal auch beide) eine Spielart dessen, was Freud als den Madonna/Hure-Komplex bezeichnet. Dies ist die sexuelle Art, mit der Ambivalenz zurechtzukommen: Man liebt und respektiert den Partner, hat aber sexuelle Fantasien (oder eine tatsächliche sexuelle Beziehung) mit einem anderen, weniger respektablen Partner. Sie »schlafen« mit dem einen und »ficken« den anderen. Sie haben ein Vorspiel und Geschlechtsverkehr mit dem einen und oralen oder analen oder sonst wie gearteten Sex, den Sie vielleicht erregender, aber für den eigentlichen Partner abwertend finden, mit dem anderen. Auf diese Weise schützen Sie Ihre eigentliche Beziehung vor Ihrer Aggression. Oder zutreffender ausgedrückt: Sie geben vor, dass Sie Ihre Beziehung schützen, während Sie in Wirklichkeit Ihre Ambivalenz sexuell ausdrücken – Ihr Partner erregt Sie weniger oder gar nicht, und Sie kanalisieren Ihre sexuelle Energie anderswo und brauchen vielleicht sogar so genannte Ersatzfantasien, um mit Ihrem Partner sexuell verkehren zu können.

Viele Leute fragen sich, ob es »okay« – normal, gesund etc. – ist, mit dem Partner Sex zu haben, während man anderen Fantasien nachhängt. Für mich ist das keine Frage von richtig oder falsch, sondern eher davon, wie Sie Ihre Ambivalenz ausdrücken – in diesem Fall sexuell. Wenn Sie, was oft der Fall ist, Ihrem Partner nichts von Ihren Ersatzfantasien erzählen, geschieht das wahrscheinlich, weil Sie ein schlechtes Gewissen haben, was darauf hindeutet, dass es für *Sie* nicht okay ist. Vom psychologischen Standpunkt her geht es nicht darum, dass Sie etwas falsch machen, sondern darum, dass Sie nicht bereit sind, sich mit Ihrer Ambivalenz auseinander zu setzen. Unbewusst verstecken Sie Ihre Ambivalenz unter Ihrem sexuellen Funktionieren, nur um am Schluss das Gefühl zu haben, dass mit Ihnen oder Ihrem Partner *sexuell* etwas nicht in Ordnung ist.

Bei Schritt 2 (Manchmal ist ein Penis nur eine Zigarre) besteht Ihre Aufgabe darin, die unbehaglichen oder verborgenen sexuellen Wünsche oder Vorlieben – Ihre eigenen und die Ihres Partners – in emotionale, zwischenmenschliche Kommunikation umzuwandeln. Während dies in manchen Fällen die Hilfe eines erfahrenen Therapeuten verlangt, können Sie es in vielen Fällen auch alleine bewerkstelligen. So haben viele Frauen beispielsweise Fantasien von einem starken Mann, der sie vergewaltigt oder irgendwie die Kontrolle über ihren Körper übernimmt und sie zum Sex zwingt. Diese Art Fantasie ist isoliert gesehen recht leicht zu analysieren und als Zeichen dafür zu verstehen, dass sie sich einen starken Mann wünschen, der die Verantwortung für ihre nichtsexuellen Interaktionen übernimmt und sie vielleicht sogar beschützt. Aber noch mehr kann es bringen, wenn sie versuchen, diesen Wunsch sinnvoll mit ihrer Lebensrealität in Zusammenhang zu bringen. Klinische Erfahrung zeigt, dass diese Art von Fantasie oft bei Frauen vorkommt, die sich im zwischenmenschlichen Bereich aggressiv verhalten, gern die Verantwortung an sich reißen und deshalb Schwierigkeiten haben, in intimen Beziehungen die Kontrolle aufzugeben. Solche Frauen heiraten oft nette, sensible oder passive Männer, damit sie die Verantwortung übernehmen können, wünschen sich dann aber, der Partner wäre stärker oder aggressiver, damit sie sich entspannen oder beschützt fühlen können. Dieser Wunsch jedoch verträgt sich weder mit der Persönlichkeit des Partners noch mit ihrem eigenen Wunsch nach Kontrolle. So drücken ihn diese Frauen oft durch eine sexuelle Fantasie oder sexuelles Rollenspiel aus.

Sexuelle Fantasien und Rollenspiele können sehr erregend sein, sind aber häufig emotional unergiebig oder distanziert. Wenn es Sie erregt, sich vorzustellen, dass Sie gefesselt sind oder vergewaltigt werden, dann *fühlen* Sie sich nicht hilflos oder als Opfer. Schließlich ist das ganze Szenarium Ihrer eigenen Fantasie entsprungen, die Sie im Dienste Ihres eigenen Nervenkitzels erschaffen haben. Mit anderen Worten, die »negativen« Gefühle werden in Ihrer Fantasie ausgedrückt, aber nicht bewusst von Ihnen erlebt. Doch wie wir gesehen haben, gibt es zusätzlich zum Inhalt der Fantasie auch Schuldgefühle, die ebenfalls auf »schlechte« oder negative Gefühle dem Partner gegenüber hindeuten.

Zwar sind Aggressionen und Dominanz – oder ihr Gegenteil – wohl die häufigsten problematischen Empfindungen, die sexuell ausgedrückt werden, doch sicher nicht die einzigen. Alle schwierigen Gefühle finden einen Weg ins Schlafzimmer. Ein junger Mann, erfolgreicher Manager an der Wall Street, verliebte sich in eine ums Überleben kämpfende Künstlerin, die anscheinend klug, schön und sexy war. Doch sie stellte in vielen Bereichen sehr hohe Ansprüche an ihn. Erstens rief sie ihn häufig mitten am Arbeitstag an, er müsse dringend zu ihr kommen und ihr bei irgendetwas helfen. Zweitens hatte sie kein Geld und keine Krankenversicherung und verließ sich immer mehr darauf, dass er ihr in ihren zahlreichen finanziellen Nöten und Krisen unter die Arme griff. Und schließlich hatte sie sehr hohe und ausgefallene sexuelle Erwartungen an ihn und bestand zum Beispiel darauf, dass sie sich während des gesamten Liebesakts ununterbrochen intensiv in die Augen schauten. Mein Patient liebte diese Frau und unterwarf sich klaglos ihren Anordnungen, zum Teil weil sie ihn tatsächlich erregten. Doch ironischerweise wurde die Sache problematisch, als sie einmal wissen wollte, woran er dachte, während sie miteinander schliefen. Wie üblich kam er ihrem Wunsch nach und antwortete, dass er sich vorstellte, sie wäre eine Vampirin, die ihn in den Hals biss und ihn aussaugte. Als seine Freundin das hörte, sprang sie entsetzt aus dem Bett und sagte: »Das denkst du also von mir, dass ich dir das Leben aussauge ... dass ich dich benutze ... du hast ja keine Ahnung davon, was Liebe ist ...«

Dies war der Anfang vom Ende ihrer Beziehung, denn mein Patient erkannte, dass die Interpretation seiner Freundin zutraf: Er war ihr in einem Ausmaß verfallen, dass er das Gefühl verdrängte, von ihr ausgesaugt zu werden. Aber ihre »Übersetzung« seiner sexuellen Fantasie machte ihm plötzlich deutlich, dass er von nun an versuchte, in der Beziehung auch für die Erfüllung seiner eigenen Bedürfnisse zu sorgen. Doch während er sich jetzt bemühte, seine Ambivalenz zu sehen und mit ihr fertig zu werden, steckte seine Freundin ihre Ansprüche nicht im mindesten zurück (einschließlich der »Forderung«, dass er keine solchen sexuellen Fantasien haben durfte) und trennte sich nach kurzer Zeit von ihm. In der Folge wurde dem Patienten klar, dass es eine Manifestation der sexuellen Liebe gewesen war, die ihn zu dieser Frau hingezogen hatte. Die Freundin hatte sogar Recht gehabt, als sie meinte, er wisse nicht viel über die Liebe – was aber nicht heißen soll, dass sie in diesem Bereich viel bewanderter war.

Interessanterweise hatte dieser Patient, der grundsätzlich heterosexuell war, eine weitere Fantasie, in der er Sex mit Männern praktizierte und ihnen das Sperma aussaugte. Als wir der Sache weiter nachgingen, stellte sich heraus, dass er in der Fantasie glaubte, sein Sperma von außen wieder »auffüllen« zu müssen, um weiterhin mit Frauen sexuell funktionieren zu können. Wenn man dies in nichtsexuelle Begriffe übersetzt, könnte man sagen, dass der Mann, der sich von Frauen »ausgesaugt« fühlte, Unterstützung von anderen Männern brauchte, was nach näherer Begutachtung genau seine Kindheitserfahrung mit seinen Eltern beschrieb. Seine Mutter war bedürftig und überbehütend und vermittelte ihm immer das Gefühl, dass sie »nahm«, statt zu »geben«, sogar wenn sie ihn beispielsweise umarmte. Deshalb versuchte er sich ihrer erdrückenden Gegenwart zu entziehen und suchte bei seinem Vater Stärke und Unterstützung. Aber dieser war passiv und zurückgezogen und oft auf Geschäftsreise unterwegs. Etwas vereinfacht ausgedrückt, die sexuellen Fantasien des Patienten liefen darauf hinaus, dass er zu viel von seiner Mutter und zu wenig von seinem Vater bekommen hatte ... wie ungewöhnlich!

Zusammenfassend lässt sich Folgendes sagen: Wenn Sie Ihre eigenen sexuellen Interessen und die Ihres Partners verstehen wollen – was eine notwendige Voraussetzung dafür ist, um die nur sexuelle Liebe zu überwinden –, sollten Sie prüfen, ob diese mit nichtsexuellen Konflikten in Ihrem Leben in Zusammenhang stehen. Wenn Sie sich zu jüngeren, jungenhaften Männern hingezogen fühlen, fragen Sie sich, ob Sie Angst vor einer eher gleichberechtigten Beziehung haben. Prüfen Sie, ob Sie von »Jasagern« umgeben sind und Grund haben, sich vor »richtigen« Männern zu fürchten; fragen Sie sich, ob Ihr Vater oder Ihr großer Bruder ein Tyrann war und Sie diese Wahrnehmung auf alle Männer ausdehnen, außer auf junge, nett aussehende. Vielleicht haben Sie Angst vor Männern oder »hassen« sie sogar, können dieses Gefühl aber nur dadurch ausdrücken, dass Sie sich sexuell zu »Nichtmännern« hingezogen fühlen.

Genauso sollten Sie sich, wenn Sie nie einen Orgasmus haben, fragen, ob Sie in anderen Bereichen offen dafür sind, Genuss zu empfangen und zu erleben. Ist es Ihnen so wichtig, selbstgenügsam zu sein, dass Sie keinen an sich heranlassen? Müssen Sie immer die Kontrolle behalten, weil man Sie ausnutzen würde, wenn Sie sich verletzlich zeigen? Können Sie nur loslassen, wenn Sie etwas getrunken haben? Erleben Sie gefühlvolle Menschen als übergriffig? Haben sie das Gefühl, wenn Sie etwas bekommen, werden Sie zu etwas gezwungen? Sind Sie mit einem übergriffigen Elternteil groß geworden oder haben Sie das Gefühl, dass Ihr Freund oder Ihr Ehemann übergriffig oder beherrschend ist?

Wenn Ihr Freund oder Ihr Mann Probleme mit Impotenz hat, sollten Sie herauszufinden versuchen, ob er sich in anderen Lebensbereichen minderwertig fühlt. Musste er beruflich eine Schlappe einstecken? Fühlt er sich irgendwie von Ihnen kastriert? Natürlich kann Impotenz vieles bedeuten (zum Beispiel kann Ihr Partner von Leistungsangst gelähmt sein, vielleicht hat er aber auch eine Affäre und leidet deshalb unter Schuldgefühlen, vielleicht ist er eigentlich schwul und so weiter). Aber mit Ausnahme einer körperlich bedingten erektilen Dysfunktion bedeutet Impotenz *immer* irgendeine Form von Ambivalenz, deutet auf den Wunsch hin, nicht da zu sein oder nichts leisten zu müssen. Deshalb denken Frauen so oft, dass Impotenz etwas mit ihnen zu tun hat – beispielsweise »Ich bin nicht attraktiv genug« oder »Bestimmt mache ich irgendwas falsch«. Aber es hat nichts mit Ihnen zu tun: Es geht immer um seine Ambivalenz, die er in diesem Falle sexuell zum Ausdruck bringt. Da es aber zum Tangotanzen zwei Leute braucht, kann es auch sein, dass Sie unabsichtlich oder unbewusst eine Rolle in seinem Drehbuch spielen. Wenn er beruflich beispielsweise zurzeit nicht so gut zurechtkommt wie Sie und Sie den Respekt vor ihm verlieren oder sich kritisch oder einschüchternd verhalten, teilt er Ihnen seine Gefühle möglicherweise dadurch mit, dass er sich sexuell zurückzieht. Auf bewusster Ebene verstärkt seine sexuelle »Kommunikation« in diesem Fall seine Minderwertigkeitsgefühle noch. Aber unbewusst fühlt er sich befreit, weil er sich wenigstens Ihren Erwartungen widersetzt.

Wenn Ihr Freund ständig jüngeren Mädchen nachstarrt, sollten Sie sich fragen, ob er sich vielleicht auch in anderen Bereichen weigert, erwachsen zu werden. Haust er in einer chaotischen Junggesellenwohnung, raucht Hasch und hängt auf Rockkonzerten herum? Arbeitet er nur Teilzeit und denkt nicht an seine Zukunft? Meidet er erwachsene Entscheidungen und lebt manchmal in einer Fantasiewelt? Gegen sein sexuelles Interesse an jüngeren Frauen können Sie nichts machen, aber wenn Sie zu dem Schluss kommen, dass es eigentlich kein sexuelles Problem ist, sind Sie besser dran, wenn Sie ihm helfen, »erwachsen zu werden«, was sich letzten Endes auch auf seine sexuellen Interessen auswirken wird.

Der letzte Punkt trifft wahrscheinlich auf alle oben erwähnten Szenarien zu, das heißt, dass das Verhalten Ihres Partners sich nicht automatisch allein dadurch ändert, dass Sie der nichtsexuellen Bedeutung seines Sexualverhaltens auf die Spur kommen. Der Zweck davon, das Verhalten zu verstehen, ist nicht etwa, es zu ändern, sondern vielmehr, es zu akzeptieren. Wenn Sie verstehen, dass die Impotenz (oder irgendein anderes sexuelles Symptom) Ihres Partners Ausdruck seiner Ambivalenz ist, akzeptieren Sie diese und versuchen ihm bei seiner nichtsexuellen Ambivalenz zu helfen. Oder: Indem Sie verstehen, dass es ein Zeichen Ihrer Ambivalenz ist, wenn Sie sich zu jungenhaften Männern hingezogen fühlen (oder worin Ihr sexuelles Symptom sonst bestehen mag), akzeptieren Sie es und versuchen nun, an dieser nichtsexuellen Ambivalenz zu arbeiten. Wenn Sie diese sexuellen Verhaltensweisen nicht akzeptieren, fallen Sie zurück zu Schritt 1 (Sag einfach Nein) und brechen die Beziehung ab. Aber wenn Sie das Verhalten akzeptieren, sind Sie bereit, zu Schritt 3 überzugehen, wo Ihnen natürlich noch immer eine Menge Arbeit bevorsteht.

Schritt 3: Gegensätze ziehen sich an

Sexuell ausgedrückte Ambivalenz zu überwinden ist schwierig, aber nicht unmöglich. Schwierig deshalb, weil unsere sexuellen Interessen und unsere sexuellen Neigungen immer wieder verstärkt werden, indem sie mit sexueller Erregung, Orgasmus und Befriedigung »belohnt« werden. Was immer die ursprünglichen entwicklungsbedingten Gründe unserer sexuellen Neigungen sein mögen – die hier immer wieder erwähnte unterdrückte Ambivalenz, aber auch genetische und biologische Voraussetzungen –, werden diese Neigungen immer wieder dadurch angefeuert, dass das Ziel leicht zugänglich und zutiefst körperlicher Natur ist – vor allem bei Masturbationsfantasien. Aus diesem Grund sollten wir uns, wenn wir versuchen, die sexuelle Liebe in den Griff zu bekommen, nicht darauf konzentrieren, unsere bestehenden Vorlieben abzulehnen, sondern lieber darauf, unser Repertoire zu erweitern. Nehmen wir den nicht ungewöhnlichen Fall eines Mannes, der orale Stimulation braucht, um erregt zu werden oder einen Höhepunkt zu erreichen. Wenn dieser Mann nun Schritt 2 (Manchmal ist ein Penis nur eine Zigarre) versteht und erkennt, dass er eine Frau braucht, die ihm »dient«, weil er ambivalente Gefühle hat, wenn es um Gleichheit in intimen Beziehungen geht, dann sollte dieser Mann bei Schritt 3 (Gegensätze ziehen sich an) nicht versuchen, seine Vorliebe für Oralsex auszumerzen, sondern eher, sein Interesse auf andere sexuelle Aktivitäten auszuweiten, die in der intimen Beziehung für mehr Gleichheit sorgen.

Allgemein gesagt, es gibt in der sexuellen Liebe immer eine Art von unflexiblem Wiederholungsverhalten. Wir sind so auf eine Sache fixiert – Eroberung, Oralsex, neuer Sex, Jugendlichkeit, Masturbation, Fesseln, Angst vor Penetration, Wunsch, den anderen zu befriedigen und so weiter –, dass unsere sexuellen Gewohnheiten rigide und eingeschränkt werden. Auf diese Weise können wir andere sexuellen Aktivitäten und die Intimität, die sie verkörpern, nicht in unsere Beziehung integrieren. Genau wie in den anderen Mustern gescheiterter Liebe ist Integration bei Schritt 3 (Gegensätze ziehen sich an) unser Ziel, das heißt, zuerst und vor allem, die Dynamik der sexuellen Gegensätze zu überwinden. Lassen Sie mich das erklären.

Eine meiner Patientinnen, eine schöne, verheiratete Frau Ende dreißig, kam zu mir, weil sie sich in den Pfarrer ihrer Kirche verliebt und eine Affäre mit ihm begonnen hatte. Als wir über ihre Vergangenheit sprachen, fand ich heraus, dass sie im Alter zwischen neun und elf Jahren eine sexuelle Beziehung mit ihrem vier Jahre älteren Bruder gehabt hatte. Zwar wendete er nie körperliche Gewalt an, aber die Initiative ging fraglos von ihm aus. Er beschwatzte und bedrängte sie so, dass sie das Gefühl hatte, nicht Nein sagen zu können, und mitmachte, obwohl sie wusste, dass es falsch war. Später, als sie sich mit Jungen verabredete, wurde sie ziemlich schnell sexuell aktiv und promiskuös. Als junge Frau suchte sie häufig Anerkennung und Liebe bei Männern, die nur an Sex interessiert waren und nach einer Weile das Interesse an ihr verloren.

Bei ihrem Mann jedoch war das anders gewesen, und genau deshalb hatte sie ihn geheiratet. Er war Englischlehrer, sanft und leise und weniger auf Sex fixiert als ihre früheren Bekanntschaften. Und er liebte sie wirklich. Zwar fühlte sie sich nicht ganz so stark zu ihm hingezogen, empfand aber dennoch Liebe für ihn, und die beiden führten eine gute Beziehung. Aber dann, nach mehreren Jahren Ehe und als Mutter von zwei kleinen Mädchen, hatte sie es nicht verhindern können, dass sie sich in den Pfarrer verliebte, der wesentlich älter, sehr beliebt und in der Gemeinde höchst angesehen war.

Als sie anfing, mit ihm zu schlafen, wurde sie von Liebe und von spirituellen Gefühlen förmlich überwältigt. Nach einigen Monaten Therapie gestand sie ihrem Mann die Affäre, verließ die Familie und zog zu dem Pfarrer. Aber aufgrund der kirchlichen Position ihres Geliebten musste die Beziehung geheim gehalten werden, und nach einigen Monaten wurde sowohl mir als auch meiner Patientin klar, dass sie und der Pfarrer sich hauptsächlich auf eine körperliche – sinnliche, erotische, fleischliche – Beziehung eingelassen hatten. An den sexuellen Gefühlen und Erfahrungen war nichts auszusetzen, nur tauchten jetzt die alten

Gefühle wieder auf, dass sie von einem Mann benutzt worden war. Wie die Patientin es selbst ausdrückte: »Ich dachte, ich schlafe mit Gott, aber in Wirklichkeit ficke ich nur einen Gigolo.«

Das war für die Patientin Schritt 1 (Sag einfach Nein): Sie beendete die Beziehung und zog zurück zu ihrem Mann, der sie liebevoll wieder aufnahm und bereit war, ihr zu verzeihen, wenn sie sich dazu verpflichtete, an ihren Problemen zu arbeiten. Das tat sie in der Therapie zusammen mit mir. Nach einiger Zeit erkannte sie, dass ihre vorehelichen Erfahrungen mit Männern und ihre Beziehung zu dem Pfarrer eine Neuinszenierung ihres inzestuösen Verhältnisses mit ihrem Bruder waren, und erreichte damit Schritt 2 (Manchmal ist ein Penis nur eine Zigarre). Im Geheimen und voller Scham machte sie bei etwas mit, was ihr nicht richtig vorkam, und versuchte Liebe und Anerkennung von einem Mann zu bekommen, der sie letzten Endes nur sexuell benutzen wollte. Warum musste sie das noch einmal inszenieren? Einfach ausgedrückt, sie hatte gelernt, das zu lieben und zu begehren, was ihr ursprünglich aufgezwungen worden war, sodass sie aktiv das wiederholen konnte, worunter sie als Kind passiv gelitten hatte. Wenn Sie das gleiche Szenarium immer wieder aufführen, werden Sie irgendwann die Oberhand gewinnen und die Liebe bekommen, die Sie brauchen – das ist die Logik des Unterbewusstseins. Als meine Patientin all das durchschaute, wurde ihr auch ihre Ambivalenz den Männern gegenüber klar: In ihrer Erfahrung war ihr Mann nett, aber nicht so attraktiv oder sexuell aufregend, der Pfarrer dagegen war attraktiv und aufregend, aber er nutzte sie aus und war nicht fähig zu geben. Möglicherweise waren diese Eigenschaften objektiv in diesen Männern vorhanden, aber vor allem passten sie sehr gut in die bereits bestehende ambivalente Wahrnehmung der Patientin.

Nun, da die Patientin wieder bei ihrem Mann war, begann sie die harte Arbeit an Schritt 3 (Gegensätze ziehen sich an). Hier musste sie die sexuelle Beziehung mit ihrem Mann mit der sexuellen Beziehung mit dem Pfarrer und den anderen Männern in ihrem früheren Leben vergleichen. Rasch kamen zwei Gegensätze zum Vorschein. Mit ihrem Ehemann war Sex nett, liebevoll und kuschelig, manchmal nur ein Vorspiel ohne Orgasmus, weil er gelegentlich Erektionsschwierigkeiten hatte und sie nicht immer erregt war; mit den anderen war Sex ein Erlebnis unter Hochspannung, besessen und heftig, und gipfelte oft in multiplen Orgasmen und Schmerz; mit ihrem Mann war es sicher und gemütlich, mit den anderen riskant und beschämend. Diese Spaltung hatte ganz eindeutig einen Bezug zu ihrer sexuellen Missbrauchserfahrung: Einerseits musste sie das Trauma einer sexualisierten Beziehung zu einem älteren Bruder wiederholen, um es zu überwinden, andererseits suchte sie die Sicherheit einer nichtsexuellen oder weniger sexuellen, liebevollen und gütigen Vaterfigur. In Wirklichkeit waren der Pfarrer und die anderen Männer natürlich nicht ihr Bruder und ihr Ehemann war nicht ihr Vater. Beide Varianten waren Verzerrungen, in denen sie die Rolle des hilflosen kleinen Mädchen spielte – ebenfalls eine Verzerrung. Ihre Aufgabe in Schritt 3 (Gegensätze ziehen sich an) bestand nun also darin, diese Spaltung in ihre Hauptbeziehung zu integrieren. Das heißt, sie musste daran arbeiten, die liebevolle Natur des ehelichen Sex zu erhalten, ihr aber ein paar der härteren Aspekte ihrer anderen sexuellen Erfahrungen hinzuzufügen.

Um dies zu bewerkstelligen, musste die Patientin darauf bestehen, dass sie diese Gegensätze *beide* in ihrem Leben brauchte. Ihr war bereits klar, dass sie ihren Mann nicht aufgeben konnte, aber jetzt sagte ich ihr, dass sie den »Pfarrer« auch nicht einfach vergessen durfte – zumindest nicht die Art von Leidenschaft, die er verkörperte. So musste sie den goldenen Mittelweg in ihrer wichtigsten Beziehung, ihrer Ehe, suchen. Das war nicht leicht, denn ihr dämmerte allmählich, dass sie sich unbehaglich fühlte, wenn sie bei ihrem Mann nur Sexobjekt war – dieser Teil gehörte ins Bett des Pfarrers. Aber dann begannen sie und ihr Mann zu experimentieren. Zuerst klappte es überhaupt nicht, weil ihr Mann über die Jahre von ihr konditioniert worden war, sie nicht als Sexualobjekt zu sehen – und weil er natürlich mit seiner eigenen dazugehörigen Dynamik reagierte, die es ihm schwer machte, sich Frauen gegenüber sexuell aggressiv zu verhalten. Wenn sie sich offen sexuell oder allzu »anschaulich« verhielt, geriet er in Panik und verlor seine Erektion. Aber eines Tages schaffte er es nach einigen Versuchen, sich darauf einzulassen. Stück für Stück, nach dem Prinzip von Versuch und Irrtum, mit viel Experimentieren und Übung, kamen sie der Integration der Gegensätze – »sich lieben« und »ficken« – immer näher. Und schließlich landeten sie tatsächlich irgendwo in der Mitte.

Die Aufspaltung unserer Sexualität in Gegenpole ist oft die Folge von sexuellem Missbrauch oder einer unangemessenen sexuellen Stimulierung in der Kindheit. Die oben erwähnte Patientin reagierte auf den sexuellen Missbrauch, den sie erlitten hatte, indem sie übermäßig sexuell wurde. Andere Opfer von sexuellem Missbrauch in der Kindheit vermeiden Sex. Aber wie immer bei Polarisierungen sind die beiden Reaktionen Yin-Yang-Gegensätze, die einander enthalten und deshalb ineinander transformiert werden können. Die Frau, die auf einen Missbrauch reagiert, indem sie viel Sex hat, versucht die Erfahrung zu wiederholen, um sich irgendwann anders zu fühlen, derjenige, der Sex meidet, möchte die Vergangenheit ebenso auslöschen. Erstere kommt vielleicht wirklich irgendwann zu dem Schluss, dass Sex etwas Schlechtes ist, das sie von nun an ablehnt und so die Haltung des Sexvermeiders einnimmt, während der Sexvermeider Sex schließlich so sehr vermisst, dass er anfängt, wie sie zu handeln. Natürlich ist keines der beiden Extreme wünschenswert ... es geht immer um Integration.

Die Dynamik der sexuellen Gegensätze verdeutlich ein wichtiges Paradox: In vielen Fällen bildet das Nichtvorhandensein von Sex den Hauptbestandteil des Musters sexueller Liebe. Ich habe weiter oben den Fall des Mannes beschrieben, der wegen seiner beunruhigenden Fantasien Sex mit seiner Partnerin vermied, und den des Sexsüchtigen, der zu absoluter Abstinenz überwechselte. Viele Männer, die einen Beruf ergreifen, in dem sexuelle Abstinenz erwartet wird, tun dies deshalb, weil sie sich vor ihrer ausgeprägten Sexualität fürchten, was meiner Ansicht nach auch die Fälle von sexuellem Missbrauch in der katholischen Kirche erklärt.

Doch diese Dynamik ist nicht auf sexuellen Missbrauch und sexuelle Traumata beschränkt. Sie durchzieht unser alltägliches Sexleben auf offensichtliche, aber auch eher subtile Art und Weise. Das häufigste männliche Gebrechen, die Impotenz, habe ich bereits erwähnt. Nun möchte ich auf eine verwandte und ebenfalls sehr häufige sexuelle männliche Störung eingehen – diesmal um die Anwendung von Schritt 3 (Gegensätze ziehen sich an) auf die sexuelle Liebe zu illustrieren.

George war ein allein stehender Internist Ende dreißig. Endlich lernte er eine Frau kennen, mit der es ernst zu sein schien, jedenfalls sprachen sie schon über Verlobung und Heirat. Dies führte ihn in meine Praxis, weil er ein sexuelles Problem angehen wollte, das ihn schon lange Zeit quälte. »Vielleicht haben Sie es schon erraten«, meinte er, »ich spreche von einer erektilen Dysfunktion, unter der ich seit der Pubertät immer wieder leide. Bisher hat es mich nicht so sehr gestört, weil meine Beziehungen nie ernst genug waren und weil ich die Sache immer irgendwie kompensieren konnte. Das kann ich immer noch, aber jetzt möchte ich der Sache gern auf den Grund gehen. Vor einigen Jahren war ich bei einem Urologen, der eine verminderte Durchblutung des Penis diagnostizierte und Injektionen vorschlug, die eine Erektion stimulieren sollen. Damit konnte ich nicht umgehen, aber in den letzten Jahren habe ich Viagra benutzt. Das hilft tatsächlich, aber ich bin immer noch auf meine Fantasien angewiesen, um zum Höhepunkt zu kommen.« Während er mir davon erzählte, musste ich unwillkürlich – vielleicht auch, weil der Patient Arzt war – an die Daumenregel denken, dass man als

Arzt den Symptomen zuhört, nicht dem Patienten. Aber in der Praxis eines Psychologen ist der Patient selbst das Symptom, deshalb konnte ich beim Zuhören nicht umhin zu bemerken, dass seine Eigendiagnose der Impotenz nicht zu dem passte, was er mir über sein Kompensieren und seine Fantasien erzählte. Also fragte ich ihn, was genau er damit eigentlich meinte.

Wie sich herausstellte, war Georges Impotenz situationsabhängig und trat nicht immer auf. Wenn er masturbierte oder sich masturbieren ließ, bekam er problemlos eine Erektion, verlor diese aber manchmal, wenn er in seine Partnerin eindrang. Mit Hilfe mancher Fantasien erreichte er einen Höhepunkt, während andere überhaupt nicht funktionierten, und grundsätzlich war es beim Geschlechtsverkehr immer schwieriger als bei der Selbstbefriedigung. Darin lag ein eindeutiger Hinweis, dass das Problem nicht physiologischer, sondern vielmehr psychologischer Natur war. Außerdem war es technisch gesehen keine Impotenz, sondern eher eine teilweise und situationsbedingte männliche Orgasmushemmung. Teilweise, weil er manchmal sehr wohl kam, und situationsbedingt, weil dies von der Situation abhing, in seinem besonderen Fall von der Art seiner Fantasien.

Ich möchte darauf hinweisen, dass George Schritt 1 (Sag einfach Nein) allein bewältigt hatte, ehe er auch nur einen Fuß in meine Praxis setzte: Er war trotz seines sexuellen Problems eine Verpflichtung seiner Freundin gegenüber eingegangen und hatte zu seiner bisher endlosen Suche nach dem perfekten sexuellen Stimulus Nein gesagt. Daher war er sofort zur Arbeit an Schritt 2 (Manchmal ist ein Penis nur eine Zigarre) bereit, das heißt, er konnte den nichtsexuellen Aspekt seiner Schwierigkeiten erkunden. Dies erwies sich als relativ leicht, denn die Fantasien, die ihn erregten und die er zum Masturbieren benutzte (oder auch als Ersatzfantasien, die ihn beim Geschlechtsverkehr zum Höhepunkt brachten), waren ganz eindeutig Variationen zum gleichen Thema. In einer davon stellte er sich Sex mit seiner Haushälterin vor, in einer anderen eine zahnlose, hurenhafte Frau, in einer dritten eine junge Krankenschwester aus seiner Praxis. In all den Fantasien ging es um oralen oder analen Sex, auch Dildos, Fäuste und »schmutzige« Ausdrücke kamen zum Einsatz. Das Thema war also harter Sex mit Frauen, die er als unter ihm stehend betrachtete.

Im Gegensatz dazu ging es beim Sex mit den Frauen, mit denen er zusammen gewesen war, vor allem mit seiner derzeitigen Freundin, um sanfte und rücksichtsvolle körperliche Liebe mit einer Person, die er nicht nur als gleichwertig, sondern sogar als ihm überlegen ansah. Seine derzeitige Freundin war eine arrivierte politische Journalistin, von der er sich intellektuell eingeschüchtert fühlte. Mit anderen Worten: Seine Sexualität bestand aus zwei Polen, von denen der eine zärtliche Liebe beinhaltete und der andere Aggression und den Wunsch, Frauen zu Sexobjekten zu machen. Ersteres praktizierte er mit der Frau, die er liebte, Letzteres mit Frauen, die er begehrte. Aber da George klar war, dass Begehren nicht von Dauer ist, verbannte er diese strikt in den Bereich der Fantasie. Das Problem damit ist nur – und wie wir gesehen haben, ist der Madonna/Hure-Komplex recht häufig –, dass die Gegensätze einander ständig in ihrer angenommenen Ausschließlichkeit bestärken, eine Dynamik, die ein entweder langweiliges oder nicht funktionierendes Sexleben in der Hauptbeziehung eines Menschen garantiert. Was George wollte, war ganz eindeutig beides, aber in seine Beziehung integriert, nicht als einander ausschließende Gegensätze. Aber weil er Angst hatte, dass es seine Liebe zu den Frauen beeinträchtigen würde, wenn er sie als Objekte sah, hatte er eine Spaltung herbeigeführt, indem er nur die Frauen zu Objekten machte, die er nicht respektierte.

Während wir in der Therapie darüber sprachen, erkannte George, dass die Gegensätze einander eigentlich gar nicht wie Feinde gegenüberstanden. Und er stimmte mit mir überein, dass er beide für sich beanspruchen sollte, damit er seine Freundin sowohl respektvoll behandeln, in ihr aber auch ein Sexualobjekt sehen konnte. Doch obwohl ihm das intellektuell klar war, haperte es mit der praktischen Umsetzung im Bett – erstens weil es, wie bereits erwähnt, sehr schwierig ist, die sexuellen Neigungen zu ändern, und zweitens weil er von seiner Freundin eingeschüchtert war und nicht wusste, wie er das Thema mit ihr ansprechen sollte.

An dieser Stelle war es Zeit für Schritt 3 (Gegensätze ziehen sich an). George vermied seine Aggression nicht nur im Schlafzimmer, sondern auch im Wohnzimmer. Also begannen wir unsere Arbeit dort, und ich half ihm, seine Freundin zur Rede zu stellen, wenn sie herablassend mit ihm umging, ihn auslachte, weil er politisch nicht auf dem Laufenden war oder sich nicht so gut artikulieren konnte. George fing an, ihr zu widersprechen, und ließ ihre Kritik nicht einfach auf sich sitzen. Anfangs war seine Freundin vor den Kopf gestoßen und beide waren unglücklich über die Streitereien, die sich daraus entwickelten. Aber nach einiger Zeit respektierte sie ihn mehr und kritisierte ihn demzufolge weniger. Und er wiederum war beruhigt, weil sie seine Aggression offensichtlich durchaus ertragen konnte.

Nachdem George sich nun deutlich selbstbewusster und stärker fühlte, beschloss er, seiner Freundin einige seiner sexuellen Fantasien zu erzählen und seinen Wunsch zu äußern, diese in die Beziehung aufzunehmen. Zuerst reagierte sie abwehrend – aus eigenen Gründen hatte auch sie Angst vor männlicher Aggression, weshalb ihr wenig aufregende, sanfte körperliche Liebe gerade recht war. Aber sie war für Experimente offen, was irgendwann dazu führte, dass George erregter und weniger gehemmt wurde. So folgte ihr Sexleben der gleichen Bahn wie die Beziehung insgesamt: Die Ambivalenz wurde nicht mehr geleugnet, sondern durch Konflikte ausgedrückt und schließlich immer mehr integriert.

In wirklich langen Beziehungen und Ehen ist das Sexleben dem konstanten Druck von Gewohnheit, Müdigkeit, wenig attraktiven täglichen Intimitäten, beruflichem Stress und der Anwesenheit von Kindern ausgesetzt. Aber der innere psychologische Konflikt der sexuellen Gegensätze stellt eine noch größere Herausforderung dar. Während eine volle Integration und bestmöglicher Sex in einer langjährigen Ehe wahrscheinlich eher die Ausnahme darstellten, ist es besser, danach zu streben, als die Flinte ins Korn zu werfen. Sexuell ausgedrückte Ambivalenz zu überwinden ist ein langwieriger Prozess. Dennoch ist die Idee der Integration kein Hirngespinst. Zu einem großen Teil basiert sie auf einer von Freuds fundierteren Beobachtungen, nämlich, dass hinter jeder Angst ein Wunsch steckt. Wenn Sie also Angst davor haben, Aggression in Ihre Sexualität zu bringen, dann deshalb, weil sie es möchten, sich aber vor Ihrem eigenen Wunsch fürchten. Dies zur Kenntnis zu nehmen kann ein großer Schritt zur Entwicklung eines Sexlebens sein, das sowohl die Angst als auch das Bedürfnis umfasst.

Praktisch ausgedrückt bedeutet das, dass Sie Ihr Sexleben verbessern können, indem Sie sich ein wenig Ihrem Gegenteil annähern: Wenn Sie eher der passive Partner sind, versuchen Sie, öfter mal die Initiative zu ergreifen; wenn Sie mehr Sex brauchen als Ihr Partner, experimentieren Sie damit, sich mehr zurückzuhalten, wenn Sie nur sanften Sex mögen, dann probieren Sie es mal mit »ficken« oder umgekehrt. Wie wir gesehen haben, ist es sinnvoll, das alles zunächst einmal in der nichtsexuellen Arena auszutesten. Das leitet direkt zum letzten Muster gescheiterter Liebe über, wo diese Dynamik der Gegensätze eine allgegenwärtige und meist nichtsexuelle Herausforderung darstellt.

KAPITEL 8

ANDROGYNE LIEBE

Sind in zäher Verstrickung die Leiber der beiden vereinigt,
zwei sie nicht mehr, eine Zwiegestalt doch, nicht Mädchen
nicht Knabe weiter zu nennen, erscheinen so keines von
beiden und beides.   OVID

»Hört, woher verrufen, warum mit entkräftenden Wellen Salmacis Glieder, die sie benetzt, entnervt und verweiblicht, ist doch verborgen der Grund und bekannt nur die Wirkung der Quelle.« So beginnt Ovid die Geschichte von Hermaphroditus und Salmacis. Hermaphroditus war ein hübscher Knabe, der seinen Namen deshalb bekommen hatte, weil er sowohl seinem Vater Hermes als auch seiner Mutter Aphrodite ähnelte. Salmacis war eine sinnenfreudige Wassernymphe. In groben Zügen geht es in der Sage darum, wie Salmacis Hermaphroditus in ihren Teich lockt und dann versucht ihn zu vernaschen. Wie eine Schlange umschlingt sie ihn und betet zu den Göttern, »dass ihn von mir keine Stunde und mich von ihm keine Stunde kann trennen«. Ihr Flehen wird erhört und ihre Körper verschmelzen miteinander, mit einem Kopf und einem Körper, sowohl Mann als auch Frau.

Erstaunlicherweise ist diese alte Legende heute bedeutsamer denn je, wenn es um die Beziehung zwischen Männern und Frauen geht. Im Kielwasser der Frauenbewegung, in der Frauen dazu ermutigt werden, ehemals als männlich angesehenen Interessen nachzugehen, und man von Männern erwartet, dass sie in der weiblicheren Tradition sensibel und verletzbar sind, hat es den Anschein, als wären wir alle Hermaphroditen. Vor der Zeit der Emanzipation wurde der Kampf zwischen den Geschlechtern an der Front rigide definierter Geschlechterrollen ausgefochten. Wenn sich eine Ehe oder eine Beziehung in der Krise befand, lag der Grund häufig darin, dass das Paar zu stark entlang der stereotyp feminin-maskulinen Grenze polarisiert war. Der Mann war logisch und gefühllos und nur an Actionfilmen, Sex, Autos und Sport interessiert, während die Frau emotional und sensibel war und sich nur für romantische Komödien, Opern, Literatur und Tratsch interessierte. In der therapeutischen Praxis versuchten solche Paare ihre Ambivalenz gegenüber dem Geschlecht des anderen zu vermeiden, indem sie forderten, der jeweils andere müsse sein geschlechtsspezifisches Verhalten ändern. Sei ein bisschen einfühlsamer, damit ich mich nicht damit abfinden muss, dass Männer keine blasse Ahnung haben, sagte die Frau. Sei nicht so furchtbar emotional, damit ich mich nicht damit abfinden muss, dass Frauen hysterisch sind, erwiderte der Mann.

Natürlich gibt es solche Paare auch heute noch wie Sand am Meer, aber inzwischen sehen Paartherapeuten mehr und mehr Paare, die umgekehrt polarisiert sind, also den traditionellen Rollenvorstellungen entgegengesetzt. Im hermaphroditischen Paar – das theoretisch eigentlich ideal sein müsste, da beide Partner das Beste beider Welten haben können – ist der Mann sensibel und offen, die Frau aber stark und selbstbewusst. In dieser Beziehung verliebt sich der Mann in eine Frau, die er als robusten, unabhängigen Menschen wahrnimmt, den er respektieren kann, während die Frau sich in einen Mann verliebt, den sie als emotional unterstützende, zugängliche Person sieht. Wenn dieses Paar nun in der psychologischen Praxis landet, dann deshalb, weil die beiden beim Wünschen nicht aufgepasst haben. Sagen Sie ihr, sie soll weiblicher werden, bettelt der Mann den Therapeuten an. Sagen Sie ihm, er soll endlich mal ein Mann sein, knurrt die Frau.

Wenn Paare entsprechend den Geschlechterrollen polarisiert sind, ganz gleich, ob nach traditioneller oder moderner, umgekehrter Definition, besteht die einzige Hoffnung darin, einen Mittelweg zu finden. Das hängt zuerst und vor allem von der Fähigkeit beider Partner ab, die jeweiligen ambivalenten Gefühle gegenüber dem Geschlecht des Partners zu akzeptieren. Aber zäumen wir das Pferd nicht von hinten auf: Die Polarisierung ist nicht nur für Paare ein Problem, sondern fast noch mehr für allein stehende Menschen. In meiner Erfahrung gehört es bei der Partnersuche zu den größten Schwierigkeiten vieler Singles, die Ambivalenz dem anderen Geschlecht gegenüber anzunehmen. Oft wird das Thema nicht angesprochen, aus Angst, politisch nicht korrekt zu sein. Viele berufstätige allein stehende Frauen beklagen sich darüber, dass Männer nicht mit erfolgreichen Frauen umgehen können. »Männer wollen mit einer Frau zusammen sein, die weniger erfolgreich oder weniger intelligent ist – vor allem mit einer Frau, die sich unterordnet«, erklären sie ihrem Therapeuten, »also habe ich die Arschkarte.« Der Therapeut ist natürlich auch der Meinung, dass Frauen die Möglichkeit haben sollen, entschlossen eine Karriere zu verfolgen, und stimmt der Patientin zu. Aber es gibt einen Unterschied zwischen Unterordnen und Empfänglich-Sein. Die Wahrheit ist, dass Männer tatsächlich gern mit intelligenten, erfolgreichen oder hübschen Frauen zusammen sind – teilweise für ihr eigenes Ego, teilweise, weil sie das Gespräch oder den Kontakt an sich genießen –, aber sie mögen keine Frauen, die ständig auf Konkurrenz aus sind oder sie einschüchtern. Das Problem vieler weiblicher Singles, die sich in den Fängen der androgynen Liebe befinden, besteht darin, dass sie bei ihren Partnern kein männliches Selbstbewusstsein dulden, weil sie selbst »männlich identifiziert« sind. Sie wollen lieber dominieren als sich unterordnen. Natürlich ist oft auch das Gegenteil der Fall, denn viele Frauen wünschen sich einen Mann, der die Führung übernimmt und sie in ihrer Passivität belässt, statt gleichberechtigt aufzutreten, was den Mann vor den unmöglichen Anspruch stellt, seine menschliche Verletzbarkeit zu leugnen.

Parallel dazu beklagen sich viele Männer darüber, dass Frauen mit einem Mann zusammen sein wollen, der erfolgreicher oder aggressiver oder mindestens körperlich größer ist, und dass man als sensibler, verletzlicher Mann oft das Nachsehen hat. Anscheinend wünschen sich Frauen einen Mann, der wie eine Frau redet, aber wie ein Mann handelt. Doch viele allein stehende Männer, die mit der androgynen Liebe zu kämpfen haben, sind »weiblich« identifiziert und deshalb nicht an einer sensiblen, empfänglichen Partnerin interessiert – sie möchten lieber, dass diese die Initiative und die führende Rolle übernimmt oder dominiert. In gewisser Weise suchen sie eine Frau, die einem Mann ähnlicher ist. Natürlich gibt es auch bei Männern das umgekehrte Szenarium androgyner Liebe. Viele männliche Singles sind so hypermaskulin, dass sie unbedingt mit der süßen, bewundernden Ja-Sagerin von gestern zusammen sein möchten.

Wie können wir uns aus diesen festgefahrenen, polarisierten, entweder traditionell oder modern definierten Geschlechterrollen befreien? Nun ja, Schritt für Schritt ...

Schritt 1: Vom Weichei zum Macho und wieder zurück

Um ein wiederholtes Verhaltensmuster fehlgeschlagener Liebe aufzugeben – so viel wissen wir inzwischen –, müssen wir das Muster zuerst identifizieren und als solches erkennen – was schon an sich meist leichter gesagt als getan ist. So kam beispielsweise ein Paar Ende dreißig nach einer ungefähr einjährigen Beziehung zu mir, weil die beiden es nicht schafften, eine Entscheidung über ihre Zukunft zu treffen. Angesichts ihres Alters und der Tatsache, dass sie gern Kinder wollten, spürten sie, dass sie entweder heiraten oder die ganze Geschichte abblasen mussten. Die Frau beschrieb das Problem folgendermaßen:

»Ich liebe ihn ehrlich, aber ich glaube, wir sind einfach zu verschieden. Ich möchte immer was unternehmen und ausgehen, und er hat dazu keine Lust. Im Urlaub liegt er am liebsten am Strand, aber das finde ich langweilig. Ich laufe gern Ski, wandere, gehe campen und reise gern nach Asien oder Australien. Er hängt einfach nur gern rum. Aber es geht auch nicht nur um den Urlaub. Ich plane gern, er ist vollkommen passiv. Er ergreift nie die Initiative. Ich bin ehrgeizig im Beruf, ihm ist seine Karriere ziemlich egal. Außerdem stört es mich, dass er bei der Arbeit nicht selbstbewusst genug ist und sich von seinem Chef schlecht behandeln lässt. Anfangs fand ich es toll, dass er sensibel und nicht aggressiv ist, aber jetzt frage ich mich, ob wir nicht einfach zu verschieden sind . . .«

Und ihr Freund erwiderte:

»Das stimmt alles. Ich habe starke Gefühle für sie und ich möchte gern, dass wir es schaffen, aber ich bin nicht sicher, ob das möglich ist. Sie ist ständig auf dem Sprung und will irgendwas unternehmen. Und sie hört mir nicht wirklich zu. Fast immer sitzt sie am Computer und arbeitet irgendwas. Ich bin nicht so ehrgeizig wie sie, und vielleicht kann ich ihr nicht den Lebensstil bieten, den sie sich wünscht, aber ich mag meinen Job. Und ich hab wirklich keine Lust, dauernd unterwegs zu sein. Ich bin hier in der Gegend aufgewachsen und gern in der Nähe meiner Familie. Ihre Familie ist überall verstreut, und sie steht ihr auch nicht nahe, deshalb reist sie gern. Am Anfang unserer Beziehung hat es mir gefallen, wie selbstbewusst und entschlossen sie ist, aber jetzt sehe ich das eher so, dass sie unsensibel und übergriffig oder so was ist. Und seit sie vor ein paar Monaten diese leitende Stelle bekommen hat, ist es noch viel schlimmer geworden – sie ist noch bestimmender und aggressiver als vorher . . .«

Wie für viele andere Paare war es auch für diese beiden Partner schwierig, das Muster der androgynen Liebe zu erkennen, und zwar aus mehreren Gründen. Zuerst und vor allem: Weil ihre Geschlechtsidentifikation nicht der traditionellen Definition entsprach – sie war eher männlich identifiziert, er eher weiblich –, schrieben sie ihre Schwierigkeiten ihrer Persönlichkeit zu und nicht ihrer Geschlechterrolle. Demzufolge und auch weil sie erst am Anfang ihrer Beziehung standen, kamen sie zu dem Schluss, dass die Probleme auftauchten, als sie einander besser kennen lernten und entdeckten, dass sie vielleicht einfach nicht zusammenpassten. Zweitens führten sie manche ihrer Probleme auf die Veränderungen zurück, die sich in jüngster Zeit ereignet hatten – ihre Beförderung hatte sie noch ehrgeiziger und aggressiver gemacht und den Kontrast oder Konflikt zwischen ihr und ihrem Partner noch deutlicher hervortreten lassen. Und schließlich erschien es ihnen politisch nicht korrekt oder vielleicht sogar reaktionär, wichtige Unterschiede zwischen ihnen mit ihrer Geschlechtszugehörigkeit in Zusammenhang zu bringen.

Nun lag sicher ein Körnchen Wahrheit darin, wie das Paar seine Probleme einschätzte – ebenso wie in ihrem Widerstand gegen die stereotypen Unterschiede zwischen Mann und Frau –, aber sie hatten die Rolle, die ihre jeweilige Geschlechterrollenidentifikation in der Beziehung spielte, komplett übertüncht. Hier erweist sich eine sorgfältige Überprüfung der Vergangenheit – in der Therapie ebenso wie bei der Anwendung von Schritt 1 – als enorm nützlich. Als die Frau – Laura – mir ihre Geschichte erzählte, trat ein klares, mit ihrem Geschlecht zusammenhängendes Muster zutage. Die Patientin ließ sich zuerst mit einem »netten«, einfühlsamen und unterstützenden Mann ein. Aber bald schon entdeckte sie – oder bildete sich ein –, dass er zu bedürftig, schwach oder schlicht langweilig war. Sie vermisste Pep und beruflichen Erfolg, woraufhin sie irgendwann Schluss machte. In dem Versuch, aus ihrem Fehler zu lernen, versuchte sie es dann mit einem selbstbewussteren, unabhängigen oder ehrgeizigen Mann. Hier jedoch entdeckte sie – oder bildete sich ein –, dass er sie überhaupt nicht gut behandelte. Zwar war er vielleicht finanziell abgesichert und verantwortungsbewusst, aber ansonsten unsensibel, egoistisch und überkritisch. Also trennte sie sich wieder oder wartete noch ein bisschen, bis er sich von ihr trennte.

Zwar war ihre derzeitige Beziehung länger und ernster als ihre bisherigen Erfahrungen, passte aber trotzdem in das übergreifende Muster, das übrigens mit Variationen auf viele Frauen zutrifft. Vielleicht ist die Reihenfolge umgekehrt, oder es gibt erst eine Serie von der einen und dann eine Serie von der entgegengesetzten Sorte, aber im Grunde scheint die Welt aus der Sicht der archetypischen modernen allein stehenden Frau in Weicheier und Machos zu zerfallen. Wenn Sie mit diesem Muster bis in alle Ewigkeit weitermachen möchten, dann halten Sie an dem Glauben fest – der von vielen intelligenten, scharfsichtigen Frauen vertreten wird, die das gleiche Muster wie Laura haben –, dass es nur zwei Arten von Männern gibt. Um fair zu sein, muss man sagen, dass in dieser Meinung auch Wahrheit steckt, denn manche Männer sind tatsächlich aggressiver als andere, und oft genug sind die »netten« Typen nicht selbstbewusst und ehrgeizig genug. Aber es gibt auch eine ausgewogenere Mittelvariante, zu der viele erfolgreiche *und* sensible Männer gehören. Doch meine Patientin Laura konnte dieses Zentrum nicht sehen, weil sie selbst nicht dort zu Hause war.

Dies bringt uns zu der Arbeit an Schritt 2, bei der man die Aufmerksamkeit vom Partner ab- und sich selbst zuwendet. Aber ehe wir zu diesem Thema kommen, möchte ich noch einige Warnzeichen aufzählen, die Ihnen helfen können, eine übermäßig rigide Geschlechtsidentifikation zu erkennen – traditionell oder umgekehrt, bei Männern und bei Frauen. Dies kann Sie aus der androgynen Liebe wieder herausholen, ehe sie zu tief darin versinken. Die Warnzeichen sind aus der weiblichen Perspektive dargestellt, aber wie die Logik der androgynen Liebe es verlangt, gelten sie natürlich auch für Männer. Denken Sie zum Beispiel an Lauras Muster, das auch auf viele moderne Männer zutrifft: Er lässt sich entweder mit einer selbstbewussten, erfolgreichen Karrierefrau ein, die ihm irgendwann zu aggressiv erscheint, *oder* mit einer netten, unterstützenden Frau, bei der er nach einiger Zeit einen Mangel an Unabhängigkeit, Selbstvertrauen oder Intelligenz feststellt. Für Männer sind eben die Frauen entweder Weicheier oder Machos.

Einige mögliche Kennzeichen von Weicheiern und Machos

– Er lädt Sie nicht zum Essen ein, ruft nicht an, um eine zweite Verabredung mit Ihnen zu vereinbaren, und hat auch keine Wünsche oder Vorschläge, was Sie zusammen unternehmen könnten.
– Er engagiert sich nicht sonderlich für seinen Job und scheint auch keinen Plan für seine Zukunft zu haben; er ist mit den Steuern in Verzug und sagt: »Ich weiß eigentlich nicht, was ich werden will, wenn ich groß bin.«
– Er ist ein netter, sensibler und zuverlässiger Typ, flexibel und rücksichtsvoll bis zum Gehtnichtmehr. Sie haben das Gefühl, er würde Ihnen alles durchgehen lassen – er ist immer für Sie da. Je mehr Sie sich mit ihm langweilen, desto bedürftiger scheint er zu werden. Er gesteht Ihnen ohne größere Schwierigkeiten, dass er sich Ihretwegen unsicher fühlt.
– Er ist immer bei der Arbeit – selbst wenn er mit Ihnen zusammen ist (Handy, Laptop). Gefühle äußert er ausschließlich im Bett, er spricht wie ein Automat und will sich nur über Politik, Sport, Autos oder Wirtschaft unterhalten. Frauen findet er neurotisch oder hysterisch.
– Er ist kritisch und streitlustig, besteht darauf, dass Sie jedes

Mal Sex mit ihm haben, wenn Sie sich treffen, und wehrt alle Ihre Versuche ab, über die Beziehung, Ihre Probleme mit Ihrer Mutter oder auf der Arbeit zu sprechen.
- Gleich bei der ersten Verabredung sagt er Ihnen, dass er eine Frau möchte, die ihn Ski fahren und Golf spielen lässt, ihm nicht auf die Nerven geht, wenn er trinkt oder Fußball guckt, und die eine gute Mutter und eine anständige Köchin ist.
- Er ruft Sie nach der ersten Verabredung an, um das nächste Treffen abzumachen, sagt es dann aber in letzter Minute wegen Arbeitsverpflichtungen ab. Das geht zwei Wochen so weiter, in denen er jeden Tag anruft und Ihnen mitteilt, dass er sich wirklich gern mit Ihnen treffen möchte, sobald seine Termine sich etwas gelichtet haben. Er ist nicht nur mit Arbeit überlastet, sondern scheint sich auch für den Nabel der Welt zu halten.

Schritt 2: Das innere Weichei oder der innere Macho

Nachdem wir das Muster der androgynen Liebe erkannt und fürs Erste gestoppt haben – indem wir uns zu einer stereotyp männlichen oder weiblichen Qualität eines Partners hingezogen fühlen und uns in eine Beziehung mit entweder traditioneller oder umgekehrt klischeehafter und auf dem Geschlecht beruhender Arbeitsteilung begeben –, müssen wir unsere Konzentration jetzt von der rigiden Geschlechtsidentifikation unseres Partners ab- und uns selbst zuwenden. Bei Schritt 2 (Das innere Weichei oder der innere Macho) haben wir die Aufgabe, uns mit unserer eigenen Rollenidentifikation zu beschäftigen.

Janice, eine Frau Ende dreißig, kam zu mir, nachdem sie sich von ihrem Freund getrennt hatte, mit dem sie sieben Jahre zusammen gewesen war. Sie war eine erfolgreiche Disponentin in einem Investment-Unternehmen an der Wall Street und machte einen äußerst kompetenten, klugen und selbstbewussten Eindruck. Sie erklärte, dass sie sich in der Beziehung wohl gefühlt hatte, die ihr erlaubte, ihrer Karriere nachzugehen, ihr gleichzeitig aber auch jemanden gab, der sie unterstützte und ihr mit Rat und Tat zur Seite stand.

»Im Gegensatz zu vielen anderen Männern, die ich kennen gelernt habe, hat es ihn zumindest am Anfang nicht gestört, dass ich so auf meine Karriere aus war, dass ich eine eigene Meinung hatte, etwas schaffen und Geld verdienen wollte. Und mir gefiel es, dass er nicht mit mir konkurrierte und mich nicht auf meinen Platz verweisen wollte, dass er ein guter Zuhörer und ein richtig netter Mann mit tollen Wertvorstellungen war. Mir sagte auch die Vorstellung zu, dass wir uns eines Tages die Kindererziehung teilen würden, und ich dachte – und denke das eigentlich immer noch –, dass er ein toller Vater wäre. Aber nach den ersten Jahren hatte ich plötzlich immer mehr das Gefühl, dass er zu nett war, Sie wissen sicher, was ich meine, irgendwie sentimental und ohne Rückgrat. Ich fand, dass er seine Zeit bei der Arbeit vergeudete, und sogar wenn er frei hatte, unternahm er nie etwas, sondern blieb einfach daheim, trank oder sah fern oder rauchte Gras. Als ich ihn darauf ansprach, fing *er* an sich zu beschweren, ich wäre zu dominant und gehetzt, ich hätte die falschen Wertvorstellungen, mir ginge es nur ums Geld und nicht genug um Familie und Beziehungen.

So ging das eine ganze Weile hin und her, und ich dachte, er würde sich ändern oder erwachsen werden. Letztes Jahr waren wir einige Male bei einer Paartherapie, aber das hat die Sache nur noch schlimmer gemacht. Ich hab ihm gesagt, er soll selbstbewusster und unabhängiger werden, und er konterte, ich könnte nicht geben und wäre nicht bereit, ihn zu unterstützen. Aber je mehr ich wollte, dass er stark war, desto schwächer schien er zu werden, weil er es nur für mich tat. Und je mehr er um meine Unterstützung bettelte, je jämmerlicher er wurde, desto härter und kritischer wurde ich!«

Wie meine Patientin Laura zeigte auch Janices Beziehung, wie viel Wahrheit in dem Klischee liegt, dass man vorsichtig sein soll mit dem, was man sich wünscht. Sie hatte sich einen sensiblen Mann gewünscht und ein Weichei bekommen. Oder anders ausgedrückt: Was sie anfangs an ihrem Freund gemocht hatte, begann sie später zu hassen. Diese symmetrische Unausgewogenheit – von einem Extrem ins andere zu verfallen – legte nahe, dass Janice in einem Muster gefangen war; und weil diese Extreme etwas mit dem zu tun hatten, was wir für gewöhnlich als männliche und weibliche Eigenschaften ansehen, vermutete ich, dass es sich um ein Muster handelte, das mit dem Geschlecht in Zusammenhang stand. Als Janice das erkannte, schloss sie intuitiv, noch bevor sie zu mir in die Therapie kam, dass sie, wenn sie ihren Freund einfach verließ und ihn durch einen aggressiveren, männlicheren Typen ersetzte, am Ende das gleiche Problem haben würde, nur umgekehrt: Wenn sie sich einen starken Mann wünschte, würde sie am Schluss mit einem Macho dastehen. Dies war Janices Schritt 1 (Vom Weichei zum Macho und wieder zurück), und es brachte sie in die Paartherapie, um an ihrer bestehenden Beziehung zu arbeiten.

In dieser Therapie erging es Janice und ihrem Freund allerdings wie vielen anderen Paaren auch: Sie schafften es nicht, über Schritt 1 hinauszugehen, hauptsächlich weil sie darauf beharrten, die Unausgewogenheit in ihren Rollen zu korrigieren, indem sie den anderen änderten. Aber jetzt, nachdem sie sich getrennt hatte, war Janice bereit, zu Schritt 2 (Das innere Weichei oder der innere Macho) vorzudringen, bevor sie eine neue Beziehung anfing. Als sie nun ihre eigene Geschlechtsidentifikation überprüfte, erinnerte sich Janice daran, dass sie sich als junges Mädchen geschworen hatte, niemals so zu werden wie ihre Mutter, und zwar weil diese finanziell und emotional von ihrem Vater abhängig war. Schon als kleines Mädchen nahm sie ihre Mutter als bedürftig und schwach wahr, als Opfer ihrer Ehe. Ihren Vater sah sie als stark, unabhängig und humorvoll.

Im Lauf der Jahre erneuerte sie immer wieder ihren Entschluss, unabhängig, selbstgenügsam und selbstbewusst zu sein, wobei sie sich – zumindest oberflächlich – eher mit ihrem Vater als mit ihrer Mutter identifizierte. Und als Erwachsene erschien ihr Verhalten tatsächlich eher der stereotyp maskulinen als der femininen Rolle zu entsprechen. Wenn sie mit Männern zu tun hatte, benahm sie sich mehr wie diese: aggressiv, aktiv, ehrgeizig, sorgenfrei und emotional ahnungslos. In gewisser Weise fühlte sie sich wohl mit diesem Arrangement, das einzige Problem bestand nur darin, dass diese Männer nicht mit einem Konkurrenten zusammen sein wollten. Sie wollten zumindest die Illusion haben, dass sie das Steuer in der Hand hielten, sie legten keinen Wert darauf, ihr passiv zu folgen. Um mit Männern im romantischen Bereich klarzukommen, musste Janice zulassen, dass sie die Initiative übernahmen. Und sie musste sich selbst erlauben, ihre aggressiven Aufmerksamkeiten mit passiver Empfänglichkeit hinzunehmen. Dies jedoch hätte sie genau in die Position gebracht, die sie so vehement zu vermeiden geschworen hatte – an die Seite ihrer Mutter.

So war sie bei einem »Weichei« gelandet, einem netten Mann, der aufgrund seiner weiblichen Rollenidentifikation nicht von ihr verlangte, ihre maskuline Identifikation aufzugeben. Ironischerweise jedoch war der Grund, warum es mit ihrem Freund nicht geklappt hatte, der gleiche, warum es mit den Machos auch nicht funktioniert hätte: Sie konnte keine »Schwäche« zulassen. Im Fall ihres Freundes war es *seine* Schwäche, vor der sie fliehen musste, im Fall der Machos ihre eigene. In beiden Fällen jedoch war es eigentlich die Schwäche ihrer Mutter. Sie hielt es nicht bei einem Macho aus, weil sie sich dann wie ihre Mutter vorkam, und sie konnte auch nicht mit einem Weichei zusammen sein, weil *er* dann war wie ihre Mutter. Die Quintessenz des Ganzen: Wie wir alle konnte auch sie ihrer Mutter nicht entfliehen.

Obwohl Janice als Kind bewusst den Entschluss gefasst hatte, den Einfluss ihrer Mutter zurückzuweisen, konnte sie nicht anders, als ihn in sich aufzunehmen, ihn Tag für Tag zu absorbieren und zu verinnerlichen, vor allem, solange sie klein und ihre Mutter ihre erste Bezugsperson war, während ihr Vater die meiste Zeit bei der Arbeit oder außer Haus war. Während Janice also an der Oberfläche eher ihrem Vater glich, war sie tief in ihrem Innern ihrer Mutter weit ähnlicher – und genau deshalb hatte sie solche Angst vor dieser Möglichkeit. Der psychologische Vorteil ihrer siebenjährigen Beziehung mit einem »Weichei« bestand darin, dass sie den gesamten »Weicheifaktor« auf ihn projizieren und weiterhin glauben konnte, dass sie überhaupt nicht so war wie ihre Mutter. Aber der Versuch schlug natürlich fehl, weil sie genauso wenig ertragen konnte, dass *er* ihrer Mutter glich ...

Zusammengefasst bestand Schritt 2 (Das innere Weichei oder der innere Macho) für Janice darin, zu entdecken, dass sich unter ihrer äußerlich aggressiven, maskulinen Identifikation nichts anderes verbarg als ein uneingestandenes Weichei. Anders ausgedrückt: Weil sie ihre Mutter als Rollenvorbild verworfen hatte, war sie Männern gegenüber ambivalent – weil sie ihre eigene »Schwäche« fürchtete, konnte sie Männlichkeit oder deren »Stärke« nicht akzeptieren. Daher hatte sie sich für einen Mann entschieden, der eher feminin war, mit Folgen, die zumindest im psychologischen Rückblick vorhersehbar waren.

Nachdem sie nun erkannt hatte, dass ihr Konstrukt von »Weicheiern und Machos« eine Projektion ihrer eigenen unvollständig integrierten weiblichen und männlichen Seiten war, fühlte sich Janice zum ersten Mal in der Lage, sich darauf zu konzentrieren, ob sie den Mann, mit dem sie sich verabredet hatte, wirklich mochte – ungeachtet seiner Geschlechtsidentifikation. Schließlich kam sie mit einem Mann zusammen, der sich mehr auf der Machoseite des Kontinuums befand. Die beiden führten eine gute, dauerhafte Beziehung, in der es allerdings eine Menge Konflikte und ein gewisses Maß an offener (aber nicht körperlicher) Aggression gab. Wahrscheinlich war die Beziehung nicht ideal, weil sie nie die Integration erlangte, die Voraussetzung für Schritt 3 ist, dennoch war Janice jetzt viel glücklicher als in ihrer vorangegangenen Beziehung.

Ehe ich auf die Integrationsarbeit von Schritt 3 zu sprechen komme, lassen Sie uns eine Pause einlegen und uns erst einmal einen Überblick darüber verschaffen, was Sie tun können, um Ihre eigene unklare oder widersprüchliche Geschlechtsidentifikation einzuschätzen. Wenn Sie sich »diagnostiziert« haben, sind Sie bereit für Schritt 3.

Diagnose Ihrer widersprüchlichen Geschlechtsidentifikation

– Blättern Sie zunächst zurück auf die vorhergehende Seite und überprüfen Sie, ob eine von den Verhaltensweisen des Machos oder Weicheis auf Sie zutrifft. Egal, ob Sie ein Mann oder eine Frau sind, beschreibt diese Liste die Art von rigidem, polarisiertem Geschlechtsrollenverhalten, das ein Ungleichgewicht des Männlich-Weiblichen in der eigenen Identifikation anzeigt.
– Wenn Sie eine Frau sind, sollten Sie zweitens nach folgender Konstellation Ausschau halten: Sie sind mit einer Mutter groß geworden, die Sie aus irgendeinem Grund nicht respektieren konnten. Entweder war sie zu abhängig von Ihrem Vater oder Ihnen gegenüber zu bedürftig; vielleicht war sie zu emotional, hysterisch oder konnte sich nicht klar ausdrücken; vielleicht war sie schüchtern, ängstlich und phobisch; vielleicht war sie eine Abziehbildversion der Weiblichkeit. Rufen Sie sich ins Gedächtnis, ob Sie sich ständig davor fürchteten, so zu werden wie Ihre Mutter, oder gar gezielt beschlossen haben, anders zu werden. Prüfen Sie schließlich, ob Sie an der Oberfläche eher so sind wie Ihr Vater – rational, aggressiv, getrieben,

distanziert, logisch oder wie immer die männliche Ähnlichkeit aussehen mag.
- Wenn Sie ein Mann sind, halten Sie Ausschau nach der spiegelbildlichen Konstellation. Sie sind mit einem Vater groß geworden, mit dem Sie sich, aus welchen Gründen auch immer, nicht identifizieren konnten. Vielleicht war er körperlich oder emotional nicht anwesend; vielleicht war er einschüchternd, überwältigend oder beleidigend; vielleicht war er passiv und zurückgezogen und hat die ganze Einflussnahme Ihrer Mutter überlassen. Jetzt überlegen Sie sich, ob Sie Ihren Vater als Rollenmodell verworfen und sich lieber an Ihrer Mutter orientiert haben – sind Sie hinsichtlich Sensibilität, Bedürftigkeit, Passivität oder Emotionalität mehr wie Ihre Mutter?

Wenn Sie sich in einem dieser Szenarien wiedererkennen: willkommen im Club – einem Club, zu dem zahlreiche Mitglieder der postfeministischen Generation gehören. Diese Konstellation ist eines der verbreitetsten und am häufigsten übersehenen Probleme in der romantischen Liebe. Sicher, sowohl akademische als auch Populärpsychologen reden immer noch über die traditionelle männlich-weibliche Polarisierung und wie man mit ihr zurande kommt. Aber die modernere, androgynere oder umgekehrte Erscheinungsform des Problems und seine Lösung kommen bisher nur allzu selten zur Sprache.

Schritt 3: Die Kraft eines Mannes und die Anmut einer Frau

Glücklicherweise liegt die Lösung des Problems der androgynen Liebe direkt vor unseren Augen im Zentrum des Problems. Bei Schritt 3 müssen Sie nur die beiden Zutaten, die wir alle haben – Männlichkeit und Weiblichkeit –, so lange neu miteinander vermischen, bis sie in Ihnen eine harmonische Beziehung eingehen. Es ist kein Zufall, dass unsere Kultur körperliche Anziehung oft mit androgynen Begriffen beschrieben hat. Michelangelos David und noch mehr Donatellos Skulptur vom selben Objekt sind lebhafte und schöne Beispiele, wie sich männliche und weibliche Formen wunderbar mischen lassen. In etwas modernerer Tradition sind Mick Jagger, David Bowie und Leonardo DiCaprio, um nur ein paar zu nennen, Beispiele androgyner Männer, die innerhalb der Jugendkultur bewundert werden. In einer der berühmtesten Lobeshymnen der Literatur beschrieb Virginia Woolf den Augenblick, in dem ihre Hauptperson Orlando von einer Frau in einen Mann verwandelt wird:

»Der Klang der Trompeten erstarb, und Orlando stand splitternackt da. Kein menschliches Wesen, seit Anbeginn der Welt, sah je hinreißender aus. Seine Gestalt vereinigte in sich die Kraft eines Mannes und die Anmut einer Frau.«

Obgleich dies für viele Menschen tatsächlich das körperliche oder sexuelle Ideal darstellt, ist es für die meisten ganz bestimmt nicht das psychologische. Eine der häufigsten Klagen von Männern in der Psychotherapie ist, dass sie nicht weinen und sich nicht emotional verletzlich zeigen können. Zugleich beschweren sie sich darüber, dass ihre Freundinnen oder Frauen zu sensibel seien. In der Therapie haben Frauen oft das Gefühl, dass sie zu dünnhäutig sind, während sie aber auch darüber jammern, dass ihre männlichen Partner emotional blind seien. Mit anderen Worten: Beide Geschlechter möchten die Mischung aus männlichen und weiblichen Attributen in sich selbst und auch im anderen Geschlecht gerne neu gestalten. In einem sehr realen Sinn ist die moderne, umgekehrte Form der androgynen Liebe, die in diesem Kapitel beschrieben wird, das Ergebnis eines misslungenen Versuchs, genau das zu bewerkstelligen.

Wegen dieses Misserfolgs schlagen manche Leute inzwischen

schon wieder vor, wir sollten zu den rigiden Geschlechterrollen der Fünfziger zurückkehren. Aber dies ist, wie ich gezeigt habe, nur die Kehrseite desselben Problems. Daher glaube ich, dass unser Streben nach Androgynität noch immer die richtige Strategie ist – für beide Geschlechter. Aber unsere Taktik muss sich ändern. Während Frauen in der Vergangenheit versucht haben, eine unhaltbare oder unzugängliche weibliche Rollenidentifikation zu korrigieren, indem sie sie einer dominanteren männlichen Identifikation unterordneten, sollten sie jetzt lieber eine mehr oder weniger ausbalancierte Integration beider Komponenten anstreben. Das gleiche Prinzip trifft natürlich auf die Männer zu.

Wenn Sie also eine starke, verantwortungsbewusste, konkurrenzorientierte, logisch denkende, aktive Frau sind, anscheinend ohne Anzeichen weiblicher Sanftheit, dann sollten Sie mit der Verletzlichkeit in Kontakt treten, die Sie unterdrückt haben. Vielleicht konnten Sie sich, wie oben besprochen, nicht mit Ihrer Mutter identifizieren, weil diese zu verletzlich, geradezu jämmerlich war, vielleicht sind Sie in einer Familie von Männern groß geworden und haben Ihre natürliche Aggression als Verteidigung Ihrer organischeren Sensibilität verinnerlicht. Wie auch immer – wenn Sie mehr Erfüllung in Ihren engen Beziehungen mit Männern möchten, müssen Sie sich um das kümmern, was Sie bisher vernachlässigt haben. Wahrscheinlich wissen Sie selbst, dass Unterdrückung ohnehin nicht funktioniert: Ich kann die Frauen in meiner – privaten und beruflichen – Bekanntschaft kaum zählen, die wie männlich identifizierte Pfeilhechte wirken, samt dem dazugehörigen Selbstbewusstsein, dem beruflichen Durchblick und dem kompromisslosen Konkurrenzverhalten, und ihre weibliche Verletzlichkeit traurigerweise dadurch erfahren und offenbaren, dass sie akzeptieren, wie schlecht sie von ihrem Freund oder Ehemann behandelt werden, nach dessen Liebeskrümeln sie sich masochistisch und demütigend verzehren.

Wenn Sie andererseits eine nette, passive, empfängliche und beziehungsorientierte Frau ohne jede Spur von aggressiver Entschlossenheit sind, müssen Sie etwas von der natürlichen männlichen Aggression ans Tageslicht bringen, die ganz sicher irgendwo in Ihrem Innern schlummert. Vielleicht sind Sie mit einem karrierebesessenen Vater aufgewachsen, der viel unterwegs und selten zu Hause war, und einem liebevollen, stets verfügbaren Heimchen am Herd als Mutter, sodass Sie keinen Zugang zum realen männlichen Einfluss hatten; vielleicht stammen Sie auch aus einer Mädchenfamilie mit zwei älteren Schwestern und einem netten, passiven Vater und haben deshalb Ihre eigene Aggression und männliche Identifikation schlichtweg unterdrückt. Wie auch immer, wenn Sie mit Männern in Beziehung treten wollen, dann müssen Sie das Männliche in sich suchen. Natürlich kann es auch andere Gründe geben, warum Sie Angst davor haben, zielstrebig, selbstbewusst und standhaft aufzutreten, aber aller Wahrscheinlichkeit nach hatten Sie Kontakt zu männlicher Stärke und haben Sie daher auch verinnerlicht – wenn nicht von Ihrem Vater, Bruder oder Großvater, dann von anderen maskulinen Elementen in unserer Kultur. Also ist dieser Aspekt auch in Ihnen vorhanden und muss jetzt bloß die Möglichkeit bekommen, sich zu zeigen.

Der Macher

Ellie war Mitte dreißig und eine aufstrebende Angestellte in einer großen Konsumgüterfirma. Sie kam mit einer klaren Agenda und klaren Zielen zu mir, einer Art »Missionsauftrag«: »Ich habe die Zeit um die zwanzig genutzt, um zu reisen und meine Karriere aufzubauen, und war in beidem erfolgreich. Aber jetzt möchte ich in die nächste Phase meines Lebens eintreten . . . ich möchte heiraten und eine Familie gründen.« Ehrlich, direkt und praktisch – und dennoch hatte ihre Einführung irgendetwas an sich, was mich ärgerte. Während ich noch über meine Reaktion auf ihren persönlichen Stil nachdachte, fragte ich sie nach ihren bisherigen Beziehungen.

Wie sich herausstellte, hatte Ellie nur Beziehungen zu jüngeren, sensiblen Männern gehabt, einige davon mit künstlerischen Ambitionen, andere mehr spirituell oder philosophisch orientiert, aber keine, die ihr in puncto Selbstbewusstsein, Aktivität oder Ehrgeiz das Wasser reichen konnten. Stets verliebte sie sich in den sanften, kindlich verträumten Aspekt in der Persönlichkeit des Mannes und idealisierte diesen dann so, dass er alles andere zur Nebensache degradierte. Doch sobald die Idealisierung nachließ, konnten die unterdrückten Aspekte zum Gegenangriff blasen, bis ihre Liebe besiegt war. In einer Beziehung regte sie sich darüber auf, dass der Mann nicht die Fähigkeit habe, Geld zu verdienen, in einer anderen, dass er zu viel Gras rauche, in einer dritten habe er keine Ahnung von der wirklichen Welt und sei überhaupt kein »Macher«.

Da Ellie in bester Tradition einer Projektmanagerin darauf brannte, in der Therapie zu Ergebnissen zu gelangen, gefiel ihr die Idee, Verhaltensmuster zu identifizieren und sich einen festen Aktionsplan zu erarbeiten. Ziemlich rasch brachte sie Schritt 1 (Vom Weichei zum Macho und wieder zurück) hinter sich. In ihrem Fall hatte es natürlich nur Weicheier gegeben, was mir jetzt zu verstehen half, warum mich ihre Einführung geärgert hatte. Da sie immer die Oberhand und die Kontrolle haben musste, da sie immer die Initiatorin und die Aktive spielen musste, ließ Ellie mir als Mann keinen Raum, etwas anderes zu sein als ein Weichei. Da es nicht meiner natürlichen Neigung entspricht, mich wie ein Weichei zu benehmen – schon gar nicht in meiner Rolle als Therapeut –, fand ich ihren Stil ein bisschen verwirrend. Nun erzählte ich Ellie von meiner Beobachtung, was uns zu Schritt 2 (Das innere Weichei oder der innere Macho) führte.

Das war für Ellie schwieriger, erstens weil sie den therapeutischen Prozess nicht selbst in die Hand nehmen konnte, und zweitens weil sie nun mit ihrer Angst in Kontakt kommen musste, so zu sein wie ihre Mutter, die, wie sich herausstellte, extrem verletzbar und ineffizient gewesen war. Als erfolglose Künstlerin fing sie mit ihrem Leben »nichts« an. Wie Ellie es beschrieb, war sie eine Hausfrau, die angebranntes oder halb gares Essen zusammen mit ausschweifenden Jammerattacken über ihre Ängste und Selbstzweifel servierte.

Dies, zusammen mit der Erkenntnis, dass sich hinter ihrer Angst, so zu sein wie ihre Mutter, der gleich lautende Wunsch verbarg, nicht ständig zu kontrollieren, sondern lieber emotional, abhängig und bedürftig zu sein, ein ganz natürliches kindliches Bedürfnis, das nie erfüllt worden war, weil ihre Mutter sich nie stark und beruhigend gezeigt hatte –, löste in Ellie heftige Ängste aus. Schließlich hatte es sich in ihrer Karriere ausgezahlt, dass sie selbstbewusst und ehrgeizig, also männlich identifiziert war, und etwas anderes kannte sie nicht. Gleichzeitig hatte diese Analyse auch etwas Anziehendes für sie, denn jetzt hatten wir das Problem identifiziert, was bedeutete, dass wir etwas *unternahmen*, um es zu lösen. Natürlich lagen genau hier ihre Schwierigkeiten, denn in ihrem Fall bestand Schritt 3 (Die Kraft eines Mannes und die Anmut einer Frau) eben nicht darin, etwas zu tun und etwas aus der Welt zu schaffen, sondern vielmehr in dem Gegenteil – zu sein und zu akzeptieren. Wie wir überall in diesem Buch gesehen haben, gehört zu Schritt 3 immer ein Prozess der Integration. Im Kontext der androgynen Liebe bedeutet dies, das innere Weichei und den inneren Macho unter einen Hut zu bekommen, was bei Ellie hieß, dass sie ihre unterdrückte weibliche Verletzlichkeit zeigen musste – ihre verhasste Identifikation mit ihrer Mutter, vor der es kein Entrinnen gab. Aber wie sollte sie das anstellen? Es ist eine Sache, intellektuell zu verstehen, dass, wenn man weiblicher wird – also emotional, verletzlich, sensibel und empfänglich –, man nicht unbedingt auch so antriebslos und selbstmitleidig werden muss, wie man die eigene Mutter wahrgenommen hat. Zu wissen, was man *tun* muss, um weiblicher zu werden, ist eine ganz andere Sache.

Von Natur aus war Ellie eine Macherin, daher begab sie sich bei dem Versuch, Schritt 3 (Die Kraft eines Mannes und die Anmut einer Frau) anzuwenden, auf Aktionskurs, weiblicher zu werden. Sie erstellte einen Terminplan, wann sie an ihren Gefühlen »arbeiten« wollte; sie belegte einen Kurs »Flirten für Anfänger«; sie zeichnete männlich-weibliche Diagramme mit »Pfeilen für die einzelnen Schritte«; sie traf sich mit Freunden zu »gegenseitigen Feedback-Runden«, um ihre Fortschritte zu kontrollieren. Das Paradox war natürlich, dass all diese Aktivitäten ziemlich »maskulin« waren. Letztlich handelte es sich um eine Fortsetzung ihrer Verteidigungsstrategie dagegen, nichts zu tun und einfach nur zu sein, was sie wiederum mit der Inkompetenz, Wertlosigkeit und emotionalen Maßlosigkeit ihrer Mutter gleichsetzte.

Als ich sie darauf hinwies, brach Ellie schließlich zusammen und begann einzusehen, dass sie unmöglich immer die Oberhand behalten konnte. Stück für Stück akzeptierte sie ihre Grenzen, ihre Frustration und Hilflosigkeit, vor allem in ihrer Unfähigkeit, ihre Beziehungen zu Männern in den Griff zu bekommen. Doch weil sie war, wie sie war, suchte sie weiterhin nach konkreten Handlungsmöglichkeiten und fand endlich eine, die tatsächlich eine große Veränderung bewirkte. Sie kam nämlich zu dem Schluss, dass es ihre maskuline Identifikation nur verstärkt hatte, die Karriereleiter in der »hierarchischen, männlich dominierten Kultur« ihrer Firma emporzuklettern. Daher kündigte sie ihren Job und nahm eine Halbtagsstelle als Beraterin an, die ihr mehr Zeit ließ, um rumzuhängen, über ihr Leben nachzudenken und »bei ihren Gefühlen zu bleiben«. Natürlich hatte sie auf diese Weise auch mehr Zeit, Männer kennen zu lernen, und gleichzeitig änderte sich auch ihr »Projektmanager-Verhalten«. Zum ersten Mal setzte sie sich mit der Möglichkeit auseinander, dass sie vielleicht nie den richtigen Menschen finden und vielleicht nie Kinder haben würde, stellte sich ihrer Verzweiflung und war nun aus ganzem Herzen bereit, einen Mann zu finden, allerdings diesmal nicht, indem sie den Männern nachjagte, sondern indem sie ihnen die Gelegenheit gab, auf sie einzugehen.

Die Ratgeberliteratur hat reichlich Tipps für Frauen wie Ellie. »Rufen Sie den Typen nicht an, warten Sie lieber, bis er Sie anruft« ist ein häufiges Beispiel für solche taktischen Ratschläge. Aber als rein äußerliches, aufgesetztes Verhalten funktioniert diese Taktik nicht, denn der einzige Typ, der anrufen würde, wäre das »Weichei«, das sich zu dem Macho in Ihnen hingezogen fühlt. »Warum auf den Anruf warten?«, schlägt vielleicht ein anderes Buch oder ein anderer Therapeut vor. »Sie sollten ihn anrufen!« Nun, das klappt auch nicht, denn der »Macho« sitzt nicht zu Hause herum und wartet auf Ihren Anruf – er geht lieber mit Frauen aus, die er herumkommandieren kann. Diese Taktiken versagen, solange sich diese Art Frauen nicht für Partner mit einer ausgewogeneren Mischung von männlichen und weiblichen Eigenschaften interessieren. Erfreulicherweise passierte Ellie genau das. Als sie schließlich einen Mann kennen lernte – einen Berater in ihrer eigenen Branche –, ließ sie zu, dass er die Initiative übernahm. Gleichzeitig regte sie sich nicht darüber auf, dass er nicht höher auf der Karriereleiter stand und vielleicht nie Unmengen von Geld verdienen würde. Er war durchaus nicht perfekt, aber er war nett und entschlossen; nach einem Jahr heirateten die beiden, zwei Jahre später bekamen sie ein Kind.

Wie man ein Verliererspiel gewinnt

Jeder weiß, dass eine Ehe noch lange keine Garantie für eine gute Beziehung ist. Eine solche Garantie gibt es überhaupt nicht, weil das Verhaltensmuster der androgynen Liebe – in seiner traditionellen und moderneren Form – überall und jederzeit vorhanden ist. Dennoch glaube ich, dass man mit beständiger Arbeit an Schritt 3 (Die Kraft eines Mannes und die Anmut einer Frau) einer solchen Garantie so nahe kommen kann wie nur möglich. Wie wir bereits gesehen haben, hat man den Kampf von vornherein verloren, wenn man versucht, an der Beziehung zu arbeiten, indem man den Partner bittet oder – schlimmer noch – von ihm fordert, sich zu ändern. Durch die weibliche Forderung, ihr Partner solle mehr »kommunizieren« – was so viel heißt wie: Sei mehr wie eine Freundin –, wird in Beziehungen viel böses Blut geschaffen, genauso wie durch die Erwartung von Männern, Frauen sollten »nicht aus jeder Mücke einen Elefanten machen« – was im Klartext heißt: Sei mehr wie mein Freund.

Statt Ihrem Partner zu sagen, er soll gefälligst an der Integration von männlicher und weiblicher Seite arbeiten, setzen Sie sich lieber selbst auf den heißen Stuhl und machen Sie sich die Strategie zu eigen, in einem Spiel, das man eigentlich nur verlieren kann, doch zu gewinnen. Diese Strategie, um die es in dem klassischen Investmentbuch von Charles D. Ellis (*Winning the Loser's Game*) geht, wurde inspiriert von einem anderen Buch, einem Buch über ... Tennis. Dort zeigt der Autor Simon Ramo, dass professionelle Tennisspieler ihre Spiele tatsächlich gewinnen, während der Sieger in Amateurspielen von der Handlungsweise des Verlierers bestimmt wird, der sich im Grund selbst besiegt. Daher können Sie, wenn Sie kein Profi sind, nur gewinnen, indem Sie spielen, um nicht zu verlieren, das heißt, wenn Sie gegen sich selbst und nicht gegen Ihren Gegner antreten.

Wenn es um Liebe geht, sind wir alle Amateure, deshalb sollten wir, um es in der Tennissprache auszudrücken, statt zu versuchen den Ball zu schmettern, lieber zusehen, dass wir ihn einigermaßen anständig übers Netz befördern. Dafür müssen wir natürlich aufhören, unseren »Gegner« im Nachhinein zu kritisieren oder seine Spielweise beeinflussen zu wollen. Als ersten Schritt sollten Sie nicht mehr ständig versuchen, Ihrem Mann ein bisschen Weiblichkeit (oder Männlichkeit) einzubläuen, und stattdessen lieber seine Männlichkeit (oder Weiblichkeit) so akzeptieren, wie sie nun mal ist. Das gibt Ihnen die Freiheit, an Ihrer eigenen Integration von Kraft und Anmut, Gefühl und Denken, Aktivität und Passivität zu arbeiten. Erst wenn Sie sich für den Weg der Integration entscheiden – so lang und mühsam dieser Weg auch sein mag –, merken Sie irgendwann, dass Ihr Partner sich plötzlich auf einer Parallelstraße bewegt. Obwohl Sie nicht mehr versuchen, ihn zu beeinflussen, tun Sie es vielleicht trotzdem, erstens durch Ihr Vorbild, zweitens indem Sie ihn von der bisherigen, polarisierenden Dynamik befreien, in der Sie das gesamte feminine (oder maskuline) Territorium für sich beansprucht und ihm nur das jeweilige Gegenteil übrig gelassen haben. Wenn Sie kein emotionales Häufchen Elend mehr sind, muss er nicht immer den Ruhigen und Gelassenen mimen. Oder wenn Sie nicht mehr den gestressten Workaholic raushängen, muss er sich nicht mehr allein um Ihre Beziehung und die Kinder kümmern und kann sich stattdessen seiner Karriere widmen.

Wie wir am Beispiel der »Macherin« gesehen haben, ist es keine leichte Aufgabe, die männliche und weibliche Seite neu zu mischen, wenn das Verhältnis ganz aus dem Gleichgewicht geraten ist. Die Aufgabe beinhaltet, dass Sie die Entweder-oder-Orientierung von Schritt 2 (Das innere Weichei oder der innere Macho) hinter sich lassen, wo der Kompromiss darin besteht, zu sagen, weil Sie der Macho sind, müssen Sie mit Ihrer Ambivalenz Ihrem Weichei-Partner gegenüber leben (oder umgekehrt). Die Aufgabe beinhaltet, dass Sie aufs Ganze gehen, dass Sie alles haben wollen – den Macho *und* das Weichei –, und zwar sowohl in sich selbst als auch in Ihrem Partner. Das geht nicht, ohne dass Sie neue, ungewohnte Dinge ausprobieren und liebe alte Gewohnheiten aufgeben. In praktischen Begriffen ist das schwer zu beschreiben, ohne zu rollenspezifischen Klischees Zuflucht zu nehmen und ohne all die individuellen Varianten aus den Augen zu verlieren. Schließlich ist das, was für den einen männlich ist, für den anderen womöglich weiblich, teilweise, weil es nicht nur auf die eine betroffene Aktivität ankommt, sondern auch darauf, wie Sie diese ausüben. Und schließlich haben wir zwar alle weibliche und männliche Eigenschaften, aber wir können nie das perfekte Gleichgewicht erreichen und sollten dies auch gar nicht anstreben. Obgleich Männer und Frauen psychologisch gesehen im Grund eher ähnlich als unterschiedlich sind, wird es immer psychische Unterschiede zwischen den Geschlechtern geben und auch das subjektive Gefühl, anders zu sein. Deshalb ist Integration zwar ein wertvolles Ziel, aber wir sollten uns nicht einbilden, wir könnten uns völlig von unserer Geschlechtszugehörigkeit freimachen.

Lassen Sie mich nach diesen allgemeinen Ausführungen nun auf einige mögliche konkrete Verhaltensweisen eingehen – als Teil einer übergreifenden Strategie zur Integration Ihrer inneren Rollenidentifikation –, mit denen Sie Ihre Ausgewogenheit fördern. Als Anfang ist eine Psychotherapie wahrscheinlich das Beste, was Sie tun können, denn von ihrer Natur her kombiniert und erleichtert eine Therapie sowohl den internen Prozess als auch eine äußere Verhaltensänderung. Wenn Sie zudem bestimmte Verhaltensweisen nach der Devise »Zumindest schon mal so tun, als ob« verändern, hilft Ihnen dies dabei, eine innere Veränderung herbeizuführen.

Eher männlich identifizierte Frauen können daran arbeiten, ihre Beziehung zu ihrer Mutter zu vertiefen. Paradoxerweise kann das durchaus bedeuten, dass sie etwas aus den so genannten oberflächlichen Errungenschaften der Mutter lernen. Dieses Paradox kann man sich leicht erklären, indem man sich ins Gedächtnis ruft, dass diese Frauen ihre Mütter in der Kindheit oft abgelehnt haben, weil sie nicht zu ihnen aufblicken konnten. Wenn Ihre Mutter übermäßig emotional, empfänglich, hysterisch, bedürftig und so weiter ist, konnten – und können Sie vielleicht noch immer – verständlicherweise keine enge Beziehung zu ihr entwickeln, die eine gesunde weibliche Identifikation erleichtern würde. Aber im Lauf der Zeit haben Sie womöglich das Kind mit dem Bade ausgeschüttet: Bestimmt hat Ihre Mutter auch ein paar »gute« weibliche Eigenschaften, so oberflächlich Ihnen diese auch vorkommen mögen. Vielleicht interessiert sie sich für Mode und hat einen tollen Geschmack oder kann gut mit Schminke umgehen; vielleicht kann sie hervorragend flirten; vielleicht ist sie kreativ, vielleicht hat sie eine Begabung für Inneneinrichtung, vielleicht ist sie verspielt; vielleicht ist das Gute an ihrer Hysterie, dass sie starke Gefühle hat und diese auch zeigen kann. Möglicherweise können Sie sich jetzt bei irgendeinem Thema auf Ihre Mutter einlassen – Sie könnten mit ihr einkaufen gehen, Klamotten oder Schmuck. Mit der Zeit identifizieren Sie sich vielleicht mit ein paar femininen Attributen Ihrer Mutter, die Sie bisher gar nicht richtig wahrgenommen haben.

Außerdem kann es hilfreich sein, enge Freundschaften mit anderen Frauen zu knüpfen, vor allem mit solchen, die in ihrer eigenen Geschlechtsrollenidentifikation ein besseres Gleichgewicht aufweisen. Halten Sie sich aber fern von Frauen, die Ihrer Mutter zu ähnlich sind oder die Männer ganz aufgegeben haben, indem sie – psychologisch ausgedrückt – selbst einer geworden sind. Und schließlich könnte es Ihnen helfen, Ihre verlorene oder versteckte Weiblichkeit zu schätzen und für sich zu beanspruchen, wenn Sie lernen, einige der kleinen, unwichtigen geschlechtsspezifischen Beschäftigungen zu genießen, die seit Generationen von Frauen praktiziert werden, beispielsweise einkaufen, schminken, sich eine Maniküre machen lassen, Rezepte austauschen, stricken, über Beziehungen reden. Doch wenn Sie diesen Weg beschreiten, dann tun Sie dies auf Ihre ganz eigene Art und suchen Sie sich Dinge aus, die für *Sie* richtig sind, nicht für Ihre Mutter, Ihren Freund oder Ihren Ehemann.

Zusammenfassend kann man sagen, dass für männlich identifizierte Frauen die zentrale Strategie darin besteht, nach positiven weiblichen Einflüssen zu suchen. Einleuchtenderweise trifft das gleiche Konzept natürlich auch auf den traditionellen hypermaskulinen Mann zu, der gut daran tut, den femininen Einfluss in sich zur Geltung zu bringen, um sein aggressives Äußeres weicher zu machen und das kleine Mädchen in seinem Innern hervorzuholen (denn auch er ist mit einer Mutter und anderen weiblichen Einflüssen aufgewachsen). Natürlich ist es höchst unwahrscheinlich, dass er anfängt zu stricken oder sich für Make-up zu interessieren, aber womöglich findet er einen Zugang zu Beziehungsgesprächen, zum Kochen, zu Gartenarbeit oder zu anderen traditionell weiblichen Domänen. Auf ähnliche Weise kann die traditionelle hyperfeminine Frau ihren Horizont erweitern, indem sie den Wirtschaftsteil der Zeitung liest, sich für Politik oder Sport interessiert und ihr Selbstwertgefühl durch konkrete, männlich orientierte Leistungen unterstützt, beispielsweise eine Gehaltserhöhung, eine Reparatur an der Garagentür oder dadurch, dass sie die Geschwindigkeitsbegrenzung überschreitet, ohne sich dafür einen Strafzettel einzuhandeln. In der Logik der androgynen Liebe tut der modernere, weiblich orientierte Mann gut daran, den gleichen Weg zu verfolgen und als Erwachsener den positiven männlichen Einfluss zu suchen, den er höchstwahrscheinlich als Kind nicht bekommen hat.

Auf einem berühmten Gemälde der Renaissance hat der Maler Tizian einen universellen Augenblick im Krieg der Geschlechter festgehalten: Die Göttin Venus versucht ihren Liebhaber Adonis festzuhalten, um zu verhindern, dass er auf die Jagd geht. Als üppige, nackte, gut »geerdete« Frau dargestellt, sehen wir Venus, wie sie einen starken, ungeduldigen, jugendlichen Adonis anfleht und sich an ihn klammert; Adonis seinerseits wird von drei Jagdhunden von ihr weggezerrt. Erstaunlicherweise ist diese traditionelle geschlechtsspezifische Dynamik trotz der enormen Veränderungen in der zweiten Hälfte des zwanzigsten Jahrhunderts auch heute noch quicklebendig. Natürlich gehen die Männer nicht mehr auf die Jagd, während die Frauen zu Hause am Herd stehen und kochen, aber es wird Millionen von Jahren dauern, bis die Evolution die DNA unserer Geschlechtsidentität umprogrammiert hat. So oder so – die Geschlechtsidentität ist Teil unseres biologischen und psychologischen Erbes. Dies zu übersehen, führt uns in die moderne Version der androgynen Liebe, in der die Geschlechterrollen tatsächlich umgekehrt, aber weder Frauen noch Männer glücklicher sind. Wenn wir die Geschlechteridentität jedoch als Ausgangspunkt akzeptieren, sind wir fähig, uns in unserer Geschlechtsidentifikation sicherer zu fühlen und offener dafür zu werden, die Einflüsse des anderen Geschlechts auszubalancieren.

KAPITEL 9

WENN ES MIT DER LIEBE KLAPPT

»Ich glaube, ich kriege allmählich den Dreh raus«, grinste eine Patientin, während sie mir von ihrer neuen Beziehung erzählte. »Vielleicht haben Sie Recht«, antwortete ich. Vielleicht ist ihr Problem nicht so gravierend, wie ich gedacht habe, dachte ich im Stillen. Vielleicht ist die Liebe ganz einfach. Aber ein paar Monate später kam diese sympathische berufstätige Mittdreißigerin zu dem Schluss, dass sie doch nicht mit dem Mann ihrer Träume zusammen war. Also trennte sie sich von ihm und befand sich wieder in dem gleichen desillusionierten und angespannten oder – um einen klinischen Ausdruck zu benutzen – depressiven Zustand, der sie ein Jahr zuvor in meine Praxis geführt hatte. Ihre zuvor geäußerte Hoffnung, die sich jetzt als Verdrängung herausstellte, war Teil ihres Musters gescheiterter Beziehungen.

Wie die meisten großartigen Ideen ist die Liebe in der Theorie ganz einfach. In der Realität jedoch ist sie höchst kompliziert, weil sie, wie ich es in diesem Buch zu zeigen versucht habe, nie frei von Ambivalenz sein kann. Nun ist zwar auch die Ambivalenz ein relativ einfaches Konzept, aber unsere Neigung, sie zu leugnen, treibt uns in die Muster gescheiterter Liebe, mit denen wir uns selbst an der Nase herumführen, und hier wird die Sache kompliziert. Im Streben nach Einfachheit habe ich die Muster in sieben Kapitel aufgeteilt und an den Anfang eines jeden eine verdeutlichende Illustration aus der griechischen Mythologie gestellt. Diese alten Legenden spiegeln das Leben in seiner Einfachheit und gleichzeitig auch in seiner Komplexität. In der Geschichte von Apollo und Daphne – in der der Gott die Nymphe verfolgt und nur noch ihren ersterbenden Pulsschlag spürt, als sie sich in seinen Armen in einen Lorbeerbaum verwandelt – ist der Schmerz der einseitigen Liebe wundervoll und einfach dargestellt. Aber die Sage hat auch einen klaren narzisstischen Beigeschmack, denn Ovid berichtet uns, dass Apollo, nachdem er Daphne endlich eingefangen hat, ausruft: »Kannst du nicht mehr die Gattin mir werden, sollst du mein Baum doch sein!« Dann erklärte er, dass von diesem Tage an alle römischen Kriegshelden einen Lorbeerkranz tragen sollten, um ihren Triumph zu symbolisieren. Auch in der Wirklichkeit ist es oft nicht nur ein Zeichen für einseitige Liebe, sondern auch für narzisstische Liebe, wenn wir es auf unerreichbare Partner abgesehen haben: Wir fühlen uns zu der unerreichbaren Person hingezogen, nicht nur um unsere Ambivalenz zu vermeiden, indem wir uns nach dem sehnen, was wir nicht haben können, sondern auch weil wir hoffen, unser Selbstwertgefühl durch die Aussicht auf eine Eroberung oder ein Akzeptiertwerden zu stärken.

Wie bereits erwähnt, überschneiden sich die sieben Muster der gescheiterten Liebe, und deshalb liegt dem in jedem Kapitel dargestellten Drei-Schritte-Ansatz immer der gleiche Prozess zugrunde. Um noch einmal zu rekapitulieren: In Schritt 1 erkennen wir unser Beziehungsmuster und halten damit inne, in Schritt 2 stellen wir uns der Ambivalenz, auf der das betreffende Muster beruht, und in Schritt 3 lösen wir die Ambivalenz – indem wir sie akzeptieren.

Wie im Prozess der Psychotherapie hat dieses Buch in dem Versuch, Beziehungen zu »diagnostizieren« und zu »heilen«, die negativen Seiten betont und dadurch vielleicht ein etwas verzerrtes Bild der Liebe gezeichnet. Der französische Analytiker Jacques Lacan hat die Betonung des Negativen poetisch, wenn auch etwas zynisch auf die Spitze getrieben, indem er zu dem Schluss kam: »Liebe ist, dass man jemandem, den man nicht kennt, etwas gibt, was man nicht hat.« Lacan hat hier vielleicht einen Aspekt der romantischen Liebe eingefangen, aber als positiveres Gegengewicht möchte ich Rainer Maria Rilke anführen. In einem Brief an Friedrich Westhoff schrieb er über junge Leute, sie »müssen, wenn sie lieben, nicht vergessen, dass sie Anfänger sind, Stümper des Lebens, Lehrlinge in der Liebe, – müssen Liebe lernen«. Aus meiner klinischen Erfahrung kann ich ergänzen, dass wir alle jung sind, wenn es um die Liebe geht, und ich mag Rilkes Erklärung ganz besonders, auch weil sie von einem so leidenschaftlichen, sinnlichen und romantischen Dichter stammt:

»Die Leute haben, wie so vieles andere, auch die Stellung der Liebe im Leben missverstanden, sie haben sie zu Spiel und Vergnügen gemacht, weil sie meinten, dass Spiel und Vergnügen seliger denn Arbeit sei; es gibt aber nichts Glücklicheres als die Arbeit, und Liebe, gerade weil sie das äußerste Glück ist, kann nichts anderes als Arbeit sein. – Wer also liebt, der muss versuchen, sich zu benehmen, als ob er eine große Arbeit hätte: er muss viel allein sein und in sich gehen und sich zusammenfassen und sich festhalten; er muss arbeiten, er muss etwas werden!«

Ja, wir müssen daran arbeiten – und das sollten wir genießen –, wenn wir Lacans dunklere Vision der Liebe überwinden wollen. Aber wie es einer meiner Patienten einmal ausgedrückt hat: »Es geht doch immer um Arbeit, Muster, Widerstände, Probleme ... wie sieht eine gute Beziehung denn aus?« Es ist tatsächlich schwer, ein Bild von gesunder, reifer Liebe zu entwerfen, nicht nur für einen Psychologen, der sich aufgrund seiner Arbeit mehr mit den Schwierigkeiten als mit den Freuden der Liebe beschäftigt, sondern auch für den Schriftsteller. Große literarische Werke aus allen Kulturen strotzen nur so vor tragischen, qualvollen, »pathologischen« Liebesgeschichten. Eine gute Beziehung ist fraglos weniger dramatisch als eine turbulente, und so gesehen vielleicht sogar ein bisschen langweilig. Trotzdem fand mein Patient, dass es hilfreich sein könnte, sich so etwas vorzustellen, deshalb möchte ich zum Abschluss meine Top 12 der wichtigsten Eigenschaften einer »guten« Beziehung benennen. Wenn Sie den in diesem Buch erläuterten Drei-Schritte-Ansatz anwenden, vor allem die integrative Arbeit von Schritt 3, hätten Sie irgendwann eine langfristige Beziehung, die die meisten, wenn nicht sogar alle der folgenden Merkmale aufweisen würde:

– Ein gewisses Maß an gegenseitiger Idealisierung. Zu viel davon wäre narzisstische Liebe, zu wenig würde bedeuten, dass der Beziehung das Besondere fehlt. In einer Langzeitbeziehung kann die Idealisierung zu- und abnehmen, aber sie sollte stets als Potenzial vorhanden sein, bereit, das Feuer im Bedarfsfall neu zu entfachen.
– Eine tiefe, gegenseitige Identifikation. Die Fähigkeit, etwas Fundamentales im Leben des anderen Menschen nachvollziehen zu können. Dies wird beispielsweise dadurch ermöglicht, dass beide Partner in der Kindheit ein ähnliches Trauma durchgemacht haben oder in einer ähnlichen Familiendynamik aufgewachsen sind, oder durch sonst etwas, das ein starkes Echo in der Psyche des anderen hervorruft. Eine solche gemeinsame Grundlage erfüllt Sie mit dem Gefühl, Ihren Seelenpartner gefunden zu haben.
– Eine Balance von Ähnlichkeiten und Gegensätzen in der Persönlichkeit. Eine grundsätzliche Ähnlichkeit oder Kompatibilität in der Lebenseinstellung, den Wertvorstellungen und den Empfindungen ist wesentlich; zu viel Gleichheit kann jedoch langweilig sein, denn sie bietet nicht die Gelegenheit zu ler-

nen, etwas außerhalb des eigenen Selbst zu lieben. Gegensätze ziehen sich an und können sich ergänzen, was eine großartige Partnerschaft bewirken kann; zu viele Gegensätzlichkeiten können jedoch zu Polarisierung, Uneinigkeit und Entfremdung führen.
- Die Fähigkeit, miteinander zu reden. Kommunikation beinhaltet das Gespräch über wichtige Gefühle, Gedanken und Entscheidungen im Leben eines Paares. Das ist von entscheidender Wichtigkeit, aber ebenso gehören dazu der angenehme, lockere Smalltalk und Gespräche über »Äußerlichkeiten« wie Politik oder Essen, Kunst oder Sport oder Psychologie oder sonstige Themen.
- Sex. Wenn es um eine Liebesbeziehung geht, ist es der Sex, der dafür sorgt, dass die Welt sich dreht – einschließlich der Dynamik von Anziehung, Zuneigung und Umwerben. Vielleicht sogar noch mehr als Geld. Während in einer Langzeitbeziehung das sexuelle Begehren und die Erregung etwas abnehmen und seltener Sex praktiziert wird, können wir ohne die sexuelle Komponente eigentlich nicht von romantischer Liebe sprechen. Für viele Paare wäre eine Beziehung ohne Sex ein Todesurteil.
- Konflikte tolerieren und lösen. Es ist nicht immer leicht, liebevolle, warme und sanfte Gefühle zu vermitteln, aber noch schwerer ist es, negative Gefühle wie Wut und Enttäuschung zum Ausdruck zu bringen. Doch die Fähigkeit, Konflikte direkt auszutragen – indem negative Gefühle angesprochen werden –, sowie das Know-how und die Bereitschaft, sie zu lösen und weiterzumachen bis zum nächsten Mal, sind unerlässlich.
- Implizite oder explizite Grundregeln. Auseinandersetzungen sind unvermeidlich und können konstruktiv sein, wenn sie eine Veränderung erleichtern oder wichtige Differenzen in den Prioritäten oder Bedürfnissen deutlich machen. Aber selbst in schweren Zeiten muss es eine beiderseitige Überein-

kunft geben – dass bestimmte Verhaltensweisen nicht geduldet werden. Die spezifischen Regeln hierfür variieren natürlich von Paar zu Paar, umfassen aber oft Überschreitungen wie Beschimpfungen, außerehelichen Sex und körperliche Gewalt.
– Affekt- und Impulsregulierung. Dieser Punkt ist eng mit den beiden vorhergehenden verknüpft. Beide Partner müssen die grundlegende Fähigkeit haben, ihre Gefühle im Zaum zu halten und nicht impulsiv zu handeln. Wenn sich einer der Partner einen Fehltritt erlaubt und über die Stränge schlägt (beispielsweise sexuell oder vor Wut), muss der andere in der Lage sein, seine Reaktion unter Kontrolle zu halten und eine Eskalation zu verhindern.
– Individuelle Kapazitäten, sich selbst neu zu erfinden. In sehr langen Beziehungen müssen beide Partner über ausreichende Selbstliebe und Antriebskraft verfügen, um sich dem eigenen Wachstum zu widmen, damit er oder sie nicht als Satellit endet, der den anderen Partner umkreist. Dies minimalisiert nicht nur ungesunde Abhängigkeit, sondern ermöglicht es Ihnen auch, sich von Zeit zu Zeit neu zu erfinden – eine wichtige Strategie, um mit den unvermeidlichen Veränderungen, Krisen und dem Stress des Lebens zurechtzukommen, die auch einer guten Beziehung Schaden zufügen können.
– Ein gemeinsames kreatives Projekt, das über die eigene Person hinausgeht. In den meisten Fällen bedeutet das, Kinder in die Welt zu setzen, doch das ist nicht zwingend. Es kommt nur darauf an, dass ein Paar in einer »lebenslangen« Beziehung ein wichtiges gemeinsames Engagement hat, das nicht um es selbst kreist. Dies kann politische Arbeit sein, Gemeindearbeit oder auch ein Haustier. Ohne diesen Aspekt liegt zu viel »narzisstischer Druck« auf der Beziehung – keiner kann die Glücksansprüche des anderen auf Dauer im Alleingang erfüllen.
– Der Glaube an den Wert der Verpflichtung wird nicht in

Frage gestellt. Dies hilft Ihnen in schweren Zeiten und gibt Ihnen die Motivation, an der Beziehung zu arbeiten. Beide Partner müssen diese Überzeugung teilen, denn ohne sie gibt es keinen Grund, sich nicht alle paar Jahre nach einer besseren Beziehung umzuschauen.
- Und zuletzt ... in der Liebe wie im Leben können von der Psychologie nicht zu erklärende Wunder und ein bisschen Glück, das man nicht durch harte Arbeit verdient hat, eine Menge bewirken.

Dank

Zuerst und vor allem möchte ich meinen Patienten danken, durch deren Kampf, deren Erfolge und Misserfolge ich sowohl beruflich als auch persönlich viel gelernt habe. Es wäre unmöglich, all die anderen Leute aufzuzählen – Freunde, Liebhaber, Kollegen und Supervisoren –, die im Lauf der Jahre meinen Weg gekreuzt und zu meiner persönlichen Entwicklung als Psychologe und Autor maßgeblich beigetragen haben. Auf indirektem Wege haben sie alle die in diesem Buch erläuterten Ideen beeinflusst.

Auf direktere Weise bin ich einigen Menschen zu Dank verpflichtet, die meine Gedanken über die Liebe entweder geformt oder mich in meinem Wunsch bestärkt haben, darüber zu schreiben. Meine Frau und Kollegin Michele Sacks ist die Beste, daran besteht kein Zweifel. Meine Analytikerin Betty Hellmann und meine Freunde und Kollegen Brenda Berger und Ivan Bresgi haben sich für mich eingesetzt und mich großartig unterstützt.

Meine Dankbarkeit gilt außerdem folgenden Menschen, die mir und meinem Manuskript so viel Freundlichkeit entgegengebracht haben – von ihrer Professionalität ganz zu schweigen: Dörthe Binkert vom Scherz Verlag, Christoph Guias von Editions Payot, Paul Christophe von Editora Campus und Thanos Grammenos von Thymari.

Last but not least danke ich meinen Eltern, Chaya und Avram Gratch, und meinen Brüdern Eliezer Gadot und Ariel Gratch sowie ihren Familien für ihr Interesse und ihre unermüdliche Unterstützung.

Literatur

Angrist, S. W.: Business Bookshelf: It doesn't grow on Trees. The Wall Street Journal 24.12.1998.

Becker, E.: The Denial of Death. The Free Press, New York 1997.

Bollas, Christopher: Der Schatten des Objekts. Das ungedachte Bekannte: Zur Psychoanalyse der frühen Entwicklung. Klett Cotta, Stuttgart 1997.

Brandes, S.: Metaphors of Masculinity. University of Pennsylvania Press, Philadelphia 1980.

Donington, Robert: Wagners Ring der Nibelungen und seine Symbole. Musik und Mythos. Reclam Philipp junior, Ditzingen 1978.

Ellis, C. D.: Winning the Loser's Game: Timeless Strategies of Successful Investing. The McGraw-Hill Companies, New York 1950.

Erikson, Erik H.: Kindheit und Gesellschaft. Klett Cotta, Stuttgart 1992.

Fairbairn, W. R. D.: An Object-Relations Theory of the Personality. Basic Books, New York 1952.

Fogel, Gerald I., Lane, Frederick M. und Liebert, Robert S. (Hrsg.): The Psychology of Men. Yale University Press, New Haven und London.

Freud, Sigmund: Gesammelte Werke. Imago, London 1952.
- Die Traumdeutung. Band 2, 1900.
- Drei Abhandlungen zur Sexualtheorie. Band 5, 1905.
- Triebe und Triebschicksale. Band 10, 1915.
- Trauer und Melancholie. Band 10, 1917.
- Jenseits des Lustprinzips. Band 13, 1920.
- Das Ökonomische Problem des Masochismus. Band 13, 1924.

- Hemmung, Symptom und Angst. Band 14, 1926.
- Vorrede zur hebräischen Ausgabe der »Vorlesungen zur Einführung in die Psychoanalyse«. Band 16, 1933.

Gay, Peter: Freud. Eine Biografie für unsere Zeit. Fischer Taschenbuch-Verlag, Frankfurt 1995.

Gaylin, W., M. D. & Person, E., M. D. (Hrsg.): Passionate Attachments: Thinking About Love. The Free Press, New York 1988.

Grant, M.: Myths of Greeks and Romans. Meridian, New York 1995.

Gratch, Alon: Wenn Männer reden könnten. Was Männer fühlen, ohne es zu sagen. Scherz Verlag, Bern, München, Wien 2001. Droemer Knaur Verlag, München 2004.

Gray, John: Männer sind anders. Frauen auch. Männer sind vom Mars. Frauen von der Venus. Verlag Wilhelm Goldmann, München 1998.

Guntrip, Henry: Schizoid Phenomena, Object Relations and the Self. International Universities Press, New York 1969.

Kernberg, Otto F.: Borderline-Störungen und pathologischer Narzissmus. Suhrkamp Verlag, Frankfurt 2000.
- Innere Welt und äußere Realität. Anwendungen der Objektbeziehungstheorie. Klett Cotta, Stuttgart 1988.

Klein, M.: Love, Guilt and Reparation. In: M. Klein und J. Riviere: Love, Hate and Reparation. W. W. Norton and Co., New York 1964.

Kohut, Heinz: Auf der Suche nach dem Selbst. Kohuts Seminare zur Selbstpsychologie und Psychotherapie mit jungen Erwachsenen. Hrsg.: Miriam Elson. Verlag J. Pfeiffer, München 1993.
- Die Heilung des Selbst. Suhrkamp Verlag, Frankfurt 1999.

Lacan, J.: Ecrits. A Selection. W. W. Norton & Company, New York, London 1977.

Lewis, Michael: Scham. Annäherung an ein Tabu. Droemer Knaur Verlag, München 1995.

Lewis, T., M. D., Amini F., M. D., Lannon, R., M. D.: A General Theory of Love. Vintage Books, New York 2000.

Masters, William H. und Johnson, Virginia E.: Liebe und Sexualität (Partnerschaft). Ullstein Taschenbuchverlag, Berlin 1993.

McCarthy, B.: Male Sexual Awareness. Carroll & Graf, New York 1988.

Miedzian, M.: Boys Will Be Boys. Doubleday, New York 1991.

Ovid: Metamorphosen. Deutscher Taschenbuch Verlag, Zürich und München 1988.

Peck, M. Scott: Der wunderbare Weg. Eine neue Psychologie der Liebe und des spirituellen Wachstums. Verlag Wilhelm Goldmann, München 1997.

Person, E., M. D.: Dreams of Love and Fateful Encounters: The Power of Romantic Passion. Penguin Books, New York 1989.

Ramo, S.: Extraordinary Tennis for the Ordinary Player. Crown Publishing, New York 1970.

Real, Terrence: Mir geht's doch gut. Männliche Depressionen – warum sie so oft verborgen bleiben, woran man sie erkennt und wie man sie heilen kann. Scherz Verlag, Bern, München, Wien 1999.

Reich, Wilhelm: Charakteranalyse. Kiepenheuer und Witsch, Köln 1989.

Rilke, Rainer Maria: Briefe an einen jungen Dichter. In: Über die Liebe und andere Schwierigkeiten. Hrsg.: Stefanie Schröder. Herder Verlag, Freiburg 1998.

Rycroft, C.: A Critical Dictionary of Psychoanalysis. Littlefield, Adams & Co., Totowa, New Jersey 1973.

Schnarch, D., Ph. D.: Passionate Marriage. Owl Books, New York 1997.

Stoller, Robert J.: Perversion. Die erotische Form von Hass. Psychosozial-Verlag, Gießen 1998.
– Presentation of Gender. Yale Universitiy Press, New Haven und London 1985.

- Observing the Erotic Imagination. Yale University Press, New Haven und London 1985.
Tolstoi, Leo N.: Anna Karenina. Deutscher Taschenbuch Verlag, München 1998.
Winnicott, Donald Woods: Von der Kinderheilkunde zur Psychoanalyse. Fischer Taschenbuch Verlag, Frankfurt 1983.
- Reifungsprozesse und fördernde Umwelt. Psychosozial-Verlag, Gießen 2002.
- Vom Spiel zur Kreativität. Klett Cotta, Stuttgart 1997.
Woolf, Virginia: Orlando. In: V. Woolfe, Flush und Orlando. Fischer Taschenbuch Verlag, Frankfurt 1998.
Wrangham, R. und Peterson, D.: Demonic Males, Apes and the Origins of Human Violence. Mariner Books, Houghton Mifflin, Boston und New York 1996.